吳汝綸評點

史記集評

中華書局印行

史記集評提要

自來言史記者，以爲史家宗祖，但未知其文之工，亦文章宗祖也，歐陽公爲古文大師，其文出於史公，顧未有批本，自明歸熙甫氏乃抉史公之精要而評點之，方望溪姚姬傳梅伯言曾滌生諸公踵而行之，於史公行文之竅要，無不抉而出之，摯父先生以爲敍記之文莫高於史記，而歷代評點之能抉其微者，惟桐城派諸老，因集錄諸家之評點，爲史記集評一書以惠後學，此書往爲蕭縣徐又錚印布，而流傳不廣，玆重布之以餘世之好學深思之士。

中華國學叢書序

我國之有叢書刊行，由來已久，宋代之儒學警悟、百川學海，明代之漢魏叢書、唐宋叢書等皆是也。降及清季，叢書之刊印愈多，讐校亦愈精密，裒拾叢殘，網羅散佚，山潛塚秘，得以羨衍人間，有功文化，蓋非細矣。

慨自宇內糜沸，荼毒日滋，舊有典籍，盡遭刼火。本局爲響應文化復興運動，除將本局前在上海出版之四部備要等古籍，在臺再版發行外，玆復搜集整理有關國學之重要典籍，或爲四部備要所未收入者，或已入備要，而無評注銓釋，可供大衆研讀者，去蕪存菁，陸續出版，定名爲中華國學叢書，版式概以二十四開爲準則，以資整齊畫一，並採原書影印爲主，以輕讀者負擔，倘底本有欠清晰，影印非宜，則據以重排，務求印刷精美，定價低廉，一篇在手，悅目賞心，恒人易辦，流傳自廣，庶於復興文化，稍竭微誠云耳。

中華民國五十八年十二月臺灣中華書局謹識

桐城吳氏國學秘笈序

自姚姬傳氏古文辭類纂出。而文體正。文律嚴。自曾湘鄉經史百家雜鈔出。而文源明。文委顯。姚氏不敢納經史百家于文。而曾氏乃一以貫之。非運之以卓識。持之以至勇。其能不爲謬妄之流所詬病乎。桐城吳摯父先生以姬傳鄉里后進。從湘鄉遊。本其說以文說經。成易說尚書故二書。舉漢學之繁瑣。宋學之空虛。悉掃盪而無餘。糾其訛謬。正其句讀。辨其字句。疏其義蘊。揆以事理。一以文說之。不惟經通。史籍百家亦無不可說矣。以議論莫高于周秦諸子。故次諸子集評。敘述莫善于太史公書。故次史記集評。文體莫備于姚纂。故次古文辭類纂集評。三書出而吾國文章至高之域盡矣。後之學者。苟志乎文。守此已足。不必廣心博騖。而斯文之傳。莫大乎是矣。先師北江先生。秉承家學。復以文說詩。及左氏傳孟子成詩義會通左傳微孟子文法讀本三書。以其先人之說易書高遠。不便初學。乃依其說爲周易大義。尚書大義。鈎弋文句。溝通故訓。往往有三數言訓釋。釐然有當于人心。遠過于經生千百言解說而人仍不能通其義者。此說經之不能不以文通之之微旨也。復以摯父先生所集評三書。精善之極。然繁重深邃。爲成學者言。而非所語于初學。于是本其夙聞于摯父先生者。成古文法、古文範、古文圭臬三書。于詩有古今詩範。精加評點。詳爲解說，于文章之奧竅。抉發無遺。學者苟能于先師之選窺其微。進而

再事摯老三書。則文章之事。無待他求矣。夫文之道廣矣。然儷體則華而不實。徵典爲難。語體則冗而無節。俚而非雅。欲求先聖治平之道。修齊之方。舍古文莫屬。而言古文自姚曾而後。惟先師父子所評釋爲能盡集前人之說而得其要。發其獨具之見而得其微。以淺近簡易之說。闡廣大精微之境。評點愈于解說。探索優于考證。使讀者怡然理順。煥然冰釋。此先師父子以文說經史百家所爲獨絕。非餘子所能及也。近世歐美人士多尙吾學。惟以時事史乘爲務。以譯本爲从入之途。斯不過粗迹耳。苟能由譯籍而通吾語言。進而通吾文字。吾國先賢修己治人之道。治國平天下之謨。通天人之故。達古今之變。無不自文出之。則捄質返文。崇讓已爭。其有平治之一日乎。此吾所冀先師父子之書之能遍行于天下。以救亂息爭。躋天下于太平之域。不僅以文顯。斯則區區之微意也。民國五十八年十二月福州曾克耑。

桐城吳先生點勘史記讀本序

余生平所嗜書曰左氏傳史記漢書韓愈氏之文余有左傳評勘本在左孟莊騷菁華錄中韓愈氏之文則有韓柳文研究法行世矣獨史記一書前十六年客杭州時得一舊本不審爲誰氏所刊序目已散落余於書中關鎖穿插處加以硃點一日就日中映視則經余點處其下咸有淡黃圜蓋同其八九也心異之迨讀至終卷則婁江謝氏用震川本加黃爲標識余時尙未得震川本急覓而取驗則爲武昌張氏舊刻用銳形之筆以代黃圜嗚呼震川氏者可謂善於史記矣史記之文純一紀事之文也然本紀世家列傳中有同時之事不並叙無以取證已往之迹不插叙無以溯源繁賾之文不類叙無以醒目則加銳形之筆用爲標識至於言論之美則用圓圜此易辨耳余以二年之力箋識其上

逾半矣余友林迪臣太守將爲鐫板庚子之變太守適下世吾業亦中輟辛丑入都晤吳摯甫先生於五城學堂論史記竟日余謂大宛一傳震川氏不劃斷諸國融爲長篇猶散錢貫之以繩前半貫以張騫騫卒續貫以宛馬於是安息奄蔡黎軒條枝身毒之通皆爲馬也零落不相膠附之國公然與漢氏聯絡矣但觀傳首大書曰大宛之迹見諸張騫則史公當日用心因張騫以貫諸國已爲震川所覺故融散爲整傳首二語加以黃圜此其證也又絳侯世家叙侯功頗簡約至亞夫事則文筆婉媚動人猶歐西人之搆宇集民居爲高樓擴其餘地成公園以待遊侶此文字疏密繁簡之法也彭越傳疏率若不經意弗如淮陰之詳且與魏豹同傳然世稱漢初功臣必曰韓彭者幾不得解乃不知高帝本紀中累書彭越反梁地以牽掣項羽使不得過成皋厥功與韓信埒

下之役實同讀史記者能於不經意中求之或得史公之妙先生深躔吾說先生既歸道山喆嗣辟彊始出先生點勘之本吾友徐州徐又錚將更梓以廣其傳問序于余余尊先生如師保讀其遺文絜而不涉猥釀簡而弗流疏牾系出桐城仍韓法也且其沈酣于史記識見乃高余萬倍矣余謂先輩治史記者厥有二派甲派如錢竹汀之攷異梁玉繩之志疑王懷祖之雜志均精核多所發明而梁氏成書至三十六卷論黃帝一事幾千言其下歷舉異同良足以刊史記之誤乙派則歸震川方望溪及先生之讀本專論文章氣脉無尙考據二者均有益于學子然而發神樞鬼藏之秘治叢冗秃屑之病導後進以軌轍則文章家較考據爲益滋多顧不有考據則瞀于誤書不講文章則昧于古法今既有刊誤之書而又得精良之讀本學者其可以無憾矣且史記者史公

文字之創局雖不及左傳之千門萬戶光怪陸離然班氏望塵已不之及但以魏其灌夫武安三傳言之蟬聯而下斷而不斷如松際欲盡不盡之雲一經班氏竄改卽索然無味余故謂史記所旣有者則可不讀班書而班書中爲史記所無者如趙皇后霍光趙廣漢王尊貢禹朱博何並及酷吏諸傳又范蔚宗窮老盡氣所不能到然婉媚之處亦正得力于史公當摯甫先生在日爲其兄康之作傳余讀已笑曰先生史記之功深矣是時尙未聞先生之點勘史記也大抵文字發源所在老于文者一觸輒知方今少年多半廢書不讀又扇于羣迷爲世大梗又錚終日倥傯軍事乃心醉古籍簡擇善本刊以問世而辟彊復能寶其先澤屬諸又錚則吳先生之志願售而後生小子得此則文字一道或不至于淪喪亦藝林一大幸也時臧礀秋方事校勘趣余序甚力書此歸

之礀秋並以視又錚辟彊二君頗以余爲知言乎甲寅十一月朔日閩
縣林紓書于宣南春覺齋

史記集評總目錄

總頁目

五帝本紀第一

黃帝者・少典之子・姓公孫・名曰軒轅・生而神靈・弱而能言・幼而徇齊・長而敦敏・成而聰明・軒轅之時・神農氏世衰・諸侯相侵伐・暴虐百姓・而神農氏弗能征・於是軒轅乃習用干戈・以征不享・〔亨〕諸侯咸來賓從・而蚩尤最爲暴・莫能伐・炎帝欲侵陵諸侯・諸侯咸歸軒轅・軒轅乃修德振兵・治五氣・蓺五種・撫萬民・度四方・教熊羆貔貅貙虎・以與炎帝戰於阪泉之野・三戰・然後得其志・蚩尤作亂・不用帝命・於是黃帝乃徵師諸侯・與蚩尤戰於涿〔濁〕鹿之野・遂禽殺蚩尤・而諸侯咸尊軒轅爲天子・代神農氏・是爲黃帝・天下有不順者・黃帝從而征之・平者去之・披山通道・未嘗寧居・東至於海・登丸〔集解丸一作凡 梁云凡乃古丸字〕山・及岱宗・西至於空桐・登雞頭・南至於江・登熊湘・北逐葷粥・合符釜山・而邑於涿鹿之阿・遷徙往來無常處・

史公此語以漢武封禪求仙人皆託黃帝故爲此偏宕之語以爲文外曲致也此史文奇肆處他家所無自歸熙父外讀者罕窺此恉

由世系緯絡而下

以師兵爲營衛官名皆以雲命爲雲師置左右太監監於萬國萬國和而鬼神山川封禪與爲多焉（杜氏通典注云與比也某案內外傳數言其與幾何晉語諸臣之委室而徙退者將與幾人此與爲多之與亦其類也）獲寶鼎迎日推筴舉風后力牧（梁云陶潛四八目力牧作力墨當是古字通借）常先大鴻以治民順天地之紀幽明之占死生之說存亾之難時播百穀草木淳化鳥獸蟲蛾旁羅日月星辰水波土石金玉（水波大戴作極畋某案水波二字殆是譌文而索隱正義皆依文解之則傳誤已久徐廣注一作沃亦疑波字誤也大戴水波作極畋說者以畋爲治）勞勤心力耳目節用水火材物有土德之瑞故號黃帝黃帝二十五子其得姓者十四人黃帝居軒轅之丘而娶於西陵氏（氏字王念孫校增）之女是爲嫘祖嫘祖爲黃帝正妃生二子其後皆有天下其一曰玄囂是爲青陽青陽降居江水其二曰昌意降居若水昌意娶蜀山氏女曰昌僕（梁云大戴禮作昌濮路史作景僕）生高陽高陽有聖悳焉黃帝崩葬橋山其孫昌意之子高陽立

是爲帝顓頊也帝顓頊高陽者黃帝之孫而昌意之子也靜淵以有謀疏通而知事養材以任地載時以象天依鬼神以制義（正義制古制字梁云制乃制之譌若制音制與制同）治氣以教化絜誠以祭祀北至於幽陵南至於交阯西濟（濟本作至王校改）於流沙東至於蟠木（錢云蟠木者扶木也呂覽爲欲篇西至流沙東至扶木求人篇東至榑木之地榑與扶同古音扶如酺聲轉而爲蟠也漢書天文志晉爲扶鄭氏云扶當爲蟠扶木即扶桑）動靜之物大小之神日月所照莫不砥屬（砥底同字至也砥屬猶言來服也）帝顓頊生子曰窮蟬顓頊崩而玄囂之孫高辛立是爲帝嚳帝嚳高辛者黃帝之曾孫也高辛父曰蟜極蟜極父曰玄囂玄囂父曰黃帝自玄囂與蟜極皆不得在位至高辛卽帝位高辛於顓頊爲族子高辛生而神靈自言其名普施利物不於其身聰以知遠明以察微順天之義知民之急仁而威惠而信修身而天下服取地之財而節用之撫教萬民而利誨之厤日月而迎送之明鬼神

而敬事之其色郁郁其德嶷嶷其動也時其服也士
某案此謂天子而服士人之服索隱說是方侍郎謂服爲用引有服在大僚釋之其說似迂
帝嚳溉執中而徧天下日月所照風雨所至莫不從服帝嚳娶陳鋒氏女
梁云漢律歷志人表皆作陳豐詩疏引大戴禮作鋒今本大戴作陳隆
生放勳娶娵訾氏女生摯帝嚳崩而摯代立帝摯立不著
著本作善依索隱古本
崩而弟放勳立是爲帝堯帝堯者放勳其仁如天其知如神就之如日望之如雲富而不驕貴而不舒黃收純衣彤車乘白馬能明馴德以親九族九族既睦便章百姓百姓昭明合和萬國乃命羲和敬順昊天數法日月星辰敬授人時分命羲仲居郁夷曰暘谷
梁云釋文引史作禺銕今作郁夷郁聲近隅暘谷索隱謂史記舊本作湯谷正義謂陽或作暘則本又作陽谷
敬道日出便程東作
錢云程秩聲相近詩秩秩大猷說文作𢧤𢧤程從呈聲𢧤從戥戥亦聲故程𢧤俱與秩通也說文引書作平豑
日中星鳥以殷中春其民析鳥獸字微中命羲叔居南交便程南譌敬致日永星火以正中夏其民因鳥

獸希革。申命和仲。居西土。曰昧谷。敬道日入。便程西成。夜中。星虛。以正
中秋。其民夷易。鳥獸毛毨。申命和叔。居北方。曰幽都。便在伏物。日短。星
昴。以正中冬。其民燠。鳥獸氄毛。歲三百六十六日。以閏月正四時。信飭
百官。衆功皆興。堯曰。誰可順此事。放齊曰。嗣子丹朱開明。堯曰。吁。頑凶。
不用。堯又曰。誰可者。驩兜曰。共工旁聚布功。可用。堯曰。共工善言。其用
僻。似恭漫天。不可。堯又曰。嗟。四嶽。湯湯洪水滔天。浩浩懷山襄陵。下民
其憂。有能使治者。皆曰。鯀可。堯曰。鯀負命毀族。不可。嶽曰。异哉。試不可
用而已。一本無用字錢云古人語急以不可爲可也古經簡質得史公而義益明 堯於是聽嶽用鯀。九歲功
用不成。程一枝史詮云載作歲非也正義詳釋載字則正不得作歲 堯曰。嗟。錢云嗟咨聲相近 四嶽。朕在位
七十載。汝能庸命。踐朕位。嶽應曰。鄙悳忝帝位。堯曰。悉舉貴戚及疏遠
隱匿者。衆皆言於堯曰。有矜在民閒。曰虞舜。堯曰。然。朕聞之。其何如。嶽

曰盲者子父頑母嚚弟傲能和以孝蒸蒸治不至姦堯曰吾其試哉於是堯妻之二女觀其德於二女舜飭下二女於嬀汭如婦禮堯善之乃使舜慎和五典五典能從乃徧入百官百官時序賓於四門四門穆穆諸侯遠方賓客皆敬堯使舜入山林川澤暴風雷雨舜行不迷堯以爲聖召舜曰女謀事至而言可績三年矣女登帝位舜讓於德不懌梁云自序作不台怡省作台嗣省作司司台字相似正月上日舜受終於文祖文祖者堯太祖也於是帝堯老命舜攝行天子之政以觀天命舜乃在璿璣玉衡以齊七政遂類於上帝禋于六宗望于山川辯于羣神揖五瑞擇吉月日見四嶽諸牧班瑞歲二月東巡狩至於岱宗祡望秩於山川遂見東方君長合時月正日同律度量衡脩五禮五玉宋史繩祖學齋佔畢云徐子儀試宏詞舜五樂頌是班志舜修五禮五樂書云五玉玉字當爲樂三帛二生一死爲摯如五器卒乃復五月南巡狩八月西

歸氏謂五帝三王紀時見其陋愚謂此數語文辭既奧衍義亦非陋

巡狩十一月北巡狩皆如初歸至於祖禰廟用特牛禮五歲一巡狩羣后四朝徧告以言錢云古音敷如布布徧聲相近奏告亦聲之轉也奏屬幽部告屬牙音均爲出聲故得相轉明試以功車服以庸肇十有二州決川象以典刑流宥五刑鞭作官刑扑作教刑金作贖刑眚烖過赦怙終賊刑欽哉欽哉惟刑之靜哉驩兜進言共工堯曰不可而試之工師共工果淫辟四嶽舉鯀治鴻水堯以爲不可嶽彊請試之試之而無功故百姓不便三苗在江淮荊州數爲亂於是舜歸而言於帝請流共工於幽陵以變北狄放驩兜於崇山以變南蠻遷三苗於三危以變西戎殛鯀於羽山以變東夷四辠而天下咸服堯立七十年得舜二十年而老令舜攝行天子之政薦之於天堯辟位凡二十八年而崩百姓悲哀如喪父母三年四方莫舉樂以思堯堯知子丹朱之不肖不足授天下於是乃權授舜授舜則天下得其利而丹

朱病授丹朱則天下病而丹朱得其利堯曰終不以天下之病而利一人而卒授舜以天下堯崩三年之喪畢舜讓辟丹朱於南河之南諸侯朝覲者不之丹朱而之舜獄訟者不之丹朱而之舜謳歌者不謳歌丹朱而謳歌舜舜曰天也夫而後之中國踐天子位焉是爲帝舜虞舜者名曰重華梁云此所謂名者號也非名字之名孔穎達有云人有號謚之名是已重華父曰瞽叟瞽叟父曰橋牛橋牛父曰句望句望父曰敬康敬康父曰窮蟬窮蟬父曰帝顓頊顓頊父曰昌意以至舜七世矣自窮蟬至帝舜依通志校刪從字以字皆微爲庶人舜父瞽叟盲而舜母死瞽叟更娶妻而生象象傲瞽叟愛後妻子常欲殺舜舜避逃及有小過則受罪順事父及後母與弟日以篤謹匪有解舜冀州之人也舜耕歷山漁雷澤陶河濱作什器於壽丘就時於負夏舜父瞽叟頑母嚚弟象傲皆欲殺舜舜順適不失子道兄弟孝慈

欲殺不可得即求嘗在側舜年二十以孝聞三十而帝堯問可用者四岳咸薦虞舜曰可於是堯乃以二女妻舜以觀其內使九男與處以觀其外舜居嬀汭內行彌謹堯二女不敢以貴驕事舜親戚（錢云古人稱父母爲親戚大戴曾子疾病篇親戚既沒雖欲孝誰爲孝楚世家楚人憐之如悲親戚孟嘗君傳使使存問獻遺其親戚）甚有婦道堯九男皆益篤舜耕歷山歷山之人皆讓畔漁雷澤雷澤上人皆讓居陶河濱河濱器皆不苦窳一年而所居成聚二年成邑三年成都堯乃賜舜絺衣與琴爲築倉廩予牛羊瞽叟尚復欲殺之使舜上塗廩瞽叟從下縱火焚廩舜乃以兩笠自扞而下去得不死後瞽叟又使舜穿井舜穿井爲匿空旁出舜既入深瞽叟與象共下土實井舜從匿空出去瞽叟象喜以舜爲已死象曰本謀者象象與其父母分於是曰舜妻堯二女與琴象取之牛羊倉廩予父母象乃止舜宮居鼓其琴舜往見之象鄂

不懌曰我思舜正鬱陶舜曰然爾其庶矣舜復事瞽叟愛弟彌謹於是堯乃試舜五典百官皆治昔高陽氏有才子八人世得其利謂之八愷高辛氏有才子八人世謂之八元此十六族者世濟其美不隕其名至於堯堯未能舉舜舉八愷使主后土以揆百事莫不時序舉八元使布五教於四方父義母慈兄友弟恭子孝內平外成○昔帝鴻氏有不才子掩義隱賊好行凶慝天下謂之渾沌（通志沌作敦）少皞氏有不才子毀信惡忠崇飾惡言天下謂之窮奇顓頊氏有不才子不可教訓不知話言天下謂之檮杌此三族世憂之至于堯堯未能去縉雲氏有不才子貪於飲食冒于貨賄天下謂之饕餮天下惡之比之三凶舜賓於四門乃流四凶族遷于四裔以御螭魅於是四門辟言毋凶人也舜入于大麓烈風雷雨不迷堯乃知舜之足授天下堯老使舜攝行天子政巡狩舜得

舉用事二十年而堯使攝政攝政八年而堯崩三年喪畢讓丹朱天下歸舜而禹皐陶契后稷伯夷夔龍倕益彭祖自堯時而皆舉用未有分職於是舜乃至於文祖謀于四嶽辟四門明通四方耳目命十二牧論帝德行厚德遠佞人則蠻夷率服舜謂四嶽曰有能奮庸美堯之事者使居官相事皆曰伯禹爲司空可美帝功舜曰嗟然禹汝平水土維是勉哉禹拜稽首讓於稷契與皐陶舜曰然往矣舜曰棄黎民始飢汝后稷播時百穀舜曰契百姓不親五品不馴汝爲司徒而敬敷五教在寬舜曰皐陶蠻夷猾夏寇賊姦軌汝作士五刑有服五服三就五流有度史詮云古本度作宅五度三居惟明能信舜曰誰能馴予工錢云馴與順同易馴致其道至堅冰也文言履霜堅冰蓋言順也是馴卽順字皆曰垂可於是以垂爲共工梁云集解堯紀引康成云共工水官名於此引馬融云爲司空共理百工之事賈公彥周禮序謂冬官水正爲共工卽司空也舜曰誰能馴予上下草木鳥獸

皆曰益可於是以益爲朕虞益拜稽首讓於諸臣朱虎熊羆舜曰往矣
汝諧遂以朱虎熊羆爲佐舜曰嗟四嶽有能典朕三禮皆曰伯夷可舜
曰嗟伯夷以汝爲秩宗夙夜維敬直哉維靜絜伯夷讓夔龍舜曰然以
夔爲典樂教穉子直而溫寬而栗剛而無虐簡而無傲詩言意（梁云案趙明誠
金石錄孔子廟置卒史碑跋云華陽國志後漢注皆云趙戒字志伯此碑乃作意伯疑其避桓帝諱改）歌長言聲依永律
和聲八音能諧毋相奪倫神人以和夔曰於予擊石拊石百獸率舞舜
曰龍朕畏忌讒說殄僞（錢云僞卽爲字行爲聲相近）振驚朕衆命汝爲納言夙夜出
入朕命惟信舜曰嗟女二十有二人敬哉惟時相天事三歲一考功三
考黜陟遠近衆功咸興分北三苗此二十二人咸成厥功皋陶爲大理
平民各伏得其實伯夷主禮上下咸讓垂主工師百工致功益主虞山
澤辟弃主稷百穀時茂契主司徒百姓親和龍主賓客遠人至十二牧

行而九州莫敢辟違惟禹之功爲大披九山通九澤決九河定九州各以其職來貢不失厥宜方五千里至於荒服南撫交阯北發西戎析枝渠廋氏羌北山戎發息愼（錢云息肅聲相近）東長鳥夷四海之內咸戴帝舜之功於是禹乃興九招之樂致異物鳳皇來翔天下明德皆自虞帝始舜年二十以孝聞年三十堯舉之年五十攝行天子事年五十八堯崩年六十一代堯踐帝位踐帝位三十九年南巡狩崩於蒼梧之野葬於江南九疑是爲零陵舜之踐帝位載天子旗往朝父瞽叟夔夔維謹如子道封弟象爲諸侯舜子商均亦不肖舜乃豫薦禹於天十七年而崩三年喪畢禹亦乃讓舜子如讓舜堯子諸侯歸之然後禹踐天子位堯子丹朱舜子商均皆有疆土以奉先祀服其服禮樂如之以客見天子天子弗臣示不敢專也自黃帝至舜禹皆同姓而異其國號以章明德故

百家言黃帝其文不雅馴謂方士僊道皆傅會黃帝也此句與上鬼神山川封禪與爲多焉句相發

黃帝爲有熊帝顓頊爲高陽帝嚳爲高辛帝堯爲陶唐帝舜爲有虞帝禹爲夏后而別氏姓姒氏契爲商姓子氏弃爲周姓姬氏

太史公曰學者多稱五帝尙矣然尙書獨載堯以來而百家言黃帝其文不雅馴薦紳先生難言之孔子所傳宰予問五帝德及帝繫姓儒者或不傳余嘗西至空峒北過涿鹿東漸於海南浮江淮矣至長老皆各往往稱黃帝堯舜之處風教固殊焉總之不離古文者近是予觀春秋國語其發明五帝德帝繫姓章矣顧弟弗深考徐廣云弟但也錢云弟但聲相近其所表見皆不虛書缺有閒矣其軼乃時時見於他說非好學深思心知其意固難爲淺見寡聞道也余並論次擇其言尤雅者故著爲本紀書首

某案此篇以擇言尤雅爲主以三千餘言記五帝事蹟采輯五帝德尙書而以帝繫姓組織之時時總挈頓束以爲文字關鍵後幅層層

收結馭散以整

史公五帝紀自謂擇言尤雅今讀其書尙書之外獨采五帝德其百家之言不雅馴者不之載也觀鄭樵通志所記三皇之事盡鄙野言也足以知史公之識過後儒遠矣

史公記帝王世系歐公辨之當矣然史公故一采之帝繫姓帝繫姓又傳自孔氏皆古文史公謂其近是故亦不謂無疑也古書之傳蓋寡五帝之事未宜以後世禮樂明備之世之見窺測其是非也

五帝本紀第一

夏本紀第二

史記二

夏禹名曰文命禹之父曰鯀鯀之父曰帝顓頊顓頊之父曰昌意昌意之父曰黃帝禹者黃帝之玄孫而帝顓頊之孫也禹之曾大父昌意及父鯀皆不得在帝位爲人臣當帝堯之時鴻水滔天浩浩懷山襄陵下民其憂堯求能治水者羣臣四嶽皆曰鯀可堯曰鯀爲人負命毀族不可四嶽曰等之未有賢於鯀者願帝試之於是堯聽四嶽用鯀治水九年而水不息功用不成於是帝堯乃求人更得舜舜登用攝行天子之政巡狩行視鯀之治水無狀乃殛鯀於羽山以死天下皆以舜之誅爲是於是舜舉鯀子禹而使續鯀之業堯崩帝舜問四嶽曰有能成美堯之事者使居官皆曰伯禹爲司空可成美堯之功舜曰嗟然命禹女平水土維是勉之禹拜稽首讓於契后稷皋陶舜曰女其往視爾事矣禹

爲人敏給克勤•其悳不違•其仁可親•其言可信•聲爲律•身爲度•稱以出•
亹亹穆穆•錢云封禪文旼旼穆穆卽亹亹也古音亹如門與旼相近旼卽旻字爲綱爲紀•禹乃遂與益后
稷奉帝命•命諸侯百姓•興人徒•以傅土行山表木•定高山大川•禹傷先
人父鯀功之不成•受誅•乃勞身焦思•居外十三年•過家門不敢入•薄衣
食•致孝于鬼神•卑宮室•致費於溝減•陸行乘車•水行乘船•泥行乘橇•山
行乘檋•左準繩•右規矩•載四時•以開九州•通九道•陂九澤•度九山•令益
予衆庶稻•可種卑溼•命后稷予衆庶難得之食•食少•調有餘相給•以均
諸侯•禹乃行相地宜所有以貢•及山川之便利•禹行自冀州始•冀州既
載•壺口治梁及岐•既修太原•至于嶽陽•覃懷致功•某案後和夷底績原隰底績皆當作致功
至於衡漳•其土白壤•賦上上錯•田中中•常衛既從•大陸既爲•鳥夷皮服•
夾右碣石入于海•濟河維沇州•錢云沇州本以沇水得名作兗由隸變九河既道•雷夏既

澤雍沮會同桑土既蠶於是民得下丘居土其土黑墳草繇木條田中下賦貞作十有三年乃同其貢漆絲其篚織文浮於濟漯通於河海岱維青州堣夷既略濰淄既（本作其依王本改）道其土白墳海濱廣潟厥田斥鹵（此四字王念孫校删）田上下賦中上厥貢鹽絺（厥字王校删）海物維錯岱畎絲枲鉛松怪石萊夷爲牧其篚酓絲浮于汶通於濟海岱及淮維徐州淮沂其治蒙羽其蓺大野既都東原底平其土赤埴墳草木漸包其田上中賦中中貢維土五色羽畎夏狄嶧陽孤桐泗濱浮磬淮夷蠙珠臮魚（後朔南暨聲敎）（亦當作臮）其篚玄纖縞浮于淮泗通于河淮海維揚州彭蠡既都陽鳥所居三江既入震澤致定竹箭既布其草惟夭其木惟喬（當依漢書删兩其字兩惟字）其土塗泥田下下賦下上上雜貢金三品瑤琨竹箭齒革羽旄島（漢書作鳥）夷卉服其篚織貝其包橘柚錫貢均江海通淮泗荆及衡陽維荆州江漢

朝宗于海。九江甚中。沱涔已道。某案前後禹貢既字史文多仍作既者其義或當訓盡或後人用尚書校改之

濰淄其道史記其作旣則音相近而訛雲土夢爲治。其土塗泥。田下中。賦上下。貢羽旄齒革。金三品。杶榦栝柏。礪砥砮丹。維箘簬楛。三國致貢。其名包匭菁茅。其篚玄纁璣組。九江入賜大龜。浮于江沱涔。于漢。踰于雒。至於南河。荊河維豫州。伊雒瀍澗既入於河。滎播宋本播作潘既都。道荷澤。被明都。其土壤。下土墳壚。田中上。賦雜上中。貢漆絲絺紵。其篚纖絮。錫貢磬錯。浮於雒。達於河。華陽黑水維梁州。汶嶓既蓺。沱涔既道。蔡蒙旅平。和夷底績。其土青驪。田下上。賦下中三錯。貢璆鐵銀鏤砮磬。熊羆狐狸織皮。西傾因桓是來。浮於潛。踰於沔。入于渭。亂于河。黑水西河維雍州。弱水既西。涇屬渭汭。漆沮既此既字當作已從。灃水所同。荊岐已旅。終南敦物。至于鳥鼠。原隰底績。至于都野。三危既度。三苗大序。其土黃壤。田上上。賦中下。貢璆

琳琅玕・浮于積石・至于龍門西河・會于渭汭・織皮昆侖析支渠搜西戎
即序・道九山汧及岐至於荊山・踰於河・壺口雷首至於太嶽・（底）砥柱析城
至于王屋・太行常山至于碣石・入于海・西傾朱圉鳥鼠至于太華・熊耳
外方桐柏至于負尾・道嶓冢至于荊山・內方至于大別・汶山之陽至于
衡山・過九江・至于敷淺原・道九川・弱水至於合黎・餘波入於流沙・道黑
水至於三危・入於南海・道河積石至於龍門・南至華陰・東至砥柱・又東
至於盟津・東過雒汭・至於大邳・北過降水・至於大陸・北播爲九河・同爲
逆（王校改迎）河入於海・嶓冢道瀁・東流爲漢・又東爲蒼浪之水・過三澨・入（葉棨）
（此入當爲至）於大別・南入於江・東匯澤爲彭蠡・東爲北江・入於海・汶山道江・
東別爲沱・又東至於醴・過九江・至於東陵・東迆北會於匯・東爲中江・入
於海・道沇水・東爲濟・入於河・泆爲滎・東出陶丘北・又東至於荷・又東北

會於汶•又東北入於海•道淮•自桐柏東會於泗沂•東入於海•道渭•自鳥鼠同穴•東會於澧•又東北至於涇•東過漆沮•入於河•道雒•自熊耳•東北會於澗瀍•又東會於伊•東北入於河•於是九州攸同•四奧既居•九山栞旅•九川滌原•九澤既陂•四海會同•六府甚修•衆土交正•致愼財賦•咸則三壤成賦•中國賜土姓•祗台德先•不距朕行•令天子之國以外五百里甸服•百里賦納總•二百里納銍•三百里納秸服•四百里粟•五百里米•甸服外五百里侯服•百里采•二百里任國•三百里諸侯•侯服外五百里綏服•三百里揆文教•二百里奮武衛•綏服外五百里要服•三百里夷•二百里蔡•要服外五百里荒服•三百里蠻•二百里流•東漸於海•西被於流沙•朔南暨聲教•訖於四海•於是帝錫禹玄圭•以告成功於天下•天下於是太（治要作大）平治•皋陶作士以理民•帝舜朝•禹•伯夷•皋陶相與語帝前•皋陶

述其謀曰。信其道德。某案依皋謨此當作信道其德道其二字誤倒下云道吾德乃汝功序之也正應此句謀明輔和。禹曰。然。如何。皋陶曰。於。慎其身修。思長。敦序九族。衆明高翼。近可遠在已。禹拜美言曰。然。皋陶曰。於。在知人。在安民。禹曰。吁。皆若是。惟帝其難之。知人則智。能官人。能安民則惠。黎民懷之。能知能惠。何憂乎驩兜。何遷乎有苗。何畏乎巧言善色佞人。皋陶曰。然。於。亦行有九德。亦言其有德。乃言曰。始事事。寬而栗。柔而立。愿而共。治而敬。擾而毅。直而溫。簡而廉。剛而實。彊而義。章其有常。吉哉。日宣三德。蚤夜翊明有家。日嚴振敬六德。亮采有國。翕受普施。九德咸事。俊乂在官。百吏肅謹。毋教邪淫奇謀。非其人居其官。是謂亂天事。天討有罪。五刑五用哉。吾言厎可行乎。禹曰。女言致可績行。皋陶曰。余未有知。思贊道哉。帝舜謂禹曰。汝亦昌言。禹拜曰。於。予何言。予思日孳孳。皋陶難禹曰。何謂孳孳。禹曰。鴻

水滔天浩浩懷山襄陵下民皆服於水予陸行乘車水行乘舟泥行乘橇山行乘檋行山栞木與益予衆庶稻鮮食以決九川致四海浚畎澮致之川與稷予衆庶難得之食食少調有餘補不足徙居衆民乃定萬國爲治臯陶曰然此而美也禹曰於帝愼乃在位安爾止輔德天下大應淸意以昭待上帝命天其重命用休帝曰吁臣哉臣哉臣作朕股肱耳目予欲左右有民女輔之余欲觀古人之象日月星辰作文繡服色女明之予欲聞六律五聲八音來始滑以出入五言女聽之（之字依游本增）予卽辟女匡拂予女無面諛退而謗予敬四輔臣諸衆讒嬖臣君德誠施皆淸矣禹曰然帝卽不時布同善惡則毋功帝曰毋若丹朱傲維慢游是好毋水行舟朋淫於家用絕其世予不能順是禹曰予辛壬娶塗山癸甲生啓予不子以故能成水土功輔成五服至於五千里州十二師

外薄四海咸建五長各道有功苗頑不即功帝其念哉帝曰道吾德乃
汝功序之也皋陶於是敬禹之德令民皆則禹不如言刑從之舜德大
明於是夔行樂祖考至羣后相讓鳥獸翔舞簫韶九成鳳皇來儀百獸
率舞百官信諧帝用此作歌曰陟天之命維時維幾乃歌曰股肱喜哉
元首起哉百工熙哉皋陶拜手稽首揚言曰念哉率爲興事愼乃憲敬
哉乃更爲歌曰元首明哉股肱良哉庶事康哉舜又歌曰（梁云一本無舜字是也）
元首叢脞哉股肱惰哉萬事墮哉帝拜曰然往欽哉於是天下皆宗禹
之明度數聲樂爲山川鬼神主（依通志神上增鬼字）帝舜薦禹於天爲嗣十七年
而帝舜崩三年喪畢禹辭辟舜之子商均於陽城天下諸侯皆去商均
而朝禹禹於是遂即天子位南面朝天下國號曰夏后姓姒氏帝禹立
而舉皋陶薦之且授政焉而皋陶卒封皋陶之後於英六或在許而后

舉益任之政十年帝禹東巡狩至於會稽而崩以天下授益三年之喪畢益讓帝禹之子啓而辟居箕山之陽禹子啓賢天下屬意焉及禹崩雖授益益之佐禹日淺天下未洽故諸侯皆去益而朝啓曰吾君帝禹之子也於是啓遂即天子之位是爲夏后帝啓夏后帝啓禹之子其母塗山氏之女也有扈氏不服啓伐之大戰於甘將戰作甘誓乃召六卿申之啓曰嗟六事之人予誓告女有扈氏威侮五刑怠弃三正天用勦絕其命今予維共行天之罰左不攻於左右不攻於右女不共命御非其馬之政女不共命用命賞於祖不用命僇於社予則帑僇女遂滅有扈氏天下咸朝夏后帝啓崩子帝太康立帝太康失國昆弟五人須於洛汭作五子之歌太康崩弟中康立是爲帝中康帝中康時羲和湎淫廢時亂日胤往征之作胤征中康崩子帝相立帝相崩子帝少康立帝

此事方侍郎謂不宜入本紀某案古事傳於後者少矣豢龍擾龍古之盡物性之事而後世失其術史公好奇故載之且以見孔甲之失政而致亂也

少康崩。子帝予立。梁云予是杼省文墨子非儒篇作伃索隱本引紀作宁引世本作佇因形近而譌帝予崩。子帝槐立。帝槐崩。子帝芒立。帝芒崩。子帝泄立。帝泄崩。子帝不降立。帝不降崩。弟帝扃立。帝扃崩。子帝廑立。帝廑崩。立帝不降之子孔甲。是爲帝孔甲。帝孔甲立。好方鬼神事淫亂。夏后氏德衰。諸侯畔之。天降龍二。有雌雄。孔甲不能食。未得豢龍氏。陶唐既衰。其後有劉累。學擾龍於豢龍氏。以事孔甲。孔甲賜之姓曰御龍氏。受豕韋之後。集解受一作更梁云古字通用周紀臏更大命一本作受惠氏云周禮巾車歲時受灋杜子春云受當爲更儀禮燕禮及大射儀注皆云古文更爲受龍一雌死。以食夏后。夏后使求。懼而遷去。孔甲崩。子帝皋立。帝皋崩。子帝發立。帝發崩。子帝履癸立。是爲桀。帝桀之時。自孔甲以來而諸侯多畔。夏桀不務德。而武傷百姓。百姓弗堪。迺召湯而囚之夏臺。已而釋之。湯修德。諸侯皆歸湯。湯遂率兵以伐夏桀。桀走鳴條。遂放而死。桀謂人曰。吾悔不遂殺

湯於夏臺。使至此。湯乃踐天子位。代夏朝天下。湯封夏之後。至周封於杞也。

太史公曰。禹爲姒姓。其後分封。用國爲姓。故有夏后氏。有扈氏。有男氏。〔梁云小司馬引世本男作南古字通周子南君亦作男君〕斟尋氏。彤城氏。〔梁云廣韻於成下註云史記有形成氏成城通用形彤形近致訛〕褒氏。費氏。杞氏。繒氏。辛氏。冥氏。斟氏。戈氏。〔錢云索隱本作斟戈氏卽斟灌也戈灌聲相近上氏字衍〕孔子正夏時。學者多傳夏小正云。自虞夏時。貢賦備矣。或言禹會諸侯江南。計功而崩。因葬焉。命曰會稽。會稽者。會計也。

某案此篇以禹功爲主而附載臯陶精神洋溢事既相發禹貢臯謨文亦相稱也

夏本紀第二

殷本紀第三

殷契母曰簡狄•有娀氏之女也•（也字依通志補）爲帝嚳次妃•三人行浴•見玄鳥墮其卵•簡狄取吞之•因孕生契•契長而佐禹治水有功•帝舜乃命契曰•百姓不親•五品不訓•汝爲司徒而敬敷五教•五教在寬•封於商•賜姓子氏•契興於唐虞大禹之際•功業著於百姓•百姓以平•契卒•子昭明立•昭明卒•子相土立•相土卒•子昌若立•昌若卒•子曹圉立•（梁云索隱引世本作糧圉禮祭法疏引世本作遭圉人表作根圉禮疏引世本曰遭圉生根國根國生冥史缺根國一代人表誤合二人爲一人曹乃遭之省粮乃根之訛）曹圉卒•子冥立•冥卒•子振立•（素隱引世本振作核竹書作亥）振卒•子微立•微卒•子報丁立•報丁卒•子報乙立•報乙卒•子報丙立•報丙卒•子主壬立•主壬卒•子主癸立•主癸卒•子天乙立•是爲成湯•成湯•自契至湯八遷•湯始居亳•從先王居•作帝誥•湯征諸侯•葛伯不祀•湯始伐之•湯曰•予有言•人視水見形•視

民知治不伊尹曰明哉言能聽道乃進君國子民爲善者皆在王官勉哉勉哉湯曰汝不能敬命予大罰殛之無有攸赦作湯征伊尹名阿衡梁云名乃號名之名阿衡欲干湯而無由乃爲有莘氏媵臣負鼎俎以滋味說湯致于王道或曰伊尹處士湯使人聘迎之五反然後肯往從湯言素王及九主之事湯舉任以國政伊尹去湯適夏既醜有夏復歸于亳入自北門遇女鳩女房作女鳩女房湯出見野張網四面祝曰自天下四方皆入吾網湯曰嘻盡之矣乃去其三面祝曰欲左左欲右右不用命乃入吾網諸侯聞之曰湯德至矣及禽獸當是時夏桀爲虐政淫荒而諸侯昆吾氏爲亂湯乃興師率諸侯伊尹從湯湯自把鉞以伐昆吾遂伐桀湯曰格汝衆庶來女悉聽朕言匪台小子敢行舉亂有夏多罪某按有夏多罪當接天命殛之以下二十三字予維聞汝衆言以下十九字在而割政之下今夏多罪衍夏多罪三字今下接女其曰云云此史記脫簡

也予維聞女衆言夏氏有罪予畏上帝不敢不正今夏多罪天命殛之今女有衆女曰我君不恤我衆舍我嗇事而割政女其曰有罪其奈何夏王率止衆力率奪夏國有衆率怠不和曰是日何時喪予與女皆亡夏德若茲今朕必往爾尚及予一人致天之罰予其大理女錢云理賚聲相近詩釐爾圭瓚鄭康成引作賚釐理義亦通也女毋不信朕不食言女不從誓言予則帑僇女無有攸赦以告令師作湯誓於是湯曰吾甚武號曰武王桀敗於有娀之虛桀犇於鳴條夏師敗績湯遂伐三㚇俘厥寶玉義伯仲伯作典寶湯既勝夏欲遷其社不可作夏社伊尹報通志作伊尹報於諸侯諸侯大會於是諸侯畢服湯乃踐天子位平定海內湯歸至於泰卷陶索隱卷又作洞當爲坰陶字衍大坰今定陶是錢云卷坰聲相近泰與大古文通梁云集解一無陶字正義以陶爲古銘反者音坰也則又以泰陶爲太行而衍卷字太行列子湯問作太形淮南氾論作五行之山元不音杭釋文兩列其音讀者唯取前音戶剛反遂不知太行當如字讀也某案通志作泰坰中𤳖作誥

既絀夏命還亳作湯誥維三月王自至於東郊告諸侯羣后毋不有功於民勤力迺事予乃大罰殛女毋予怨曰古禹皋陶久勞於外其有功乎民民乃有安東爲江北爲濟西爲河南爲淮四瀆已修萬民乃有居后稷降播農殖百穀三公咸有功于民故后有立昔蚩尤與其大夫作亂百姓帝乃弗予有狀先王言不可不勉曰不道毋之在國女毋我怨以令諸侯伊尹作咸有一德咎單作明居湯乃改正朔易服色上白朝會以晝湯崩太子太丁未立而卒於是乃立太丁之弟外丙是爲帝外丙帝外丙即位三年崩（通志三作二）立外丙之弟中壬是爲帝中壬帝中壬即位四年崩伊尹迺立太丁之子太甲太甲成湯適長孫也是爲帝太甲帝太甲元年伊尹作伊訓作肆命作徂后帝太甲既立三年不明暴虐不遵湯法亂德於是伊尹放之於桐宮三年伊尹攝行政當國以朝

諸侯。帝太甲居桐宮三年。悔過自責反善。於是伊尹迺迎帝太甲而授
之政。帝太甲修德。諸侯咸歸殷。百姓以寧。伊尹嘉之。迺作太甲訓三篇。
褒帝太甲。稱太宗。太宗崩。子沃丁立。帝沃丁之時。伊尹卒。既葬伊尹於
亳。咎單遂訓伊尹事。作沃丁。沃丁崩。弟太庚立。是爲帝太庚。帝太庚崩。
子帝小甲立。帝小甲崩。弟雍已立。是爲帝雍已。殷道衰。諸侯或不至。帝
雍已崩。弟太戊立。是爲帝太戊。帝太戊立伊陟爲相。亳有祥桑穀共生
於朝。一暮大拱。帝太戊懼。問伊陟。伊陟曰。臣聞妖不勝德。帝之政其有
闕與。帝其修德。太戊從之。而祥桑枯死而去。伊陟贊言于巫咸。巫咸治
王家有成。作咸艾。作太戊。帝太戊贊伊陟于廟。言弗臣。伊陟讓。作原命。
殷復興。諸侯歸之。故稱中宗。中宗崩。子帝仲丁立。帝仲丁遷于隞敖。河亶
甲居相。祖乙遷于邢。帝仲丁崩。弟外壬立。是爲帝外壬。仲丁書闕不具。

帝外壬崩。弟河亶甲立。是爲帝河亶甲。河亶甲時。殷復衰。河亶甲崩。子帝祖乙立。帝祖乙立。殷復興。巫賢任職。祖乙崩。子帝祖辛立。帝祖辛崩。弟沃甲立。是爲帝沃甲。（梁云盤庚疏作開甲）帝沃甲崩。立沃甲兄祖辛之子祖丁。是爲帝祖丁。帝祖丁崩。立弟沃甲之子南庚。是爲帝南庚。帝南庚崩。立帝祖丁之子陽甲。是爲帝陽甲。帝陽甲之時。殷衰。自中丁以來。廢適而更立諸弟子。弟子或爭相代立。比九世亂。於是諸侯莫朝。帝陽甲崩。弟盤庚立。是爲帝盤庚。帝盤庚之時。殷已都河北。盤庚渡河南。復居成湯之故居。迺五遷。無定處。殷民咨胥皆怨。不欲徙。盤庚乃告諭諸侯大臣曰。昔高后成湯與爾之先祖俱定天下。法則可修。舍而弗勉。何以成德。乃遂涉河南。治亳。行湯之政。然後百姓由寧。殷道復興。諸侯來朝。以其遵成湯之德也。帝盤庚崩。弟小辛立。是爲帝小辛。帝小辛立。殷復衰。百

姓思盤庚迺作盤庚三篇帝小辛崩弟小乙立是爲帝小乙帝小乙崩
子帝武丁立帝武丁卽位思復興殷而未得其佐三年不言政事決定
於冢宰以觀國風武丁夜夢得聖人名曰說以夢所見視羣臣百吏皆
非也於是迺使百工營求之野得說於傅險中是時說爲胥靡築於傅
險見於武丁武丁曰是也得而與之語果聖人舉以爲相殷國大治故
遂以傅險姓之號曰傅說帝武丁祭成湯明日有飛雉登鼎耳而呴武
丁懼祖己曰王勿憂先修政事祖己乃訓王曰唯天監下典厥義降年
有永有不永非天夭民中絕其命民有不若德不聽罪天既附命正厥
德乃曰其奈何嗚呼王嗣敬民罔非天繼常祀毋豐於弃道武丁修政
行德天下咸驩殷道復興帝武丁崩子帝祖庚立祖己嘉武丁之以祥
雉爲德立其廟爲高宗遂作高宗肜日及訓帝祖庚崩弟祖甲立是爲

帝甲。帝甲淫亂。殷復衰。帝甲崩。子帝廩辛立。帝廩辛崩。弟庚丁立。是爲帝庚丁。帝庚丁崩。子帝武乙立。殷復去亳。徙河北。帝武乙無道。爲偶人謂之天神。與之博。令人爲行。天神不勝。乃僇辱之。爲革囊盛血。仰而射之。命曰射天。武乙獵於河渭之閒。暴雷。武乙震死。子帝太丁立。帝太丁崩。子帝乙立。帝乙立。殷益衰。帝乙長子曰微子啓。啓母賤。不得嗣。少子辛。辛母正后。辛爲嗣。帝乙崩。子辛立。是爲帝辛。天下謂之紂。帝紂資辨捷疾。聞見甚敏。材力過人。手格猛獸。知足以距諫。言足以飾非。矜人臣以能。高天下以聲。以爲皆出已之下。好酒淫樂。嬖於婦人。愛妲已。惟（依書疏補）妲已之言是從。於是使師涓作新淫聲。（梁云師涓韓子十過釋名水經注拾遺記皆作師延是也師涓出於晉平公衛靈公之世亦見十過）北里之舞。靡靡之樂。厚賦稅以實鹿臺之錢。（集解鹿一作廩錢云廩鹿聲相近）而盈鉅橋之粟。益收狗馬奇物。充仞宮室。益廣沙丘苑臺。

歸氏引竹書紀年云自盤庚遷殷至紂更不徙都某案上武乙時史文明言殷復去亳徙河北竹書不足信也多取野獸蜚鳥置其中。慢於鬼神。大冣樂戲於沙丘。錢云說文冣積也音與聚同功臣表註孔子文生最說文以最爲聚積字最亦冣之譌以酒爲池。縣肉爲林。使男女倮相逐其閒。爲長夜之飲。百姓怨望。而諸侯有畔者。於是紂乃重刑辟。有炮格之法。以西伯昌九侯鄂侯爲三公。梁云九與鬼音近如宄軌皆從九得聲徐謂鄂一作刑邢本是邢字鄂即邢也人表有邢侯無鄂侯九侯有好女。入之紂。九侯女不憙淫。紂怒殺之。而醢九侯。鄂侯爭之彊。辨之疾。并脯鄂侯。西伯昌聞之竊歎。崇侯虎知之。以告紂。紂囚西伯羑里。西伯之臣閎夭之徒。求美女奇物善馬以獻紂。紂乃赦西伯。西伯出而獻洛西之地。以請除炮格之刑。紂乃許之。賜弓矢斧鉞。使得征伐。爲西伯。而用費中爲政。費中善諛好利。殷人弗親。紂又用惡來。惡來善毀讒。諸侯以此益疏。西伯歸。乃陰修德行善。諸侯多叛紂而往歸西伯。西伯滋大。紂

由是稍失權重。王子比干諫。弗聽。商容賢者。百姓愛之。紂廢之。及西伯伐飢國。滅之。梁云飢周作耆宋世家作阢紂之臣祖伊聞之而咎周。恐。犇告紂曰。天既訖我殷命。假人元龜。無敢知吉。非先王不相我後人。維王淫虐用自絕。故天弃我。不有安食。不虞知天性。不迪率典。今我民罔不欲喪。曰。天曷不降威。大命胡不至。今王其奈何。紂曰。我生不有命在天乎。祖伊反曰。紂不可諫矣。西伯既卒。周武王之東伐。至盟津。諸侯叛殷會周者八百。諸侯皆曰。紂可伐矣。武王曰。爾未知天命。乃復歸。紂愈淫亂不止。微子數諫不聽。乃與太師少師謀。遂去。比干曰。爲人臣者。不得不以死爭。迺強諫紂。紂怒曰。吾聞聖人心有七竅。剖比干。觀其心。箕子懼。乃詳狂爲奴。紂又囚之。殷之太師少師乃持其祭樂器犇周。周武王於是遂率諸侯伐紂。紂亦發兵距之牧野。甲子日。紂兵敗。紂走入登鹿臺。衣其寶

玉衣赴火而死周武王遂斬紂頭縣之白旗（一本白上有大字）殺妲己釋箕子之囚封比干之墓表商容之閭封紂子武庚祿父（毛本脫紂字）以續殷祀令脩行盤庚之政殷民大說（梁云呂覽愼大篇武王命周公旦進殷之遺老問衆之所說民之所欲殷遺老曰欲復盤庚之政武王於是復盤庚之政）於是周武王爲天子其後世貶帝號號爲王而封殷後爲諸侯屬周周武王崩武庚與管叔蔡叔作亂成王命周公誅之而立微子於宋以續殷後焉

太史公曰余以頌次契之事自成湯以來采於書詩契爲子姓其後分封以國爲姓有殷氏來氏宋氏空桐氏稚氏北殷氏目夷氏孔子曰殷路車爲善而色尚白

某案殷事以興衰綰合以書名爲章法後詳載武王伐紂以與湯放桀爲首尾而前後屢遷亦殷事之特異者

殷本紀第三　　史記三

周本紀第四

周后稷名弃其母有邰氏女曰姜原姜原爲帝嚳元妃姜原出野見巨人跡心忻然說欲踐之踐之而身動如孕者居期而生子梁云期十月之期也與詩彌月合詩疏引周紀作及朞以爲不祥弃之隘巷馬牛過者皆辟不踐徙置之林中適會山林多人遷之而弃渠中冰上飛鳥以其翼覆薦之姜原以爲神遂收養長之初欲弃之因名曰弃弃爲兒時屹如巨人之志其游戲好種樹麻菽麻菽美及爲成人遂好耕農相地之宜宜穀者稼穡焉民皆法則之帝堯聞之舉弃爲農師天下得其利有功帝舜曰弃黎民始飢爾后稷播時百穀封弃於邰號曰后稷別姓姬氏后稷之興在陶唐虞夏之際皆有令德后稷卒子不窋立不窋末年夏后氏政衰去稷不務不窋以失其官而犇戎狄之閒不窋卒子鞠立梁云詩疏引此作鞠陶鞠卒子公

劉立公劉雖在戎狄之間復修后稷之業務耕種行地宜自漆沮度渭取財用行者有資居者有畜積民賴其慶百姓懷之多徙而保歸焉周道之興自此始故詩人歌樂思其德公劉卒子慶節立國於豳慶節卒子皇僕立皇僕卒子差弗立差弗卒子毀隃立 梁云酒誥釋文毀揄爲昭揄音投則隃爲揄之誤 毀隃卒子公非立公非卒子高圉立高圉卒子亞圉立亞圉卒子公叔祖類立 索隱組紺諸盩錢云盩當作盭盭類聲相近也盭綠色紺青赤色故又謂之紺組梁云索隱引世表作叔類中庸疏引此作太公叔類 公叔祖類卒子古公亶父立古公亶父復修后稷公劉之業積德行義國人皆戴之薰育戎狄攻之欲得財物予之已復攻欲得地與民民皆怒欲戰古公曰有民立君將以利之今戎狄所爲攻戰以吾地與民民之在我與其在彼何異民欲以我故戰殺人父子而君之予不忍爲乃與私屬遂去豳渡漆沮踰梁山止於岐下豳人舉國扶老攜弱

耑復歸古公於岐下。及他旁國聞古公仁。亦多歸之。於是古公乃貶戎狄之俗。而營築城郭室屋。而邑別居之。作五官有司。民皆歌樂之。頌其德。古公有長子曰太伯。次曰虞仲。太姜生少子季歷。（左傳疏如史記之文似王季與太伯別母）季歷娶太任。皆賢婦人。生昌。有聖瑞。古公曰。我世當有興者。其在昌乎。長子太伯虞仲知古公欲立季歷以傳昌。乃二人亡如荊蠻。文身斷髮。以讓季歷。古公卒。季歷立。是爲公季。公季修古公遺道。篤於行義。諸侯順之。公季卒。子昌立。是爲西伯。西伯曰文王。（依選注無曰字句下有也字）遵后稷公劉之業。則古公公季之法。篤仁。敬老。慈少。禮下賢者。日中不暇食以待士。士以此多歸之。伯夷叔齊在孤竹。聞西伯善養老。盍往歸之。太顛閎夭散宜生鬻子辛甲大夫之徒。皆往歸之。崇侯虎譖西伯於殷紂曰。西伯積善累德。諸侯皆嚮之。將不利於帝。帝紂乃囚西伯於羑里。閎夭

此總結文王而神氣超注武周之定天下如水盤旋將落如蒼鷹側翅下覷

之徒患之乃求有莘氏美女驪戎之文馬有熊九駟他奇怪物因殷嬖臣費仲而獻之紂紂大說曰此一物足以釋西伯況其多乎乃赦西伯賜之弓矢斧鉞使西伯得征伐曰譖西伯者崇侯虎也西伯乃獻洛西之地以請紂去炮格之刑紂許之西伯陰行善諸侯皆來決平於是虞芮之人有獄不能決乃如(詣)周入界耕者皆讓畔民俗皆讓長虞芮之人未見西伯皆慚相謂曰吾所爭周人所恥何往爲祇取辱耳遂還俱讓而去諸侯聞之曰西伯蓋受命之君明年伐犬戎明年伐密須明年敗耆國殷之祖伊聞之懼以告帝紂紂曰不有天命乎是何能爲明年伐邘明年伐崇侯虎而作豐邑自岐下而徙都豐明年西伯崩太子發立是爲武王西伯蓋卽位五十年其囚羑里蓋益易之八卦爲六十四卦詩人道西伯蓋受命之年稱王而斷虞芮之訟後十年而崩諡爲文王

改法度制正朔矣追尊古公爲太王公季爲王季蓋王瑞自太王興武王即位太公望爲師周公旦爲輔召公畢公之徒左右王師修文王緒業（方文輈以師字屬下是也姚南青乃云王武王師太公以師屬上殊誤獨文輈以下文九年屬上讀爲非是耳）九年武王上祭於畢東觀兵至於盟津爲文王木主載以車中軍武王自稱太子發言奉文王以伐不敢自專乃告司馬司徒司空諸節齊栗信哉予無知以先祖有德臣小子受先功畢立賞罰（宋本立作力）以定其功遂興師師尚父號曰總爾衆庶與爾舟楫後至者斬武王渡河中流白魚躍入王舟中武王俯取以祭既渡有火自上復於下至於王屋流爲烏其色赤其聲魄云是時諸侯不期而會盟津者八百諸侯諸侯皆曰紂可伐矣武王曰女未知天命未可也乃還師歸居二年聞紂昏亂暴虐滋甚殺王子比干囚箕子太師疵少師彊抱其樂器而犇周於是武王徧告諸侯

曰殷有重罪不可以不畢伐（梁云後漢書袁術傳引此作殷有重罰不可不伐）乃遵文王遂率戎車三百乘虎賁三千人甲士四萬五千人以東伐紂十一年十二月戊午師畢渡盟津諸侯咸會曰孳孳無怠武王乃作太誓（困學紀聞泰誓與大誥同梁云古大太泰三字并通董仲舒策陽居大夏陰居大冬用管子泰春泰夏泰秋泰冬之語淮南詮言訓以太王爲泰王太奕爲泰奕漢書袁盎傳以太常爲泰常魏元丕碑以太夫人爲泰夫人）告於衆庶今殷王紂乃用其婦人之言自絕於天毁壞其三正離逷其王父母弟乃斷弃其先祖之樂乃爲淫聲用變亂正聲怡說婦人故今予發維共行天罰勉哉夫子不可再不可三二月甲子昧爽武王朝至於商郊牧野乃誓武王左杖黃鉞右秉白旄以麾曰遠矣西土之人武王曰嗟我有國冢君司徒司馬司空亞旅師氏千夫長百夫長及庸蜀羌髳微纑彭濮人稱爾戈比爾干立爾矛予其誓王曰古人有言牝雞無晨牝雞之晨惟家之索今殷王紂維婦人

言是用自弃其先祖肆祀不答昬弃其家國遺其王父母弟不用乃維四方之多罪逋逃是崇是長是信是使俾暴虐於百姓以姦軌於商國今予發維共行天之罰今日之事不過六步七步乃止齊焉夫子勉哉不過於四伐五伐六伐七伐乃止齊焉勉哉夫子尚桓桓如虎如羆如豺如離於商郊不禦克犇以役西土勉哉夫子爾所不勉其於爾身有戮誓已諸侯兵會者車四千乘陳師牧野帝紂聞武王來亦發兵七十萬人距武王武王使師尚父與百夫致師以大卒馳帝紂師紂師雖衆皆無戰之心心欲武王亟入紂師皆倒兵以戰以開武王武王馳之紂兵皆崩畔紂紂走反入登於鹿臺之上蒙衣其珠玉自燔於火而死武王持大白之（之字依通志補）旗以麾諸侯諸侯畢拜武王武王乃揖諸侯諸侯畢從武王至商國商國百姓咸待於郊於是武王使羣臣告語商百姓

此讀祝未終武王拜稽而祝續前詞曰膺更大命云云者仍祝詞也至祝詞既終武王又拜稽也

曰上天降休商人皆再拜稽首武王亦答拜遂入至紂死所武王自射之三發而後下車以輕劍擊之以黃鉞斬紂頭縣大白之旗已而至紂之嬖妾二女二女皆經自殺武王又射三發擊以劍斬以玄鉞縣其頭小白之旗武王已乃出復軍其明日除道修社及商紂宮及期百夫荷罕旗以先驅武王弟叔振鐸奉陳常車周公旦把大鉞畢公把小鉞梁云畢公魯世家作召公以夾武王散宜生太顛閎夭皆執劍以衛武王既入立於社南大卒之左右畢從毛叔鄭奉明水衛康叔封布茲召公奭贊采師尙父牽牲尹佚筴祝曰殷之末孫季紂殄廢先王明德侮蔑神祇不祀昏暴商邑百姓其章顯聞於天皇上帝於是武王再拜稽首曰膺更大命革殷受天明命武王又再拜稽首乃出封商紂子祿父殷之餘民武王爲殷初定未集乃使其弟管叔鮮蔡叔度相祿父治殷已而命召公釋

箕子之囚。命畢公釋百姓之囚，表商容之閭。命南宮括散鹿臺之財，梁云人表作南宮适，周書作南宮忽。王校財當爲錢。發鉅橋之粟，以振貧弱萌隸。命南宮括、史佚展九鼎保玉。南宮括周書作南宮伯達。命閎夭封比干之墓。命宗祝享祠於軍。乃罷兵西歸。行狩，梁云書序作歸獸，狩古獸字。記政事，作武成。封諸侯，班賜宗彝，作分殷之器物。武王追思先聖王，乃褒封神農之後於焦，黃帝之後於祝，帝堯之後於薊，梁云呂覽愼大篇封黃帝之後于鑄，帝堯之後于黎，祝鑄同音字亦得通。樂記注祝或爲鑄。淮南假眞訓冶工鑄器注云鑄讀作祝。黎與薊音相近。帝舜之後於陳，大禹之後於杞。於是封功臣謀士，而師尚父爲首封。封尚父於營丘，曰齊。封弟周公旦於曲阜，曰魯。封召公奭於燕。封弟叔鮮於管，弟叔度於蔡。餘各以次受封。武王徵九牧之君，登豳之阜，史詮云豳度邑篇作汾，因汾與邠相近，遂誤爲豳。梁云作汾者是也。汾近朝歌，卽郡國志潁川襄城之汾丘。若栒邑之豳，何從望商邑乎。以望商邑。武王至于周，自夜不寐。周公旦卽王所，曰：「曷爲不寐？」王曰：「告

女維天不享殷自發未生於今六十年麋鹿在牧蜚鴻滿野（梁云周書闕路淮南麋鹿皆作夷羊淮南蜚鴻作飛蛩注蝗也）天不享殷乃今有成維天建殷其登名民三百六十夫不顯亦不賓滅以至今我未定天保何暇寐王曰定天保依天室悉求夫惡貶從殷王受日夜勞來定（定字校刪）我西土我維顯服及德方明自洛汭延于伊汭居易毋固其有夏之居我南望三塗北望嶽鄙顧詹有河粵詹雒伊毋遠天室營周居于雒邑而後去縱馬於華山之陽放牛於桃林之虛偃干戈振兵釋旅示天下不復用也武王已克殷後二年問箕子殷所以亾箕子不忍言殷惡以存亾國宜告武王亦醜故問以天道（以存亡國宜告爲句武王亦醜爲何此言箕子不忍言殷惡以武王存殷後於義宜告見箕子蹐踖於中也武王因此亦以殷事爲恥於是改問天道此文無誤而熙父疑之何也）武王病天下未集羣公懼穆卜周公乃祓齋（通志作齊）自爲質欲代武王武王有瘳後而崩太子誦代立是爲成王成王

少周初定天下周公恐諸侯畔周公乃攝行政當國管叔蔡叔羣弟疑
周公與武庚作亂畔周周公奉成王命伐誅武庚管叔王念孫依類聚御覽管上增殺
字某案王說非是通志無放蔡叔以微子開代殷後國於宋頗收殷餘民以封武王
少弟封爲衞康叔梁云三王世家丞相奏云康叔扞祿父之難後書蘇竟傳言周公善康叔不從管蔡之亂故先儒定爲武
王封康叔晉唐叔得嘉穀獻之成王成王以歸周公于兵所周公受禾東土
魯天子之命梁云書序魯作旅古作魯古文旅魯字皆作表秦和鐘以受毛魯多釐薑道廣川書跋云魯古文旅初管蔡
畔周周公討之三年而畢定故初作大誥次作微子之命次歸禾次嘉
禾次康誥酒誥梓材其事在周公之篇周公行政七年成王長周公反
政成王北面就羣臣之位成王在豐使召公復營洛邑如武王之意周
公復卜申視卒營築居九鼎焉曰此天下之中四方入貢道里均作召
誥洛誥成王既遷殷遺民周公以王命告作多士無佚召公爲保周公

大顚東筆力千鈞

山嶽人表

爲師東伐淮夷殘奄遷其君薄姑成王自奄歸在宗周作多方既絀殷命襲淮夷歸在豐作周官興正禮樂度制於是改而民和睦頌聲興成王既伐東夷息慎來賀王賜榮伯作賄息慎之命成王將崩懼太子釗之不任乃命召公畢公率諸侯以相太子而立之成王既崩二公率諸侯以太子釗見於先王廟申告以文王武王之所以爲王業之不易務在節儉毋多欲以篤信臨之作顧命太子釗遂立是爲康王康王即位徧告諸侯宣告以文武之業以申之作康誥故成康之際天下安寧刑錯四十餘年不用康王命作策畢公分居里成周郊作畢命康王卒子昭王瑕立昭王之時王道微缺昭王南巡狩不返卒於江上其卒不赴告諱之也立昭王子滿是爲穆王穆王即位春秋已五十矣王道衰微（一本王上有而字）穆王閔文武之道缺乃命伯臩申誡太僕國之政作臩命復

寧。穆王將征犬戎。祭公謀父諫曰。不可。先王燿德不觀兵。夫兵戢而時動。動則威。觀則玩。玩則無震。是故周文公之頌曰。載戢干戈。載櫜弓矢。我求懿德。肆于時夏。允王保之。先王之於民也。茂正其德而厚其性。阜其財求。而利其器用。明利害之鄉。以文修之。使之務利而辟害。懷德而畏威。故能保世以滋大。昔我先王世后稷。以服事虞夏。及夏之衰也。弃稷不務。我先王不窋用失其官。而自竄於戎狄之閒。不敢怠業。時序其德。遵修其緒。修其訓典。朝夕恪勤。守以敦篤。奉以忠信。奕世載德。不忝前人。至于文王武王。昭前之光明。而加之以慈和。事神保民。無不欣喜。商王帝辛大惡于民。庶民不忍。訢載[戴]武王。以致戎于商牧。是故先王非務武也。勤恤民隱而除其害也。夫先王之制。邦內甸服。邦外侯服。侯衞賓服。夷蠻要服。戎狄荒服。甸服者祭。侯服者祀。賓服者享。要服者貢。荒

服者王•日祭月祀時享歲貢終王•先王之順祀也•有不祭則修意•有不祀則修言•有不享則修文•有不貢則修名•有不王則修德•序成而有不至•則修刑•於是有刑不祭•伐不祀•征不享•讓不貢•告不王•於是有刑罰之辟•有攻伐之兵•有征討之備•有威讓之命•有文告之辭•布令陳辭而有不至•則增修於德•無勤民於遠•是以近無不聽•遠無不服•今自大畢伯士之終也•犬戎氏以其職來王•天子曰•予必以不享征之•且觀之兵•無乃廢先王之訓•而王幾頓乎•吾聞犬戎樹敦•率舊德而守終純固•其有以禦我矣•王遂征之•得四白狼四白鹿以歸•自是荒服者不至•諸侯有不睦者•甫侯言於王•（通志族略云呂甫聲相近）作修刑辟•王曰•吁•來•有國有土•告汝祥刑•在今爾安百姓•何擇非其人•何敬非其刑•何居非其宜•與兩造具備•（集解造一作遭錢云兩遭猶言兩曹說文曹獄之兩曹也）師聽五辭•五辭簡信•正於五刑•五刑

不簡。正於五罰。五罰不服。正於五過。五過之疵。官獄內獄。閱實其罪。惟鈞其過。五刑之疑有赦。五罰之疑有赦。其審克之。簡信有衆。惟訊有稽。無簡不疑。共嚴天威。黥辟疑赦。其罰百率。閱實其罪。劓辟疑赦。其罰倍灑。（梁云灑即蓰也）閱實其罪。臏辟疑赦。其罰倍差。閱實其罪。宮辟疑赦。其罰五百率。閱實其罪。大辟疑赦。其罰千率。閱實其罪。墨罰之屬千。劓罰之屬千。臏罰之屬五百。宮罰之屬三百。大辟之罰。其屬二百。五刑之屬三千。命曰甫刑。穆王立五十五年崩。子共王繄扈立。（梁云世表人表作伊扈伊繄古通）共王游于涇上。密康公從。有三女奔之。其母曰。必致之王。夫獸三為羣。人三為衆。女三為粲。王田不取羣。公行不下衆。（梁云國語作公行下衆）王御不參一族。夫粲美之物也。衆以美物歸女。而何德以堪之。王猶不堪。況爾之小醜乎。小醜備物。終必亡。康公不獻。一年。共王滅密。共王崩。子懿王囏立。懿

節節傾挫

國語

王之時王室遂衰詩人作刺懿王崩共王弟辟方立是爲孝王孝王崩諸侯復立懿王太子燮梁云人表夷王名摺是爲夷王夷王崩子厲王胡立厲王即位三十年好利近榮夷公大夫芮良夫諫厲王曰王室其將卑乎夫榮公好專利而不知大難夫利百物之所生也天地之所載也而有專之其害多矣天地百物皆將取焉何可專也所怒甚多而不備大難以是教王王其能久乎夫王人者將導利而布之上下者也使神人百物無不得極猶日怵惕懼怨之來也故頌曰思文后稷克配彼天立我蒸民莫匪爾極大雅曰陳錫載周是不布利而懼難乎故能載周以至于今今王學專利其可乎匹夫專利猶謂之盜王而行之其歸鮮矣榮公若用周必敗也厲王不聽卒以榮公爲卿士用事王行暴虐侈傲國人謗王召公諫曰民不堪命矣王怒得衛巫使監謗者以告則殺之其謗

鮮矣。諸侯不朝。三十四年。王益嚴。國人莫敢言。道路以目。厲王喜。告召公曰。吾能弭謗矣。乃不敢言。召公曰。是鄣之也。防民之口。甚於防水。水壅而潰。傷人必多。民亦如之。是故為水者決之使導。為民者宣之使言。故天子聽政。使公卿至於列士獻詩。瞽獻典。（梁云左傳疏引周語作瞽陳曲韋昭云瞽陳樂曲陳樹華依宋本校國語亦作曲韋注曲樂曲也典字訛）史獻書。師箴。瞍賦。矇誦。百工諫。庶人傳語。近臣盡規。親戚補察。瞽史教誨。耆艾修之。而後王斟酌焉。是以事行而不悖。民之有口也。猶土之有山川也。財用於是乎出。猶其有原隰衍沃也。衣食於是乎生。口之宣言也。善敗於是乎興。行善而備敗。所以產財用衣食者也。夫民慮之於心。而宣之於口。成而行之。若壅其口。其與能幾何。王不聽。於是國莫敢出言。三年。乃相與畔。襲厲王。厲王出奔於彘。厲王太子靜匿召公之家。國人聞之。乃圍之。召公曰。昔吾驟諫王。王不從。

以及此難也今殺王太子王其以我爲讎而懟怒乎夫事君者險而不讎懟怨而不怒況事王乎乃以其子代王太子太子竟得脫召公周公二相行政號曰共和共和十四年厲王死（崩）于彘太子靜長於召公家二相乃共立之爲王是爲宣王宣王卽位二相輔之修政法文武成康之遺風諸侯復宗周十二年魯武公來朝宣王不修籍於千畝虢文公諫曰不可王弗聽三十九年戰于千畝王師敗績于姜氏之戎宣王旣亾南國之師乃料民於太原仲山甫諫曰民不可料也宣王不聽卒料民四十六年宣王崩子幽王宮湦立（徐廣云湦一作生梁云湦生通借魯惠公名弗湦一作弗生魯桓公名終生一作終湦說文腥鯹幷作胜鮏古文从星者恆作生）幽王二年西周三川皆震伯陽甫曰周將亾矣夫天地之氣不失其序若過其序民亂之也陽伏而不能出陰迫而不能蒸於是有地震今三川實震是陽失其所而塡陰也陽失而在

陰原必塞原塞國必亾夫水土演而民用也土無所演民乏財用不亾何待昔伊洛竭而夏亾河竭而商亾今周德若二代之季矣其川原又塞塞必竭夫國必依山川山崩川竭亾國之徵也川竭必山崩若國亾不過十年數之紀也天之所弃不過其紀是歲也三川竭岐山崩三年幽王嬖愛褒姒褒姒生子伯服幽王欲廢太子太子母申侯女而爲后後幽王得褒姒愛之欲廢申后幷去太子宜臼以褒姒爲后以伯服爲太子周太史伯陽讀史記曰周亾矣昔自夏后氏之衰也有二神龍止於夏帝庭而言曰余褒之二君夏帝卜殺之與去之與止之莫吉卜請其漦而藏之乃吉於是布幣而策告之龍亾而漦在櫝而去之夏亾傳此器殷殷亾又傳此器周比三代莫敢發之（依選注當作莫之敢發）至厲王之末發而觀之漦流于庭不可除厲王使婦人裸而譟之漦化爲玄黿以入

月東且折

王後宮後宮之童妾既齔而遭之梁云國語作未既齔言齒未盡毀也既笄而孕無夫而生子懼而弃之宣王之時童女謠曰檿弧箕服實亾周國於是宣王聞之有夫婦賣是器者宣王使執而戮之逃於道而見鄉者後宮童妾所弃妖子出於路者聞其夜啼哀而收之夫婦遂亾犇於襃襃人有罪請入童妾所弃女子者於王以贖罪弃女子出於襃是爲襃姒當幽王三年王之後宮見而愛之生子伯服竟廢申后及太子以襃姒爲后伯服爲太子太史伯陽曰禍成矣無可奈何襃姒不好笑幽王欲其笑萬方故不笑幽王爲烽燧大鼓有寇至則舉烽火諸侯悉至至而無寇襃姒乃大笑幽王說之爲數舉烽火其後不信諸侯益亦不至幽王以虢石父爲卿用事國人皆怨石父爲人佞巧善諛好利王用之又廢申后去太子也申侯怒與繒西夷犬戎攻幽王幽王舉烽火徵兵兵莫至遂殺

許田二句有遺辨

幽王驪山下。虜褒姒。盡取周賂而去。於是諸侯乃卽申侯而共立故幽王太子宜臼。是爲平王。以奉周祀。平王立。東遷于雒邑。辟戎寇。平王之時。周室衰微。諸侯彊幷弱。齊楚秦晉始大。政由方伯。四十九年。魯隱公卽位。五十一年。平王崩。太子洩父蚤死。立其子林。是爲桓王。桓王。平王孫也。桓王三年。鄭莊公朝。桓王不禮。五年。鄭怨。與魯易許田。（梁云怨當爲惌說文惌字云宛或從心）許田。天子之用事太山田也。八年。魯殺隱公。立桓公。十三年。伐鄭。鄭射傷桓王。桓王去歸。二十三年。桓王崩。子莊王佗立。莊王四年。周公黑肩欲殺莊王而立王子克。辛伯告王。王殺周公。王子克犇燕。十五年。莊王崩。子釐王胡齊立。釐王三年。齊桓公始霸。五年。釐王崩。子惠王閬立。（梁云閬人表世本竝名毋涼）惠王二年。初。莊王嬖姬姚。生子穨。穨有寵。及惠王卽位。奪其大臣園以爲囿。故大夫邊伯等五人作亂。謀召燕衛師伐

惠王•惠王犇溫•巳居鄭之櫟•立釐王弟穨爲王•樂及徧舞•依御覽句上當增遂享諸
大夫五字鄭虢君怒•四年•鄭與虢君伐殺王穨•復入惠王•惠王十年•賜齊桓
公爲伯•二十五年•惠王崩•子襄王鄭立•襄王母蚤死•後母曰惠后•惠后
生叔帶•有寵於惠王•襄王畏之•三年•叔帶與戎翟謀伐襄王•襄王欲誅
叔帶•叔帶犇齊•齊桓公使管仲平戎于周•使隰朋平戎于晉•王以上卿
禮管仲•管仲辭曰•臣賤有司也•有天子之二守國高在•若節春秋來承
王命•何以禮焉•陪臣敢辭•王曰•舅氏•余嘉乃勳•毋逆朕命•管仲卒受下
卿之禮而還•九年•齊桓公卒•十二年•叔帶復歸于周•十三年•鄭伐滑•王
使游孫伯服請滑•鄭人囚之•鄭文公怨惠王之入不與厲公爵•又怨襄
王之與衛滑•故囚伯服•王怒•將以翟伐鄭•富辰諫曰•凡我周之東徙晉
鄭焉依•子穨之亂•又鄭之由定•今以小怨弃之•王不聽•十五年•王降翟

師以伐鄭。王德翟人。將以其女爲后。富辰諫曰。平桓莊惠皆受鄭勞。王弃親親翟。不可從。王不聽。十六年。王絀翟后。翟人來誅殺譚伯。富辰曰。吾數諫不從。如是不出。王以我爲懟乎。乃以其屬死之。初惠后欲立王子帶。故以黨開翟人。翟人遂入周。襄王出犇鄭。鄭居王于氾。子帶立爲王。取襄王所絀翟后與居溫。十七年。襄王告急于晉。晉文公納王而誅叔帶。襄王乃賜晉文公珪鬯弓矢。爲伯。以河內地與晉。二十年。晉文公召襄王。襄王會之河陽踐土。諸侯畢朝。書諱曰天王狩于河陽。二十四年。晉文公卒。三十一年。秦穆公卒。三十二年。襄王崩。子頃王壬臣立。（梁云人表作王臣）頃王六年崩。子匡王班立。匡王六年崩。弟瑜立。（梁云瑜國語注作揄宋庠補音云或作渝或作褕人表又作揄）是爲定王。定王元年。楚莊王伐陸渾之戎。次洛使人問九鼎。王使王孫滿應設以辭。楚兵乃去。十年。楚莊王圍鄭。鄭伯降。已而

復之。十六年。楚莊王卒。二十一年。定王崩。子簡王夷立。簡王十三年。晉殺其君厲公。迎子周於周。立爲悼公。十四年。簡王崩。子靈王泄心立。梁云周語注泄心作大心靈王二十四年。齊崔杼弒其君莊公。二十七年。靈王崩。子景王貴立。景王十八年。后太子聖而蚤卒。二十年。景王愛子朝。欲立之。會崩。子丐之黨與爭立。國人立長子猛爲王。子朝攻殺猛。猛爲悼王。晉人攻子朝而立丐。是爲敬王。敬王元年。晉人入敬王。子朝自立。敬王不得入。居澤。四年。晉率諸侯入敬王于周。子朝爲臣。諸侯城周。十六年。子朝之徒復作亂。敬王犇于晉。十七年。晉定公遂入敬王于周。三十九年。齊田常殺其君簡公。四十一年。楚滅陳。孔子卒。四十二年。敬王崩。子元王仁立。梁云人表世本元王名赤元王八年。崩。子定王介立。梁云御覽引史記作貞定王人表世紀均有貞字定王十六年。三晉滅智伯。分有其地。二十八年。定王崩。長子去疾立。是

文似旁支神氣已貫輸篇末

爲哀王哀王立三月弟叔襲殺哀王而自立是爲思王思王立五月少弟嵬攻殺思王而自立是爲考王此三王皆定王之子考王十五年崩子威烈王午立考王封其弟于河南是爲桓公以續周公之官職桓公卒子威公代立威公卒子惠公代立乃封其少子於鞏以奉王號東周惠公威烈王二十三年九鼎震命韓魏趙爲諸侯二十四年崩子安王驕立（梁云人表安王名驕）是歲盜殺楚聲王安王立二十六年崩子烈王喜立烈王二年周太史儋見秦獻公曰始周與秦國合而別別五百載復合合十七歲而霸王者出焉（周嬰巵林云孟增幸于成王造父幸于繆王非子幸于孝王始與周合也宣王以秦仲爲大夫與周別也宣王元年當秦仲十八年至惠文十四年年表凡五百二年於時秦始稱王更元元是別五百歲復合也自惠文王元年至始皇立之載得七十七年所云合七十七年而霸王出也梁云惠文更元自始皇立乃七十九年周所說年數頗差自始皇初生逆數至惠文改元之歲爲六十六年後四年西周亡以此準之得七十年老子傳郊祀志水經注皆作七十）十年烈王崩弟扁立是爲顯

王顯王五年賀秦獻公獻公稱伯九年致文武胙於秦孝公二十五年
秦會諸侯於周二十六年周致伯於秦孝公三十三年賀秦惠王三十
五年致文武胙於秦惠王四十四年秦惠王稱王其後諸侯皆爲王四
十八年顯王崩子慎靚王定立慎靚王立六年崩（梁云法言淵騫篇周之順赧以成周而西周
傾慎順古通華陽國志作慎王）子赧王延立（皇甫謐云赧上名誕索隱中候以赧爲然鄭元云然讀曰赧王劭按古音人扇反錢
云說文赧从赤𠬝聲𠬝柔皮也讀如輾故爲人扇反）王赧時東西周分治王赧徙都西周西周武
公之共太子死有五庶子毋適立司馬翦謂楚王曰不如以地資公子
咎爲請太子左成曰不可周不聽是公之知困而交疏於周也不如請
周君孰欲立以微告翦翦請令楚賀之以地（梁云國策賀作資）果立公子咎爲
太子八年秦攻宜陽楚救之而楚以周爲秦故將伐之蘇代爲周說楚
王曰何以周爲秦之禍也言周之爲秦甚於楚者欲令周入秦也故謂

周秦也。周知其不可解。必入於秦。此爲秦取周之精者也。爲王計者。周於秦。因善之。不於秦。亦言善之。以疏之於秦。周絕於秦。必入於郢矣。秦借道兩周之閒。將以伐韓。周恐借之畏於韓。不借畏於秦。史厭謂周君曰。何不令人謂韓公叔曰。秦之敢絕周而伐韓者。信東周也。公何不與周地。發質使之楚。秦必疑楚不信周。是韓不伐也。又謂秦曰。韓彊與周地。將以疑周於秦也。周不敢不受。秦必無辭而令周不受。是受地於韓。而聽於秦。秦召西周君。西周君惡往。故令人謂韓王曰。秦召西周君。將以使攻王之南陽也。王何不出兵於南陽。周君將以爲辭於秦。周君不入秦。秦必不敢踰河而攻南陽矣。東周與西周戰。韓救西周。或爲東周說韓王曰。西周故天子之國。多名器重寶。王案兵毋出。可以德東周。而西周之寶必可以盡矣。王赧謂成君。通志注云史記於此下闕文楚圍雍氏。韓徵甲

與粟於東周•東周君恐•召蘇代而告之•代曰•君何患於是•臣能使韓毋徵甲與粟於周•又能爲君得高都•周君曰•子苟能•請以國聽•子代見韓相國曰•楚圍雍氏•期三月也•今五月不能拔是楚病也•今相國乃徵甲與粟於周•是告楚病也•韓相國曰•善•使者已行矣•代曰•何不與周高都•韓相國大怒曰•吾毋徵甲與粟於周•亦已多矣•何故與周高都也•代曰•與周高都•是周折而入於韓也•秦聞之•必大怒•忿周•卽不通周使•是以弊高都得完周也•曷爲不與•相國曰•善•果與周高都•三十四年•蘇厲謂周君曰•秦破韓魏•扑師武•北取趙藺離石者•皆白起也•是善用兵•又有天命•今又將兵出塞•攻梁•梁破則周危矣•君何不令人說白起乎•曰•楚有養由基者•善射者也•去柳葉百步而射之•百發而百中之•左右觀者數千人•皆曰善射•有一夫立其旁•曰•善•可教射矣•養由基怒•釋弓搤劍

曰客安能教我射乎客曰非吾能教子支左詘右也夫去柳葉百步而射之百發而百中之不以善息少焉氣衰力倦弓撥矢鉤一發不中者百發盡息今破韓魏扑師武北取趙藺離石者公之功多矣今又將兵出塞過兩周倍韓攻梁一舉不得前功盡棄公不如稱病而無出四十二年秦破華陽約馬犯謂周君曰請令梁城周乃謂梁王曰周王病若死則犯必死矣犯請以九鼎自入於王王受九鼎而圖犯梁王曰善遂與之卒言戍周因謂秦王曰梁非戍周也將伐周也王試出兵境以觀之秦果出兵又謂梁王曰周王病甚矣犯請後可而復之今王使卒之周諸侯皆生心後舉事且不信不若令卒爲周城以匿事端梁王曰善遂使城周四十五年周君之秦客謂周冣曰公不若譽秦王之孝因以應爲太后養地秦王必喜是公有秦交交善周君必以爲公功交惡勸

周君入秦者必有罪矣秦攻周而周㝡謂秦王曰為王計者不攻周攻周實不足以利聲畏天下天下以聲畏秦必東合於齊兵弊於周合天下於齊則秦不王矣天下欲弊秦勸王攻周秦與天下弊則令不行矣五十八年三晉距秦周令其相國之秦以秦之輕也還其行（凌稚隆云國策作留其行此還恐是遲之誤）客謂相國曰秦之輕重未可知也秦欲知三國之情公不如急見秦王曰請為王聽東方之變秦王必重公重公是秦重周周以取秦也齊重則固有周聚以收齊是周常不失重國之交也秦信周發兵攻三晉五十九年秦取韓陽城負黍西周恐倍秦與諸侯約從將天下銳師出伊闕攻秦令秦無得通陽城秦昭王怒使將軍摎攻西周西周君犇秦頓首受罪盡獻其邑三十六口三萬秦受其獻歸其君於周周君王赧卒（史詮云周君君羨文御覽引史記云周王赧卒）周民遂東亾秦取九鼎寶器而遷

西周公於𢠸狐後七歲秦莊襄王滅東西周梁云春申君傳作取東周此西字衍西周己滅于秦昭王五十一年東西周皆入于秦周既不祀

太史公曰學者皆稱周伐紂居洛邑綜其實不然武王營之成王使召公卜居居九鼎焉而周復都豐鎬至犬戎敗幽王周乃東徙于洛邑所謂周公葬我畢畢在鎬東南杜中秦滅周漢興九十有餘載天子將封太山東巡狩至河南求周苗裔封其後嘉三十里地號曰周子南君比列侯以奉其先祭祀

某案周事興於仁義亡於積弱自成康以前叙其盛由積善累仁自幽厲以後叙其衰卽以政由方伯攝起強侯行政以爲卒亡於秦作埶上下八百年始末具於一篇之中體埶閎遠

周本紀第四

秦本紀第五　　史記五

秦之先帝顓頊之苗裔孫曰女脩女脩織玄鳥隕卵女脩吞之生子大業大業取少典之子曰女華女華生大費與禹平水土已成帝錫玄圭禹受曰非予能成亦大費爲輔帝舜曰咨爾費贊禹功其賜爾皁游爾後嗣將大出乃妻之姚姓之玉女（梁云禮記請君之玉女呂覽身好玉女）大費拜受佐舜調馴鳥獸鳥獸多馴服是爲柏（伯）翳舜賜姓嬴氏大費生子二人一曰大廉實鳥俗氏（梁云詩譜疏引鳥俗作鳥谷）二曰若木實費氏其玄孫曰費昌子孫或在中國或在夷狄費昌當夏桀之時去夏歸商爲湯御以敗桀於鳴條大廉玄孫曰孟戲中衍鳥身人言（梁云鳥身上脫中衍二字）帝太戊聞而卜之使御吉遂致使御而妻之自太戊以下中衍之後遂世有功以佐殷國故嬴姓多顯遂爲諸侯其玄孫曰中潏在西戎保西垂生蜚廉蜚廉生惡來

秦先以御顯以主馬分土
皆大費調馴鳥獸之遺風
又見秦之興無他功德也

惡來有力蜚廉善走父子俱以材力事殷紂周武王之伐紂并殺惡來是時蜚廉爲紂石北方（梁云水經注言飛廉先爲紂使北方御覽引史記亦作時飛廉爲紂使北方傳寫訛使爲石）還無所報爲壇霍太山而報（大姚云而報當屬上讀）得石棺銘曰帝令處父不與殷亂賜爾石棺以華氏死遂葬於霍太山蜚廉復有子曰季勝季勝生孟增孟增幸於周成王是爲宅皋狼皋狼生衡父衡父生造父造父以善御幸於周繆王得驥溫驪驊騮騄耳之駟（梁云徐廣云溫一作盜是世家及穆天子傳博物志并作盜盜淺青色馬也）西巡狩樂而忘歸徐偃王作亂造父爲繆王御長驅歸周一日千里以救亂（通志無一日千里四字）繆王以趙城封造父造父族由此爲趙氏自蜚廉生季勝已下五世至造父別居趙趙衰其後也惡來革者蜚廉子也蚤死有子曰女防（梁云詩譜疏引此作女妨人表同）女防生旁皋旁皋生太几太几生大駱（梁云詩疏引此作雒人表同蓋古通用雒亦馬名也）大駱生非子以造父之寵皆蒙

趙城姓趙氏非子居犬丘好馬及畜善養息之犬丘人言之周孝王孝王召使主馬于汧渭之閒馬大蕃息孝王欲以爲大駱適嗣申侯之女爲大駱妻生子成爲適申侯乃言孝王曰昔我先酈山之女爲戎胥軒妻生中潏以親故歸周保西垂西垂以其故和睦今我復與大駱妻生適子成申駱重婚西戎皆服所以爲王王其圖之於是孝王曰昔伯翳爲舜主畜畜多息故有土賜姓嬴今其後世亦爲朕息馬朕其分土爲附庸邑之秦使復續嬴氏祀號曰秦嬴亦不廢申侯之女子爲駱適者以和西戎秦嬴生秦侯秦侯立十年卒生公伯公伯立三年卒生秦仲秦仲立三年周厲王無道諸侯或叛之(元龜或作咸)西戎反王室(通志反作叛)滅犬丘大駱之族周宣王即位乃以秦仲爲大夫誅西戎西戎殺秦仲秦仲立二十三年死於戎有子五人其長者曰莊公周宣王乃召莊公昆

弟五人與兵七千人使伐西戎破之於是復予秦仲後及其先大駱地犬丘幷有之爲西垂大夫莊公居其故西犬丘生子三人其長男世父某案世父非名殆文公時初有史紀事由文公稱之爲世父也世父曰戎殺我大父仲我非殺戎王錢云據此則周未東遷戎已僭王號則不敢入邑遂將擊戎讓其弟襄公襄公爲太子莊公立四十四年卒太子襄公代立襄公元年以女弟繆嬴爲豐王妻宋本無元年以三字周廣業云豐王疑是戎王之號與亳王一例非幽王也襄公二年戎圍犬丘世父世父擊之世父二字誤重爲戎人所虜歲餘復歸世父七年春周幽王用褒姒廢太子立褒姒子爲適數欺諸侯諸侯叛之西戎犬戎與申侯伐周殺幽王酈山下而秦襄公將兵救周戰甚力有功周避犬戎難東徙雒邑襄公以兵送周平王平王封襄公爲諸侯賜之岐以西之地曰戎無道侵奪我岐豐之地秦能攻逐戎即有其地與誓封爵之襄公於是始國與諸侯通

使聘享之禮。乃用騮駒黃牛羝羊各三。祠上帝西畤。十二年。伐戎。而至岐。卒。生文公。文公元年。居西垂宮。三年。文公以兵七百人東獵。四年。至汧渭之會。曰。昔周邑我先秦嬴於此。後卒獲為諸侯。乃卜居之。占曰吉。即營邑之。十年。初為鄜畤。用三牢。十三年。初有史以紀事。民多化者。十六年。文公以兵伐戎。戎敗走。於是文公遂收周餘民有之。地至岐。岐以東獻之周。十九年。得陳寶。二十年。法初有三族之罪。二十七年。伐南山大梓豐大特。四十八年。文公太子卒。賜謚為竫公。竫公之長子為太子。是文公孫也。五十年。文公卒。葬西山。竫公子立。是為寧公。（梁云始皇紀末秦記作憲公人表同索隱於秦記亦引此作憲公）寧公二年。公徙居平陽。遣兵伐蕩社。（梁云蕩即湯古字通用西戎亳王號湯水經注引此無社字湯在杜縣界後人以杜字注其下混入本文又訛為社耳）三年。與亳戰。亳王奔戎。遂滅蕩社。四年。魯公子翬弒其君隱公。十二年。伐蕩氏。取之。寧公生十

歲。立立十二年卒。葬西山。生子三人。長男武公爲太子。武公弟德公同
母。魯姬子生出子。寧公卒。大庶長弗忌威壘三父廢太子而立出子爲
君。（通志三作叅後紀同）出子六年。三父等復共令人賊殺出子。出子生五歲立。立
六年卒。三父等乃復立故太子武公。武公元年。伐彭戲氏。至于華山下。
居平陽封宮。三年。誅三父等（父等一作庶長）而夷三族。以其殺出子故（故字依通志補）
也。鄭高渠眯殺其君昭公。十年。伐邽冀戎。初縣之。十一年。初縣杜鄭。滅
小虢。十三年。齊人管至父連稱等殺其君襄公而立公孫無知。晉滅霍
魏耿。齊雍廩（王校雍廩當云雍林人）殺無知管至父等。而立齊桓公。齊晉爲彊國。
十九年。晉曲沃伯（伯字依通志補）始爲晉侯。齊桓公伯於鄄。二十年。武公卒。葬
雍平陽。初以人從死。從死者六十六人。有子一人。名曰白。白不立。封平
陽。立其弟德公。德公元年。初居雍城大鄭宮。以犧三百牢祠鄜時。卜。居。

雍。後。子。孫。飲。馬。於河梁伯芮伯來朝。二年。初伏。以狗禦蠱。德公生三十三歲而立。立二年卒。生子三人。長子宣公。中子成公。少子穆公。長子宣公立。宣公元年。衞燕伐周。出惠王。立王子頹。三年。鄭伯虢叔殺子頹而入惠王。四年作密畤。與晉戰河陽。勝之。十二年。宣公卒。生子九人。莫適（適字依通志補）立。立其弟成公。成公元年。梁伯芮伯來朝。齊桓公伐山戎。次于孤竹。成公立四年卒。子七人。莫適（適字依通志補）立。立其弟繆公。繆公任好元年。自將伐茅津。勝之。四年。迎婦於晉。晉太子申生姊也。其歲。齊桓公伐楚。至邵陵。五年。晉獻公滅虞虢。虜虞君與其大夫百里傒。以璧馬賂於虞故也。既虜百里傒。（以上十三字一本無）以爲秦繆公夫人媵於秦。百里傒亾秦走宛。楚鄙人執之。繆公聞百里傒賢。欲重贖之。恐楚人不與。乃使人謂楚曰。吾媵臣百里傒在焉。請以五羖羊皮贖之。楚人遂許與之。當是時

百里傒年已七十餘•繆公釋其囚•與語國事•謝曰臣亾國之臣•何足問•繆公曰•虞君不用子故亾•非子罪也•固問語三日•繆公大說•授之國政•號曰五羖大夫•百里傒讓曰•臣不及臣友蹇叔•蹇叔賢而世莫知•臣常游困於齊而乞食銍人•蹇叔收臣•臣因（因下依通志減而字）欲事齊君無知•蹇叔止臣•臣得脫齊難•遂之周•周王子穨好牛•臣以養牛干之•及穨欲用臣•蹇叔止臣•臣去得不誅•事虞君•蹇叔止臣•臣知虞君不用臣•臣誠私利祿爵•且留•再用其言•得脫•一不用•及虞君難•是以知其賢•於是穆公使人厚幣迎蹇叔•以爲上大夫•秋•繆公自將伐晉•戰於河曲•晉驪姬作亂•太子申生死新城•重耳夷吾出犇•九年•齊桓公會諸侯於葵丘•晉獻公卒•立驪姬子奚齊•其臣里克殺奚齊•荀息立卓子•克又殺卓子及荀息•夷吾使人請秦•求入晉•於是繆公許之•使百里傒將兵送夷吾•夷吾謂

曰誠得立請割晉之河西八城與秦及至已立而使丕鄭謝秦背約不與河西城而殺里克丕鄭聞之恐因與繆公謀曰晉人不欲夷吾實欲重耳今背秦約而殺里克皆呂甥郤芮之計也願君以利急召呂郤呂郤至則更入重耳便繆公許之使人與丕鄭歸召呂郤呂郤等疑丕鄭有閒乃言夷吾殺丕鄭丕鄭子丕豹犇秦說繆公曰晉君無道百姓不親可伐也繆公曰百姓苟不便何故能誅其大臣能誅其大臣此其調也不聽而陰用豹十二年齊管仲隰朋死晉旱來請粟丕豹說繆公勿與因其饑而伐之繆公問公孫支支曰饑穰更事耳不可不與問百里傒傒曰夷吾得罪於君其百姓何罪於是用百里傒公孫支言卒與之粟以船漕車轉自雍相望至絳十四年秦饑請粟於晉晉君謀之羣臣虢射曰因其饑伐之可有大功晉君從之十五年興兵將攻秦繆公發

兵使丕豹將自往擊之•九月壬戌•與晉惠公夷吾合戰於韓地•晉君弃其軍•與秦爭利•還而馬騺•繆公與麾下馳追之•不能得晉君•反爲晉軍所圍•晉擊繆公•繆公傷•於是岐下食善馬者三百人馳冒晉軍•晉軍解圍•遂脫繆公而反生得晉君•初•繆公亡善馬•岐下野人共得而食之者三百餘人•吏逐得•欲法之•繆公曰•君子不以畜產害人•吾聞食善馬肉不飲酒•傷人•乃皆賜酒而赦之•三百人者聞秦擊晉•皆求從•從而見繆公窘•亦皆推鋒爭死•以報食馬之德•於是繆公虜晉君以歸•令於國•齋宿•吾將以晉君祠上帝•周天子聞之•曰晉我同姓•爲請晉君•夷吾姊亦爲繆公夫人•夫人聞之•乃衰絰跣•曰•妾兄弟不能相救•以辱君命•繆公曰•我得晉君以爲功•今天子爲請•夫人是憂•乃與晉君盟•許歸之•更舍上舍•而饋之七牢•十一月•歸晉君夷吾•夷吾獻其河西地•使太子圉爲

質於秦。秦妻子圉以宗女。是時秦地東至河。十八年。齊桓公卒。二十年。秦滅梁芮。二十二年。晉公子圉聞晉君病。曰梁我母家也。而秦滅之。我兄弟多。即君百歲後。秦必留我。而晉輕。亦更立他子。子圉乃亡歸晉。二十三年。晉惠公卒。子圉立爲君。秦怨子圉（子字依通志補）去乃迎晉公子重耳於楚。而妻以故子圉妻。重耳初謝。後乃受。繆公益禮厚遇之。二十四年春。秦使人告晉大臣。欲入重耳。晉許之。於是使人送重耳。二月。重耳立爲晉君。是爲文公。文公使人殺子圉。子圉是爲懷公。其秋。周襄王弟帶。以翟伐王。王出居鄭。二十五年。周王使人告難於晉秦。秦繆公將兵助晉文公入襄王。殺王弟帶。二十八年。晉文公敗楚於城濮。三十年。繆公助晉文公圍鄭。鄭使人言繆公曰。亡鄭厚晉。於晉而得矣。而秦未有利。晉之彊。秦之憂也。繆公乃罷兵歸。晉亦罷。三十二年冬。晉文公卒。鄭

人有賣鄭於秦曰。我主其城門。鄭可襲也。繆公問蹇叔百里傒。對曰。徑數國千里而襲人。希有得利者。且人賣鄭。庸知我國人不有以我情告鄭者乎。不可。繆公曰。子不知也。吾已決矣。遂發兵。使百里傒子孟明視蹇叔子西乞術及白乙丙將兵。行日。百里傒蹇叔二人哭之。繆公聞怒曰。孤發兵而子沮哭吾軍。何也。二老曰。臣非敢沮君軍。軍行。臣子與往。臣老遲還。恐不相見。故哭耳。二老退謂其子曰。汝軍即敗。必於殽阨矣。三十三年春。秦兵遂東。更晉地。過周北門。周王孫滿曰。秦師無禮。不敗何待。兵至滑。鄭販賣賈人弦高。持十二牛將賣之周。見秦兵。恐死虜。因獻其牛。曰。聞大國將誅鄭。鄭君謹修守禦備。使臣以牛十二勞軍士。秦三將軍相謂曰。將襲鄭。鄭今已覺之。往無及已。滅滑。滑。晉之邊邑也。當是時。晉文公喪尚未葬。太子襄公怒曰。秦侮我孤。因喪破我滑。遂墨衰

經。發兵遮秦兵於殽。擊之。大破秦軍。無一人得脫者。虜秦三將以歸。文公夫人。秦女也。爲秦三囚將請曰。繆公之怨此三人入於骨髓。願令此三人歸。令我君得自快烹之。晉君許之。歸秦三將。三將至。繆公素服郊迎。嚮三人哭曰。孤以不用百里傒蹇叔言以辱三子。三子何罪乎。子其悉心雪恥。毋怠。遂復三人官秩如故。愈益厚之。三十四年。楚太子商臣弑其父成王代立。繆公於是復使孟明視等將兵伐晉。戰於彭衙。秦不利。引兵歸。戎王使由余於秦。由余。其先晉人也。亡入戎。能晉言。聞繆公賢。（某疑聞上脫戎王二字）故使由余觀秦。秦繆公示以宮室積聚。由余曰。使鬼爲之。則勞神矣。使人爲之。亦苦民矣。繆公怪之。問曰。中國以詩書禮樂法度爲政。然尚時亂。今戎夷無此。何以爲治。不亦難乎。由余笑曰。此乃中國所以亂也。夫自上聖黃帝作爲禮樂法度。身以先之。僅以小治。及其

後世日以驕淫阻法度之威以督責（二字依通志倒）於下下罷極則以仁義怨望於上上下交爭怨而相篡弒至於滅宗皆以此類也夫戎夷不然上含淳德以遇其下下懷忠信以事其上一國之政猶一身之治不知所以治此眞聖人之治也於是繆公退而問內史廖曰（梁云韓詩外傳作王繆）孤聞鄰國有聖人敵國之憂也今由余賢寡人之害將奈之何內史廖曰戎王處辟匿未聞中國之聲君試遺其女樂以奪其志爲由余請以疏其閒留而莫遺以失其期戎王怪之必疑由余君臣有閒乃可虜也且戎王好樂必怠於政繆公曰善因與由余曲席而坐傳器而食問其地形與其兵勢盡詧而後令內史廖以女樂二八遺戎王戎王受而說之終年不還於是秦乃歸由余由余數諫不聽繆公又數使人閒要由余由余遂去降秦繆公以客禮禮之問伐戎之形三十六年繆公復益厚孟

明等使將兵伐晉渡河焚船大敗晉人取王官及鄗以報殽之役晉人皆城守不敢出於是繆公乃自茅津渡河封殽中尸爲發喪哭之三日乃誓於軍曰嗟士卒聽無譁余誓告汝古之人謀黃髮番番則無所過以申思不用蹇叔百里傒之謀故作此誓令後世以記余過君子聞之皆爲垂涕曰嗟乎秦繆公之與人周也卒得孟明之慶三十七年秦用由余謀伐戎王益國十二開地千里遂霸西戎天子使召公過賀繆公以金鼓三十九年繆公卒葬雍從死者百七十七人秦之良臣子輿氏三人名曰奄息仲行鍼虎亦在從死之中秦人哀之爲作歌黃鳥之詩君子曰秦繆公廣地益國東服彊晉西霸戎夷然不爲諸侯盟主亦宜哉死而弃民收其良臣而從死且先王崩尙猶遺德垂法況奪之善人良臣百姓所哀者乎是以知秦不能復東征也穆公子四十人其太子

罃代立。是為康公。康公元年。往歲繆公之卒。晉襄公亦卒。襄公之弟名雍。秦出也。在秦。晉趙盾欲立之。使隨會來迎雍。秦以兵送至令狐。晉立襄公子。而反擊秦師。秦師敗。隨會來犇。二年。秦伐晉於武城。梁云於乃取字之誤左傳及年表可證報令狐之役。四年。晉伐秦。取少梁。六年。秦伐晉。取羈馬。戰於河曲。大敗晉軍。晉人患隨會在秦為亂。乃使魏讎餘詳反。梁云晉世家作魏壽餘古通借字春秋繁露壽之為言讎也合謀會。詐而得會。會遂歸晉。康公立十二年卒。子共公立。共公二年。晉趙穿弒其君靈公。三年。楚莊王彊。北兵至雒。問周鼎。共公立五年卒。子桓公立。桓公三年。晉敗我一將。十年。當依通志作七年楚莊王服鄭。北敗晉兵於河上。當是之時。楚霸。為會盟合諸侯。二十四年。晉厲公初立。與秦桓公夾河而盟。歸而秦倍盟。與翟合謀擊晉。二十六年。晉率諸侯伐秦。秦軍敗走。追至涇而還。桓公立二十七年卒。子景公立。

景公四年。晉欒書弒其君厲公。十五年。救鄭。敗晉兵於櫟。是時。晉悼公
爲盟主。十八年。晉悼公彊。數會諸侯。率以伐秦。敗秦軍。秦軍走。晉兵追
之。遂渡涇。至棫林而還。二十七年。景公如晉。與平公盟。已而背之。三十
六年。楚公子圍弒其君而自立。是爲靈王。景公母弟后子鍼有寵。景公
母弟富。或譖之。恐誅。乃犇晉。車重千乘。晉平公曰。后子富如此。何以自
亾。對曰。秦公無道。畏誅。欲待其後世。乃歸。三十九年。楚靈王彊。會諸侯
於申。爲盟主。殺齊慶封。景公立四十年卒。子哀公立。后子復來歸秦。哀
公八年。楚公子弃疾弒靈王而自立。是爲平王。十一年。楚平王來求秦
女爲太子建妻。至國。女好而自娶之。十五年。楚平王欲誅建。建亡。伍子
胥犇吳。晉公室卑而六卿彊。欲內相攻。是以久秦晉不相攻。三十一年。
吳王闔閭與伍子胥伐楚。楚王亾犇隨。吳遂入郢。楚大夫申包胥來告

急七日不食日夜哭泣於是秦乃發五百乘救楚敗吳師吳師歸楚昭王乃得復入郢哀公立三十六年卒太子夷公夷公蚤死不得立立夷公子是爲惠公惠公元年孔子行魯相事五年晉卿中行范氏反晉晉使智氏趙簡子攻之范中行氏亡奔齊惠公立十年卒子悼公立悼公二年齊臣田乞弒其君孺子立其兄陽生是爲悼公六年吳敗齊師齊人弒悼公立其子簡公九年晉定公與吳王夫差盟爭長於黃池卒先吳吳彊陵中國十二年(當依通志作十年)齊田常弒簡公立其弟平公常相之十三年楚滅陳秦悼公立十四年卒子厲共公立孔子以悼公十二年卒厲共公二年蜀人來賂十六年塹河旁以兵二萬伐大荔取其王城二十一年初縣頻陽晉取武成二十四年晉亂殺智伯分其國與趙韓魏二十五年智開與邑人來奔三十三年伐義渠虜其王三十四年日

食厲共公卒子躁公立躁公二年南鄭反十三年義渠來伐至渭南十四年躁公卒立其弟懷公懷公四年庶長鼂與大臣圍懷公懷公自殺懷公太子曰昭子蚤死大臣乃立太子昭子之子是為靈公靈公懷公孫也靈公六年晉城少梁秦擊之十三年（元龜作十年）城籍姑靈公卒子獻公不得立立靈公季父悼子是為簡公簡公昭子之弟而懷公子也簡公六年令吏初帶劍塹洛城重泉十六年卒子惠公立惠公十二年子出子生十三年伐蜀取南鄭（史詮云史表蜀取我南鄭當依史表）惠公卒出子立出子二年庶長改迎靈公之子獻公于河西而立之（一本無河字錢云呂覽當賞篇言菌改者庶長改也言獻公名連而索隱云名師隰未知所本）殺出子及其母沈之淵旁秦以往者數易君君臣乖亂故晉復彊奪秦河西地獻公元年止從死二年城櫟陽四年正月庚寅孝公生十一年周太史儋見獻公曰周故與秦國合而別別五百

爲孝公致強作勢

歲復合合七十七歲而霸王出十六年桃冬花十八年雨金櫟陽二十一年與晉戰於石門斬首六萬天子賀以黼黻二十三年與魏晉戰少梁通志作晉魏王校滅魏字虜其將公孫座梁云國策作公叔座二十四年獻公卒子孝公立年巳二十一歲矣孝公元年河山以東彊國六與齊威楚宣魏惠燕悼韓哀趙成侯通志句上無與字某案通志無與字疑是也此言河山以東六強國之盛淮泗閒十餘小國皆爲人所吞幷也至下秦僻在雍州乃言秦爲中國所擯此處不得先言秦盛與山東強國並也竝淮泗之間小國十餘楚魏與秦接界魏築長城自鄭濱洛以北有上郡楚自漢中南有巴黔中史詮云巴一作巫巴地屬秦非屬楚也周室微諸侯力政爭相併秦僻在雍州不與中國諸侯之會盟夷翟遇之孝公於是布德惠德字依通志補振孤寡招戰士明功賞下令國中曰昔我穆公自岐雍之間修德行武東平晉亂以河爲界西霸戎翟廣地千里天子致伯諸侯畢賀爲後世開業甚光美會往者厲躁簡

公出子之不寧國家內憂未遑外事三晉攻奪我先君河西地諸侯卑秦醜莫大焉獻公卽位鎭撫邊境徙治櫟陽且欲東伐復穆公之故地修穆公之政令寡人思念先君之意常痛於心賓客羣臣有能出奇計彊秦者吾且尊官與之分土於是乃出兵東圍陝城西斬戎之獂王衛鞅聞是令下西入秦因景監求見孝公二年天子致胙三年衛鞅說孝公變法修刑內務耕稼（嚴）外勸戰死之賞罰孝公善之甘龍杜摯等弗然（通志弗作咈）相與爭之卒用鞅法百姓苦之居三年百姓便之乃拜鞅爲左庶長其事在商君語中七年與魏惠王會杜平八年與魏戰元里有功十年衛鞅爲大良造將兵圍魏安邑（梁云安邑乃固陽之誤）降之十二年作爲咸陽築冀闕秦徙都之幷諸小鄉聚集爲大縣縣一令四十一縣爲田開阡陌東地渡洛十四年初爲賦十九年天子致伯二十年諸侯畢賀秦

使公子少官率師會諸侯逢澤朝天子二十一年齊敗魏馬陵二十二年衛鞅擊魏虜魏公子卬封鞅爲列侯號商君二十四年與晉戰鴈門（錢云鴈岸聲相近故岸門亦作鴈門非代之鴈門也）虜其將魏錯孝公卒子惠文君立是歲誅衛鞅鞅之初爲秦施法法不行太子犯禁鞅曰法之不行自於貴戚君必欲行法先於太子太子不可黥黥其傅師於是法大用秦人治及孝公卒太子立宗室多怨鞅鞅亾因以爲反而卒車裂以徇秦國惠文君元年楚韓趙蜀人來朝二年天子賀三年王冠四年天子致文武胙齊魏爲王五年陰晉人犀首爲大良造六年魏納陰晉陰晉更名寧秦七年公子卬與魏戰虜其將龍賈斬首八萬八年魏納河西地九年渡河取汾陰皮氏與魏王會應圍焦降之十年張儀相秦魏納上郡十五縣十一年縣義渠歸魏焦曲沃義渠君爲臣更名少梁曰夏陽十二年初臘

十三年四月戊午魏君爲王韓亦爲王使張儀伐取陝出其人與魏十四年更爲元年二年張儀與齊楚大臣會齧桑三年韓魏太子來朝張儀相魏五年王游至北河七年樂池相秦韓趙魏燕齊帥匈奴共攻秦（一無此字）使庶長疾與戰修魚虜其將申差敗趙公子渴韓太子奐斬首八萬二千八年張儀復相秦九年司馬錯伐蜀滅之伐取趙中都西陽（梁云趙世家作西都中陽是也漢志地屬西河郡）十年韓太子蒼來質伐取韓石章伐敗趙將泥伐取義渠二十五城十一年樗（樗字依說文）里疾攻魏焦降之敗韓岸門斬首萬其將犀首走公子通封於蜀燕君讓其臣子之十二年王與梁王會臨晉庶長疾攻趙虜趙將莊張儀相楚十三年庶長章擊楚於丹陽虜其將屈匄斬首八萬又攻楚漢中取地六百里置漢中郡楚圍雍氏秦使庶長疾助韓而東攻齊到滿助魏攻燕十四年伐楚取召陵丹

犂臣・蜀相壯殺蜀侯來降・梁云壯莊古通用國策作莊惠王卒・子武王立・梁云法言淵騫篇作悼武王韓魏齊楚越皆賓從・武王元年・與魏惠王會臨晉・誅蜀相壯・張儀魏章皆東出之魏・伐義渠丹犂・二年・初置丞相・樗里疾甘茂爲左右丞相・張儀死於魏・三年・與韓襄王會臨晉外・南公揭卒・樗里疾相韓・武王謂甘茂曰・寡人欲容車通三川窺周室・死不恨矣・其秋・使甘茂庶長封伐宜陽・四年・拔宜陽・斬首六萬・涉河城武遂・魏太子來朝・武王有力好戲・力士任鄙烏獲孟說皆至大官・王與孟說舉鼎絕臏・八月・武王死・族孟說・武王取魏女爲后・無子・立異母弟・是爲昭襄王・梁云趙世家昭襄名稷索隱引世本作側・蓋音相近・若齊稷門之爲側門矣昭襄母楚人・姓羋氏・號宣太后・武王死時・昭襄王爲質於燕・燕人送歸得立・昭襄王元年・嚴君疾爲相・甘茂出之魏・二年・彗星見・庶長壯與大臣諸公子爲逆・諸下有侯字依通志校刪皆誅・及惠文后皆不

得艮死。悼武王后出歸魏。三年。王冠。與楚王會黃棘。與楚上庸。四年。取
蒲坂。彗星見。五年。魏王來朝應亭。梁云應亭乃臨晉之誤年表魏世家可證復與魏蒲坂。六
年。蜀侯煇反。司馬錯定蜀。庶長奐伐楚。斬首二萬。涇陽君質於齊。日食
晝晦。七年。拔新城。樗里子卒。八年。使將軍羋戎攻楚。取新市。齊使章子
魏使公孫喜。韓使暴鳶。共攻楚方城。取唐眛。趙破中山。其君亡。竟死齊。
魏公子勁。韓公子長爲諸侯。九年。孟嘗君薛文來相秦。奐攻楚。取八城。
殺其將景快。十年。楚懷王入朝秦。秦留之。薛文以金受免。方侍郎云蓋以受金免傳
寫訛耳今案通志正作受金樓緩爲丞相。十一年。齊韓薛趙宋中山五國共攻秦。至
鹽氏而還。秦與韓魏河北及封陵以和。彗星見。楚懷王走之趙。趙不受。
還之秦。卽死。歸葬。十二年。樓緩免。穰侯魏冄爲相。予楚粟五萬石。十三
年。向壽伐韓。取武始。左更白起攻新城。五大夫禮出亡犇魏。任鄙爲漢

中守。十四年。左更白起攻韓魏於伊闕。斬首二十四萬。虜公孫喜。拔五城。十五年。大良造白起攻魏。取垣。復予之。攻楚取宛。十六年。左更錯取軹及鄧。冉免。封公子市宛。公子悝鄧。魏冉陶。爲諸侯。十七年。城陽君入朝。（梁云城陽君是韓人魏策有之成城通用）及東周君來朝。秦以垣爲蒲坂皮氏。王之宜陽。十八年。錯攻垣河雍。決橋取之。十九年。王爲西帝。齊爲東帝。皆復去之。呂禮來自歸。齊破宋。宋王在魏。死溫。任鄙卒。二十年。王之漢中。又之上郡北河。二十一年。錯攻魏河內。魏獻安邑。秦出其人。募徙河東。賜爵赦罪人遷之。涇陽君封宛。二十二年。蒙武伐齊河東。（梁云古史作取齊河東）爲九縣。與楚王會宛。與趙王會中陽。二十三年。尉斯離與三晉燕伐齊。破之濟西。王與魏王會宜陽。與韓王會新城。二十四年。與楚王會鄢。又會穰。秦取魏安城。至大梁。燕趙救之。秦軍去。魏冉免相。二十五年。拔趙二城。與

韓王會新城。與魏王會新明邑。二十六年。赦罪人遷之穰。侯冉復相。二十七年。錯攻楚。赦罪人遷之南陽。白起攻趙。取代光狼城。又使司馬錯發隴西。因蜀攻楚黔中。拔之。二十八年。大良造白起攻楚。取鄢鄧。赦罪人遷之。二十九年。大良造白起攻楚。取郢爲南郡。楚王走。周君來。王與楚王會襄陵。白起爲武安君。三十年。蜀守若伐取巫郡。（史詮云若伐楚今本缺楚字梁云華陽國志是張若也）及江南。爲黔中郡。三十一年。白起伐魏。取兩城。楚人反我江南。三十二年。相穰侯攻魏。至大梁。破暴鳶。（梁云國策暴作犀韓世家鳶作䳒）斬首四萬。鳶走。魏入三縣請和。三十三年。客卿胡傷（梁云胡傷穰侯傳作陽是趙策作易）攻魏卷蔡陽長社。取之。擊芒卯華陽。（梁云韓子淮南西周策作孟卯）破之。斬首十五萬。魏入南陽以和。三十四年。秦與魏韓上庸地爲一郡。南陽免臣遷居之。三十五年。佐韓魏楚伐燕。初置南陽郡。三十六年。客卿竈攻齊。（梁云秦策竈作造魏策傳注徐）

廣曰竈音造取剛壽。予穰侯。三十八年。中更胡傷攻趙閼與。不能取。四十年。悼太子死。魏歸葬芷陽。四十一年夏攻魏取邢丘懷。梁云邢丘魏世家作郪丘汝南郪新郪縣漢志應劭注可證四十二年。安國君爲太子。十月。宣太后薨葬芷陽酈山九月。穰侯出之陶。四十三年。武安君白起攻韓。拔九城斬首五萬。四十四年。攻韓南郡。取之。錢云南郡六國表作南陽秦昭三十五年己置南陽郡此又云取可疑四十五年。五大夫賁攻韓。取十城。葉陽君悝出之國。未至而死。四十七年。秦攻韓上黨。上黨降趙。秦因攻趙。趙發兵擊秦。相距。秦使武安君白起擊大破趙於長平。四十餘萬。盡殺之。四十八年十月。韓獻垣雍。秦分三軍。今本作秦軍分爲三軍依通志減上軍字爲字武安君歸。王齕將伐趙武安皮牢拔之。司馬梗北定太原。盡有韓上黨。正月兵罷。復守上黨。其十月。五大夫陵攻趙邯鄲。四十九年正月。益發卒佐陵。陵戰不善。免。王齕代將。其十月。將軍張唐攻魏。爲

蔡尉捐弗守還斬之五十年十月武安君白起有罪爲士伍遷陰密張唐攻鄭拔之十二月益發卒軍汾城旁武安君白起有罪死齕攻邯鄲不拔去還犇汾軍二月餘攻晉軍斬首六千晉楚流死二萬人梁云死當讀爲尸古字通用呂覽離謂篇鄭富人有溺者人得其死漢書酷吏傳安所求子死魯世家以其屍與之索隱屍亦作死攻汾城即從唐拔寧新中寧新中更名安陽初作河橋五十一年將軍摎攻韓取陽城負黍斬首四萬攻趙取二十餘縣首虜九萬西周君背秦與諸侯約從將天下銳兵出伊闕攻秦令秦毋得通陽城於是秦使將軍摎攻西周西周君走來自歸頓首受罪盡獻其邑三十六城口三萬秦王受獻歸其君於周五十二年周民東亡其器九鼎入秦周初亡五十三年天下來賓魏後秦使摎伐魏取吳城韓王入朝魏委國聽令五十四年王郊見上帝於雍五十六年秋昭襄王卒子孝文王立尊唐八子爲唐太

后而合其葬於先王韓王衰經入弔祠諸侯皆使其將相來弔祠視喪
事孝文王元年赦罪人修先王功臣褒厚親戚弛苑囿孝文王除喪十
月已亥即位三日辛丑卒子莊襄王立莊襄王元年大赦罪人修先王
功臣施德厚骨肉而布惠於民東周君與諸侯謀秦秦其使相國呂不
韋誅之盡入其國秦不絕其祀以陽人地賜周君奉其祭祀使蒙驁伐
韓韓獻成皋鞏（梁云表及韓世家皆言秦拔韓成皋滎陽）秦界至大梁初置三川郡二年使
蒙驁攻趙定太原三年蒙驁攻魏高都汲拔之攻趙榆次新城狼孟取
三十七城四月日食四年王齕攻上黨初置太原郡魏將無忌率五國
兵擊秦秦卻於河外蒙驁敗解而去五月丙午莊襄王卒子政立（徐廣云政
一作正宋衷云以正月旦生名正高誘呂覽序作正詩疏序穀梁疏序公羊疏皆作正）是爲秦始皇帝秦王政立
二十六年初并天下爲三十六郡（梁云三十六郡據漢志一河東二太原三上黨四三川五東郡六潁川七

南陽八南郡九九江十泗水十一鉅鹿十二齊郡十三琅邪十四會稽十五漢中十六蜀郡十七巴郡十八隴西十九北地二十上郡二十一九原二十二雁門二十三雲中二十四代郡二十五上谷二十六漁陽二十七右北平二十八遼西二十九遼東三十邯鄲三十一碭郡三十二薛郡三十三長沙尚缺三郡續志有黔中水經注秦始皇滅燕以爲廣陽郡始皇紀集解言三十五郡與內史爲三十六也號爲始皇帝始皇帝五十一年而崩子胡亥立是爲二世皇帝三年諸侯並起叛秦趙高殺二世立子嬰子嬰立月餘諸侯誅之遂滅秦其語在始皇本紀中

太史公曰秦之先爲嬴姓其後分封以國爲姓有徐氏郯氏莒氏終黎氏運奄氏菟裘氏將梁氏黃氏江氏脩魚氏白冥氏蜚廉氏秦氏然秦以其先造父封趙城爲趙氏

某案此篇爲秦有天下作執通篇趨重末段首以善御主馬分封見無他功德襄公得周地繆公與晉爭強孝公以後與六國爭强皆所

以力爭天下之漸也
歸太僕謂秦原有史故秦紀文字佳方侍郎亦謂此篇本秦史之舊
某謂篇中叙春秋戰國時事多與他篇相出入皆史公所自爲決非
秦史之語惟篇首記秦初起事不見他書史公所采者博不得謂全
本史文也

秦始皇本紀第六

秦始皇帝者。秦莊襄王子也。莊襄王爲秦質子於趙。見呂不韋姬。悅而取之。生始皇。以秦昭王四十八年正月生於邯鄲。及生。名爲政。姓趙氏。年十三歲。莊襄王死。政代立爲秦王。當是之時。秦地已并巴蜀漢中。越宛有郢。置南郡矣。北收上郡以東。有河東太原上黨郡。東至滎陽。滅二周。置三川郡。呂不韋爲相。封十萬戶。號曰文信侯。招致賓客游士。欲以并天下。李斯爲舍人。蒙驁王齮麃公等爲將軍。王年少。初卽位。委國事大臣。晉陽反。元年。將軍蒙驁擊定之。二年。麃公將卒攻卷。斬首三萬。三年。蒙驁攻韓。取十三城。王齮死。十月。將軍蒙驁攻魏氏畼有詭。歲大饑。四年。拔畼有詭。三月。軍罷。秦質子歸自趙。趙太子出歸國。十月庚寅。蝗蟲從東方來。蔽天。天下疫。百姓內粟千石。拜爵一級。五年。將軍驁攻魏。

定酸棗燕虛長平雍丘山陽城皆拔之取二十城初置東郡冬雷六年韓魏趙衛楚共擊秦取壽陵秦出兵五國兵罷拔衛迫東郡迫東郡三字當依通志作濮陽其君角率其支屬徙居野王阻山以保魏之河內依通志阻下減其字七年彗星先出東方見北方五月見西方將軍驁死以攻龍孤慶都還兵攻汲彗星復見西方十六日夏太后死八年王弟長安君成蟜將軍擊趙反死屯留軍吏皆斬死遷其民於臨洮將軍壁死卒屯留蒲鶮反戮其屍集解屯留蒲鶮皆地名壁於此地時士卒死者皆戮其屍索隱蟜壁於屯留而死屯留蒲鶮二邑之反卒雖死猶皆戮其屍某案正義以壁死絕句若依集解則死卒連文言壁中死卒以屯留蒲鶮二邑反故皆戮其屍依索隱則正文當有脫誤似將軍壁死屯留爲句下當云屯留蒲鶮反卒戮其屍疑是索隱誤解正義誤讀文句宜以集解爲正河魚大上輕車重馬東就食嫪毐封爲長信侯索隱云漢書嫪氏出邯鄲錢云班氏無此文當是漢書注也南越傳嬰齊取邯鄲嫪氏女索隱云嫪音紀虬反此嫪字正義亦音紀虬反蓋嫪樛通用予之山陽地令毐居之宮室車馬衣服苑囿馳獵恣毐

事無大小皆決於毒。又以河西太原郡更爲毒國。九年。彗星見。或竟天。攻魏垣蒲陽。四月。上宿雍。己酉。王冠。帶劍。長信侯毒作亂而覺。矯王御璽太后璽發縣卒。依通志刪及字以字及衛卒官騎戎翟君公舍人。將欲攻蘄年宮爲亂。王知之。令相國昌平君昌文君發卒攻毒。戰咸陽。斬首數百。皆拜爵。及宦者皆在戰中。亦拜爵一級。毒等敗走。卽令國中有生得毒。賜錢百萬。殺之五十萬。盡得毒等。衛尉竭。內史肆。佐弋竭。中大夫令齊等二十人皆梟首車裂以徇。滅其宗。及其舍人。輕者爲鬼薪。及奪爵遷蜀四千餘家。家房陵。遷太后于雍。五字依通志增四史詮作是月。寒凍有死者。陽端和攻衍氏。彗星見西方。又見北方。從斗以南八十日。十年。相國呂不韋坐嫪毒免。桓姚南青依風俗通校改桓爲垣齮爲將。軍齊趙來置酒。齊人茅焦說秦王曰。秦方以天下爲事。而大王有遷母太后之名。恐諸侯聞之。由此倍秦也。

秦王乃迎太后於雍。而入咸陽。復居甘泉宮。大索逐客。李斯上書說。乃止逐客令。李斯因說秦王。請先取韓以恐他國。於是使斯下韓。韓王患之。與韓非謀弱秦。大梁人尉繚來說秦王曰。以秦之彊。諸侯譬如郡縣之君。（御覽句上有視字）臣但恐諸侯合從。翕而出不意。此乃智伯夫差湣王之所以亾也。願大王毋愛財物。賂其豪臣。以亂其謀。不過亾三十萬金。則諸侯可盡。秦王從其計。見尉繚亢禮。衣服食飲與繚同。繚曰。秦王爲人蜂準長目摯鳥膺豺聲少恩而虎狼心居約易出人下得志亦輕食人我布衣然見我常身自下我誠使秦王得志於天下天下皆爲虜矣不可與久游。乃亾去。秦王覺。固止。以爲秦國尉。卒用其計策。而李斯用事。十一年。王翦桓齮楊端和攻鄴。取九城。王翦攻閼與橑陽。皆幷爲一軍。翦將十八日。軍歸斗食以下。什推二人從軍。取鄴安陽。桓齮將。十二年。

文信侯不韋死竊葬其舍人臨者晉人也逐出之秦人六百石以上奪
爵遷五百石以下不臨遷勿奪爵自今以來操國事不道如嫪毐不韋
者籍其門視此秋復嫪毐舍人遷蜀者當是之時天下大旱六月至八
月乃雨十三年桓齮攻趙平陽殺趙將扈輒斬首十萬王之河南正月
彗星見東方十月桓齮攻趙十四年攻趙軍於平陽取宜安破之殺其
將軍桓齮定平陽武城韓非使秦秦用李斯謀留非非死雲陽韓王請
爲臣十五年大興兵一軍至鄴一軍至太原取狼孟地動十六年九月
發卒受地韓南陽假守騰初令男子書年魏獻地於秦秦置麗邑十七
年內史騰攻韓得韓王安盡納其地以其地爲郡命曰潁川地動華陽
太后卒民大饑十八年大興兵攻趙王翦將上地下井陘端和將河內
羌瘣伐趙端和圍邯鄲城十九年王翦羌瘣盡定取趙地東陽得趙王

引兵欲攻燕。屯中山。秦王之邯鄲。諸嘗與王生趙時母家有仇怨者。（依通
志增）皆阬之。秦王還從太原上郡歸。始皇帝母太后崩。趙公子嘉率其宗
數百人之代。自立爲代王。東與燕合兵。軍上谷。大饑。二十年。燕太子丹
患秦兵至國。恐。使荊軻刺秦王。秦王覺之。體解軻以徇。而使王翦辛勝
攻燕。燕代發兵擊秦軍。秦軍破燕易水之西。二十一年。王賁攻薊。（梁云年表
王翦傳云王賁擊楚此攻薊疑攻荊之譌某案賁乃翦之誤）乃益發卒詣王翦軍。遂破燕太子軍。取
燕薊城。得太子丹之首。燕王東收遼東而王之。王翦謝病老歸。新鄭反。
昌平君徙於郢。大雨雪深二尺五寸。二十二年。王賁攻魏。引河溝灌大
梁。大梁城壞。其王請降。盡取其地。二十三年。秦王復召王翦彊起之使
將擊荊。取陳以南至平輿。虜荊王。秦王游至郢陳。荊將項燕立昌平君
爲荊王。反秦於淮南。二十四年。王翦蒙武攻荊。破荊軍。昌平君死。項燕

遂自殺二十五年大興兵使王賁將攻燕遼東得燕王喜還攻代虜代王嘉王翦遂定荊江南地降越君置會稽郡五月天下大酺二十六年齊王建與其相后勝發兵守其西界不通秦秦使將軍王賁從燕南攻齊得齊王建秦初并天下令丞相御史曰異日韓王納地效璽請爲藩臣已而倍約與趙魏合從畔秦故興兵誅之虜其王寡人以爲善庶幾息兵革趙王使其相李牧來約盟故歸其質子已而倍盟反我太原故興兵誅之得其王趙公子嘉乃自立爲代王故舉兵擊滅之魏王始約服入秦已而與韓趙謀襲秦秦兵吏誅遂破之荊王獻青陽以西已而畔約擊我南郡故發兵誅得其王遂定（依王校定下滅其字）荊地燕王昏亂其太子丹乃陰令荊軻爲賊兵吏誅滅其國齊王用后勝計絕秦使欲爲亂兵吏誅虜其王平齊地寡人以眇眇之身興兵誅暴亂賴宗廟之靈六

王咸伏其辜天下大定今名號不更無以稱成功傳後世其議帝號丞
相綰御史大夫刼廷尉斯等皆曰昔者五帝地方千里其外侯服夷服
諸侯或朝或否天子不能制今陛下興義兵誅殘賊平定天下海內爲
郡縣法令由一統自上古以來未嘗有五帝所不及臣等謹與博士議
曰古有天皇有地皇有泰皇泰皇最貴臣等昧死上尊號王爲泰皇命
爲制令爲詔天子自稱曰朕王曰去泰著皇采上古帝位號號曰皇帝
他如議制曰可追尊莊襄王爲太上皇制曰朕聞太古有號毋謚中古
有號死而以行爲謚如此則子議父臣議君也甚無謂朕弗取焉自今
已來除謚法朕爲始皇帝後世以計數二世三世至于（本作千依王校改）萬世
傳之無窮始皇推終始五德之傳以爲周得火德秦代周德從所不勝
方今水德之始改年始朝賀皆自十月朔衣服旄旌節旗皆上黑數以

六爲紀。符法冠皆六寸。而輿六尺。六尺爲步。乘六馬。更名河曰德水。以爲水德之始。剛毅戾深。事皆決於法。刻削毋仁恩和義。然後合五德之數。於是急法。久者不赦。丞相綰等言。諸侯初破。燕齊荊地遠。不爲置王。毋以塡之。請立諸子。唯上幸許。始皇下其議於羣臣。羣臣皆以爲便。廷尉李斯議曰。周文武所封子弟同姓甚衆。然後屬疏遠。相攻擊如仇讎。諸侯更相誅伐。周天子弗能禁止。今海內賴陛下神靈一統。皆爲郡縣。諸子功臣。以公賦稅重賞賜之。甚足易制。天下無異意。則安寧之術也。置諸侯不便。始皇曰。天下共苦戰鬬不休。以有侯王。賴宗廟。天下初定。又復立國。是樹兵也。而求其寧息。豈不難哉。廷尉議是。分天下以爲三十六郡。郡置守尉監。更名民曰黔首。大酺。收天下兵。聚之咸陽。銷以爲鍾鐻。金人十二。重各千石。置宮廷中。（本作廷宮中依王校改）一法度衡石丈尺。車

同軌。書同文字。地東至海暨朝鮮。西至臨洮羌中。南至北嚮戶。（盧學士文弨云北戶地名見爾雅嚮字衍）北據河為塞。並陰山至遼東。徙天下豪富於咸陽十二萬戶。諸廟及章臺上林皆在渭南。秦每破諸侯。寫放其宮室。作之咸陽北阪上。南臨渭。自雍門以東至涇渭。殿屋複（通鑑作復）道周閣相屬。所得諸侯美人鐘鼓。以充入之。二十七年。始皇巡隴西北地。出雞頭山。過回中。焉作信宮渭南。（王念孫云焉屬下為句焉於是也）已更命信宮為極廟。象天極。自極廟道通酈山。作甘泉前殿。築甬道。自咸陽屬之。是歲。賜爵一級。治馳道。二十八年。始皇東巡郡縣。上鄒嶧山。立石。與魯諸儒生議刻石頌秦德。議封禪望祭山川之事。乃遂上泰山。立石封祠祀。（一本無封字）下風雨暴至。休於樹下。因封其樹為五大夫。禪梁父。刻所立石。其辭曰。皇帝臨位。作制明法。臣下脩飭。二十有六年。初并天下。罔不賓服。親巡遠方黎民。（金石錄云劉跂見其

碑作親輙遠黎登茲泰山周覽東極從臣思迹本原事業祗誦功德治道運行
諸產得宜皆有法式大義休明垂於後世順承勿革皇帝躬聖既平天
下不懈於治夙興夜寐建設長利專隆教誨訓經宣達遠近畢理咸承
聖志貴賤分明男女理順愼遵職事昭隔內外靡不清淨施于後嗣化
及無窮遵奉遺詔永承重戒於是乃並勃海以東過黃腄窮成山登之
罘立石頌秦德焉而去南登琅邪大樂之留三月乃徙黔首三萬戶琅
邪臺下復十二歲作琅邪臺立石刻頌秦德明得意通志無刻字某案後會稽刻石亦云
立石刻頌秦德則刻字當有曰維二十八年某案八當作六皇帝作始謂二十六年初并天下事也皇帝作始
端平法度萬物之紀以明人事合同父子聖智仁義顯白道理東撫東
土以省卒士事已大畢乃臨于海皇帝之功勸勞本事上農除末黔首
是富普天之下摶心揖志錢云摶當作嫥說文嫥壹也揖古輯字史記揖五瑞器械一量同書文

宇日月所照舟輿所載皆終其命莫不得意應時動事是維皇帝匡飭異俗陵水經地憂恤黔首朝夕不懈除疑定法咸知所辟方伯分職諸治經易舉錯必當莫不如畫皇帝之明臨察四方尊卑貴賤不踰次行姦邪不容皆務貞良細大盡力莫敢怠荒遠邇辟隱專務肅莊端直敦忠事業有常皇帝之德存定四極誅亂除害興利致福節事以時諸產繁殖黔首安寧不用兵革六親相保終無寇賊驩欣奉教盡知法式六合之內皇帝之土西涉流沙南盡北戶東有東海北過大夏錢云周書王會解正北空同大夏大宛傳張騫從月氏至大夏即其地也人迹所至無不臣者功蓋五帝澤及牛馬莫不受德各安其宇維秦王兼有天下立名為皇帝乃撫東土至于琅邪列侯武城侯王離列侯通武侯王賁倫侯建成侯趙亥倫侯昌武侯成倫侯武信侯馮毋擇丞相隗林顏氏家訓云開皇二年掘得秦鐵稱權銘曰詔丞相狀綰俗作隗林非也當為

隗狀耳丞相王綰卿李斯卿王戊五大夫趙嬰五大夫楊樛從與議於海上曰（方侍郎云後世碑銘有序本此此載羣臣之議故載于後後世列時君事迹故載于前而私家碑銘式焉泰山石刻無後語者封祠祀天不敢列諸臣名爵也後銘皆無者舉一以例其餘也某案泰山石刻及後銘未必皆有序方以後世文與事肊測之非是祀天不敢列諸臣名爵亦後世事泰蓋不爾）古之帝者地不過千里諸侯各守其封域或朝或否相侵暴亂殘伐不止猶刻金石以自爲紀古之五帝三王知教不同法度不明假威鬼神以欺遠方實不稱名故不久長其身未沒諸侯倍叛法令不行今皇帝并一海內以爲郡縣天下和平昭明宗廟體道行德尊號大成羣臣相與誦皇帝功德刻于金石以爲表經既已齊人徐市（梁云市卽芾字）等上書言海中有三神山名曰蓬萊方丈瀛洲僊人居之請得齋戒與童男女求之於是遣徐市發童男女數千人入海求僊人始皇還過彭城齋戒禱祠欲出周鼎泗水使千人沒水求之弗得乃西南渡淮

水之衡山南郡浮江至湘山祠逢大風幾不得渡上問博士曰湘君何神博士對曰聞之堯女舜之妻而葬此於是始皇大怒使刑徒三千人皆伐湘山樹赭其山上自南郡由武關歸二十九年始皇東游至陽武博浪沙中某案胡三省引師古狠音浪幷云史記作浪正義音狠蓋漢書作狠而顏音浪史記作浪而張音狠也局本改浪爲狠非是爲盜所驚求弗得乃令天下大索十日登之罘刻石其辭曰維二十九年時在中春陽和方起皇帝東游巡登之罘臨照於海從臣嘉觀原念休烈追誦本始大聖作治建定法度顯著綱紀外教諸侯光施文惠明以義理六國回辟貪戾無厭虐殺不已皇帝哀衆盧文弨云哀衆當作哀鰥漢書贊于定國哀鰥哲獄即哀矜也遂發討師奮揚武德義誅信行威燀旁達莫不賓服烹滅彊暴振救黔首周定四極普施明法經緯天下永爲儀則大矣哉宇縣之中承順聖意羣臣誦功請刻于石表垂于常式其東觀曰維二十九

年皇帝春遊覽省遠方逮于海隅遂登之罘昭臨朝陽觀望廣麗從臣咸念原道至明聖法初興清理疆內外誅暴強武威旁暢振動四極禽滅六王闡并天下菑害絕息永偃戎兵皇帝明德經理宇內視聽不怠作立大義昭設備器咸有章旗職臣遵分各知所行事無嫌疑黔首改化遠邇同度臨古絕尤常職既定後嗣循業長承聖治羣臣嘉德祗誦聖烈請刻之罘旋遂之琅邪道上黨入三十年無事三十一年十二月更名臘曰嘉平賜黔首里六石米二羊始皇爲微行咸陽與武士四人俱夜出逢盜蘭池見窘武士擊殺盜關中大索二十日米石千六百三十二年始皇之碣石使燕人盧生求羨門高誓刻碣石門壞城郭決通隄防其辭曰遂興師旅誅戮無道爲逆滅息武殄暴逆文復無罪庶心咸服惠論功勞賞及牛馬恩肥土域皇帝奮威德并諸侯初一泰平

凌稚

隆云泰平疑是泰宇姚南青依別本作宇墮壞城郭。決通川防。夷去險阻。地勢既定。黎庶無繇。天下咸撫。男樂其疇。女修其業。事各有序。惠被諸產。久竝來田。莫不安所。羣臣誦烈。請刻此石。垂著儀矩。因使韓終侯公石生求仙人不死之藥。始皇巡北邊。從上郡入。燕人盧生使入海還。以鬼神事。因奏錄圖書。曰亡秦者胡也。始皇乃使將軍蒙恬發兵三十萬人北擊胡。略取河南地。三十三年。發諸嘗逋亡人贅壻賈人略取陸梁地。為桂林象郡南海。以適遣戍。西北斥逐匈奴。自榆中竝河以東。屬之陰山。梁云陰山水經注引作陶山王校同以為三十四縣。城河上為塞。又使蒙恬渡河取高闕陶山。梁云陶山水經注引作陽山張文虎校同北假中。築亭障以逐戎人。徙謫實之初縣。禁不得祠明星。出西方。某案明星下當脫彗星二字三十四年。適治獄吏不直者。築長城及戍依通志增通鑑作處南越地。始皇置酒咸陽宮。博士七十人前為壽。僕射周青臣進頌。

曰他時秦地不過千里賴陛下神靈明聖平定海內放逐蠻夷日月所照莫不賓服以諸侯爲郡縣人人自安樂無戰爭之患傳之萬世自上古不及陛下威德始皇悅博士齊人淳于越進曰臣聞殷周之王千餘歲封子弟功臣自爲枝輔今陛下有海內而子弟爲匹夫卒有田常六卿之臣無輔拂何以相救哉事不師古而能長久者非所聞也今靑臣又面諛以重陛下之過非忠臣始皇下其議丞相李斯曰五帝不相復三代不相襲各以治非其相反時變異也今陛下創大業建萬世之功固非愚儒所知且越言乃三代之事何足法也異時諸侯竝爭厚招游學今天下已定法令出一百姓當家則力農工士則學習法令辟禁今諸生不師今而學古以非當世惑亂黔首丞相臣斯昧死言古者天下散亂莫之能一是以諸侯竝作語皆道古以害今飾虛言以亂實人善

其所私學以非上之所建立今皇帝幷有天下別黑白而定一尊錢云李斯
傳別作辨古書辨與別通用周禮小宰聽稱則以傳別故書作傳辨私學而相與非法教人聞令下則各
以其學議之入則心非出則巷議夸主以爲名異取以爲高錢云異取李斯傳作
異趣率羣下以造謗如此弗禁則主勢降乎上黨與成乎下禁之便臣請
史官非秦記皆燒之非博士官所職天下敢有藏詩書百家語者悉詣
守尉雜燒之有敢偶語詩書依通鑑毛本滅者字弃市以古非今者族吏見知不
舉依通鑑滅者字與同罪令下三十日不燒黥爲城旦所不去者醫藥卜筮種
樹之書若欲有王校改有欲通志亦作欲有學法令以吏爲師制曰可三十五年除
道道九原抵雲陽塹山堙谷直通之於是始皇以爲咸陽人多先王之
宮廷小吾聞周文王都豐武王都鎬豐鎬之閒帝王之都也乃營作朝
宮渭南上林苑中先作前殿阿房東西五百步南北五十丈上可以坐

萬人下可以建五丈旗周馳爲閣道自殿下直抵南山表南山之顚以爲闕爲復道自阿房渡渭屬之咸陽以象天極閣道絕漢抵營室也阿房宮未成成欲更擇令名名之作宮阿房故天下謂之阿房宮隱宮徒刑者七十餘萬人乃(二乃字通志幷無通鑑此有下句無)分作阿房宮或作麗山發北山石椁乃(通鑑無此字)寫蜀荊地材皆至(某案皆至句絕)關中計宮三百關外四百餘於是立石東海上朐界中以爲秦東門因徙三萬家麗邑五萬家雲陽皆復不事十歲盧生說始皇曰臣等求芝奇藥仙者常弗遇類物有害之者方中人主時爲微行以辟惡鬼惡鬼辟眞人至人主所居而人臣知之則害於神眞人者入水不濡入火不爇陵雲氣與天地久長今上治天下未能恬倓願上所居宮毋令人知然後不死之藥殆可得也於是始皇曰吾慕眞人自謂眞人不稱朕乃令咸陽之旁二百里內宮觀

二百七十復道甬道相連帷帳鍾鼓美人充之各案署不移徙行所幸有言其處者罪死始皇帝幸梁山宮從山上見丞相車騎衆弗善也中人或告丞相丞相後損車騎始皇怒曰此中人泄吾語案問莫服當是時詔捕諸時在旁者皆殺之自是後莫知行之所在聽事羣臣受決事悉於咸陽宮侯生盧生相與謀曰始皇爲人天性剛戾自用起諸侯幷天下意得欲從以爲自古莫及已專任獄吏獄吏得親幸博士雖七十人特備員弗用丞相諸大臣皆受成事倚辨於上上樂以刑殺爲威天下畏罪持祿莫敢盡忠上不聞過而日驕下懾伏謾欺以取容秦法不得兼（某案秦法不得兼五字爲句不得兼罰不能兩利也下云方不驗輒死卽所云不得兼也方字下屬爲句）方不驗輒死然候星氣者至三百人皆良士畏忌諱諛不敢端言其過天下之事無小大皆決於上上至以衡石量書日夜有呈（通志作程）不中呈不得休息貪

於權勢至如此未可爲求仙藥於是乃亾去始皇聞亾乃大怒曰吾前收天下書不中用者盡去之悉召文學方術士甚衆欲以興太平方士欲練以求奇藥今聞韓衆去不報徐市等費以巨萬計終不得藥徒姦利相告日聞盧生等吾尊賜之甚厚今乃誹謗我以重吾不德也諸生在咸陽者吾使人廉問或爲訞言以亂黔首於是使御史悉案問諸生諸生傳相告引乃自除犯禁者四百六十餘人皆阬之咸陽使天下知之以懲後益發謫徙邊始皇長子扶蘇諫曰天下初定遠方黔首未集諸生皆誦法孔子今上皆重法繩之臣恐天下不安唯上察之始皇怒使扶蘇北監蒙恬軍（依通鑑補軍字）於上郡三十六年熒惑守心有墜星下東郡至地爲石黔首或刻其石曰始皇帝死而地分始皇聞之遣御史逐問莫服盡取石旁居人誅之因燔銷其石始皇不樂使博士爲仙眞人

詩及行所游天下傳令樂人謌弦之秋使者從關東（梁云漢五行志引史記云鄭客從關東來初學記引史記作鄭容）夜過華陰平舒道有人（通志有人下有素車白馬四字）持璧遮使者曰爲吾遺滈池君因言曰今年祖龍死（梁云今年搜神記作明年李冂古風詩亦云明年祖龍死西征賦注同）使者問其故因忽不見置其璧去使者奉璧具以聞始皇默然良久曰山鬼固不過知一歲事也退言曰祖龍者人之先也使御府視璧乃二十八年行渡江所沈璧也於是始皇卜之卦得游徙吉遷北河楡中三萬家拜爵一級三十七年十月癸丑始皇出游左丞相斯從右丞相去疾守少子胡亥愛慕請從上許之十一月行至雲夢望祀虞舜於九疑山浮江下觀籍柯渡海渚（御覽海作梅）過丹陽至錢唐臨浙江水波惡乃西百二十里從狹中渡（梁云劉昭郡國志注引作乃西北二十里狹中赭龕二山之海門）上會稽祭大禹望于南海而立石刻頌秦德其文曰皇帝休烈平一宇內德惠修長

三十有七年親巡天下周覽遠方遂登會稽宣省習俗黔首齋莊羣臣
誦功本原事迹追首高明索隱正義幷引王劭案張徽所錄會稽碑異文首字作道秦聖臨國始定
典
刑名顯陳舊章初平法式審別職任以立恒常六王專倍貪戾慠猛率
衆自彊暴虐恣行負力而驕數動甲兵陰通閒使以事合從行爲辟方
內飾詐謀外來侵邊遂起禍殃義威誅之殄熄暴悖亂賊滅亾聖德廣
密六合之中被澤無疆皇帝幷宇兼聽萬事遠近畢清運理羣物考驗
事實各載其名貴賤並通善否陳前靡有隱情飾省宣義有子而嫁倍
死不貞防隔內外禁止淫泆男女絜誠夫爲寄豭殺之無罪男秉義程
妻爲逃嫁子不得母咸化廉清大治濯俗天下承風蒙被休經皆遵度
軌和安敦勉莫不順令黔首修絜人樂同則嘉保太平後敬奉法常治
無極輿舟不傾從臣誦烈請刻此石光垂休銘還過吳從江乘渡並海

上北至琅邪方士徐市等入海求神藥數歲不得費多恐譴乃詐曰蓬萊藥可得然常爲大鮫魚所苦故不得至願請善射與俱見則以連弩射之始皇夢與海神戰如人狀問占夢博士曰水神不可見以大魚蛟（通志作鮫毛本同）龍爲候今上禱祠備謹而有此惡神當除去而善神可致乃令入海者齎捕巨魚具而自以連弩候大魚出射之自琅邪北至榮成山（梁云論衡引作勞成山寰宇記秦始皇登勞盛山望蓬萊勞盛二山名盛卽成古字通用郊祀志盛山五帝紀地理志作成山）弗見至之罘見巨魚射殺一尾遂竝海西至平原津而病始皇惡言死羣臣莫敢言死事上病益甚乃爲璽書賜公子扶蘇曰與喪會咸陽而葬書已封在中車府令趙高行符璽事所未授使者七月丙寅始皇崩於沙丘平臺丞相斯爲上崩在外恐諸公子及天下有變乃祕之不發喪棺載轀涼車中故幸宦者參乘所至上食百官奏事如故宦者輒從轀涼

車中可其奏事獨子胡亥趙高及所幸宦者五六人知上死趙高故嘗
教胡亥書及獄律令法事胡亥私幸之高乃與公子胡亥丞相斯陰謀
破去始皇所封書賜公子扶蘇者而更詐爲丞相斯受始皇遺詔沙丘
立子胡亥爲太子更爲書賜公子扶蘇蒙恬數以其罪（通志無其字王校同）賜死
語具在李斯傳中行遂從井陘抵九原會暑上轀車臭乃詔從官令車
載一石鮑魚以亂其臭行從直道至咸陽發喪太子胡亥襲位爲二世
皇帝九月葬始皇酈山始皇初即位穿治酈山及幷天下天下徒送詣
七十餘萬人穿三泉下銅而致槨宮觀百官奇器珍怪徙臧滿之令匠
作機弩矢有所穿近者輒射之以水銀爲百川江河大海機相灌輸上
具天文下具地理以人魚膏爲燭度不滅者久之二世曰先帝後宮非
有子者出焉不宜皆令從死死者甚衆葬既已下或言工匠爲機臧皆

知之。臧重即泄。大事畢。已臧。閉中羨。下外羨門。盡閉工匠臧者。無復出者。樹草木以象山。二世皇帝元年。年二十一。趙高為郎中令。任用事。二世下詔。增始皇寢廟犧牲及山川百祀之禮。令羣臣議尊始皇廟。羣臣皆頓首言曰。古者天子七廟。諸侯五。大夫三。雖萬世世不軼毀。（錢云軼與迭同古書二字多通用左傳懼其侵軼我釋文讀如迭封禪書軼興軼衰漢書作迭興迭衰）今始皇為極廟。四海之內。皆獻貢職。增犧牲。禮咸備。毋以加。先王廟或在西雍。或在咸陽。天子儀當獨奉酌（王校改酎）祠始皇廟。自襄公以下軼毀。所置凡七廟。羣臣以禮進祠。宜（本作以依通志校改）尊始皇廟為帝者祖廟。皇帝復自稱朕。二世與趙高謀曰。朕年少。初即位。黔首未集附。先帝巡行郡縣。以示彊。威服海內。今晏然不巡行。即見弱。毋以臣畜天下。春。二世東行郡縣。李斯從。到碣石。並海。南至會稽。而盡刻始皇所立刻石。（通志作列石）石旁著大臣從者名。以章

先帝成功盛德焉皇帝曰金石刻盡始皇帝所爲也今襲號而金石刻辭不稱始皇帝其於久遠也如後嗣爲之者不稱成功盛德丞相臣斯臣去疾御史大夫臣德昧死言臣請具刻詔書刻石因明白矣臣昧死請制曰可遂至遼東而還於是二世乃遵（史詮云洞本遵作脩治要同）用趙高申法令乃陰與趙高謀曰大臣不服官吏尚彊及諸公子必與我爭爲之奈何高曰臣固願言而未敢也先帝之大臣皆天下累世名貴人也積功勞世以相傳久矣今高素小賤陛下幸稱舉令在上位管中事大臣鞅鞅特以貌從臣其心實不服今上出不因此時案郡縣守尉有罪者誅之上以振威天下下以除去上生平所不可者今時不師文而決於武力願陛下遂從時毋疑卽羣臣不及謀明主收舉餘民賤者貴之貧者富之遠者近之則上下集而國安矣二世曰善乃行誅大臣及諸公子

以罪過連逮少近官三郎・無得立者・而六公子戮死於杜・公子將閭昆弟三人・囚於內宮・議其罪獨後・二世使使令將閭曰・公子不臣・罪當死・吏致法焉・將閭曰・闕廷之禮・吾未嘗敢不從賓贊也・廊廟之位・吾未嘗敢失節也・受命應對・吾未嘗敢失辭也・何謂不臣・願聞罪而死・使者曰・臣不得與謀・奉書從事・將閭乃仰天大呼天者三・曰・天乎・吾無罪・昆弟三人皆流涕・拔劒自殺・宗室振恐・羣臣諫者以爲誹謗・大吏持祿取容・黔首振恐・四月・二世還至咸陽・曰・先帝爲咸陽朝廷小・故營阿房宮爲室堂・未就・會上崩・罷其作者・復土酈山・酈山事大畢・今釋阿房宮弗就・則是章先帝舉事過也・復作阿房宮・外撫四夷・如始皇計・盡徵其材士五萬人爲屯衛咸陽・令教射狗馬禽獸・當食者多・度不足・下調郡縣・轉輸菽粟芻藁・皆令自齎糧食・咸陽三百里內不得食其穀・用法益刻深・

七月戍卒陳勝等反故荊地爲張楚勝自立爲楚王居陳遣諸將徇地山東郡縣少年苦秦吏皆殺其守尉令丞反以應陳涉相立爲侯王合從西鄉名爲伐秦不可勝數也謁者使東方來以反者聞二世二世怒下吏後使者至上問對曰羣盜郡守尉方逐捕今盡得不足憂上悅武臣自立爲趙王魏咎爲魏王田儋爲齊王沛公起沛項梁舉兵會稽郡二年冬陳涉所遣周章等將西至戲兵數十萬二世大驚與羣臣謀曰柰何少府章邯曰盜已至衆彊今發近縣不及矣酈山徒多請赦之授兵以擊之二世乃大赦天下使章邯將擊破周章軍而走遂殺章曹陽二世益遣長史司馬欣董翳佐章邯擊盜殺陳勝城父破項梁定陶滅魏咎臨濟楚地盜名將已死章邯乃北渡河擊趙王歇等於鉅鹿趙高說二世曰先帝臨制天下久故羣臣不敢爲非進邪說今陛下富於春

秋。初即位。奈何與公卿廷決事。事即有誤。示羣臣短也。天子稱朕。固不聞聲。於是二世常居禁中。與高決諸事。其後公卿希得朝見。盜賊益多。而關中卒發東擊盜者毋已。右丞相去疾。左丞相斯。將軍馮劫進諫曰。關東羣盜竝起。秦發兵誅擊。所殺亡甚衆。然猶不止。盜多。皆以戍漕轉作事苦。賦稅大也。請且止阿房宮作者。減省四邊戍轉。二世曰。吾聞之韓子曰。堯舜采椽不刮。茅茨不翦。飯土塯。啜土形。錢云李斯傳塯作匭形作鉶古文簋與匭同讀若九與塯音相近太史公自序形作刑塯亦作簋徐廣注一作溜說文無塯字則此文當爲溜也梁云形與刑通又旁省金字雖監門之養。不觳於此。禹鑿龍門。通大夏。決河亭水。放之海。身自持築臿。脛毋毛。臣虜之勞。不烈於此矣。凡所爲貴有天下者。得肆意極欲。主重明法。下不敢爲非。以制御海內矣。夫虞夏之主。貴爲天子。親處窮苦之實。以徇百姓。尚何於法。朕尊萬乘。毋其實。吾欲造千乘之駕。萬乘之屬。充

吾號名•且先帝起諸侯•兼天下•天下已定•外攘四夷•以安邊境•作宮室以章得意•而君觀先帝功業有緒•今朕即位二年之閒•羣盜並起•君不能禁•又欲罷先帝之所爲•是上毋以報先帝•次不爲朕盡忠力•何以在位•下去疾斯劫吏•案責他罪•去疾劫曰•將相不辱•自殺•斯卒囚•就五刑•三年•章邯等將其卒圍鉅鹿•楚上將軍項羽將楚卒往救鉅鹿•冬•趙高爲丞相•竟案李斯殺之•夏•章邯等戰數卻•二世使人讓邯•邯恐•使長史欣請事•趙高弗見•又弗信•欣恐•亡去•高使人捕追不及•欣見邯曰•趙高用事於中•將軍有功亦誅•無功亦誅•項羽急擊秦軍•虜王離•邯等遂以兵降諸侯•八月己亥•趙高欲爲亂•恐羣臣不聽•乃先設驗•持鹿獻於二世•曰•馬也•二世笑曰•丞相誤邪•謂鹿爲馬•問左右•左右或默•或言馬以阿順趙高•或言鹿者•王校滅者字通鑑通志并有 高因陰中諸言鹿者以法•後羣臣

皆畏高高前數言關東盜毋能爲也及項羽虜秦將王離等鉅鹿下而
前章邯等軍數却上書請益助燕趙齊楚韓魏皆立爲王自關以東大
氏盡畔秦吏應諸侯諸侯咸率其衆西鄉沛公將數萬人已屠武關使
人私於高高恐二世怒誅及其身乃謝病不朝見二世夢白虎齧其左
驂馬殺之心不樂怪問占夢卜曰涇水爲祟二世乃齋於望夷宮欲祠
涇沈四白馬使使責讓高以盜賊事高懼乃陰與其壻咸陽令閻樂其
弟趙成謀曰上不聽諫今事急欲歸禍於吾宗吾欲易置上更立公子
嬰子嬰仁儉百姓皆載其言使郎中令爲內應詐爲有大賊令樂召吏
發卒追刧樂母置高舍遣樂將吏卒千餘人至望夷宮殿門縛衛令僕
射曰賊入此何不止衛令曰周廬設卒甚謹安得賊敢入宮樂遂斬衛
令直將吏入行射郎宦者郎宦者三字姚南青依通鑑重增大驚或走或格格者輒

死死者數十人郎中令與樂俱入射上幄坐幃二世怒召左右左右皆惶擾不鬭旁有宦者一人侍不敢去二世入內謂曰公何不蚤告我乃至於此宦者曰臣不敢言故得全使臣蚤言皆已誅安得至今閻樂前即二世數曰足下驕恣誅殺無道天下共畔足下足下其自爲計二世曰丞相可得見否樂曰不可二世曰吾願得一郡爲王弗許又曰願爲萬戶侯弗許曰願與妻子爲黔首比諸公子閻樂曰臣受命於丞相爲天下誅足下足下雖多言臣不敢報麾其兵進二世自殺閻樂歸報趙高趙高乃悉召諸大臣公子告以誅二世之狀曰秦故王國始皇君天下故稱帝今六國復自立秦地益小乃以空名爲帝不可宜爲王如故便立二世之兄子公子嬰爲秦王以黔首葬二世杜南宜春苑中令子嬰齋當廟見受玉璽（玉本作王依通鑑通志改）齋五日子嬰與其子二人謀曰丞相

高殺二世望夷宮恐羣臣誅之乃詳以義立我我聞趙高乃與楚約滅秦宗室而王關中（通鑑王上有分字）今使我齋見廟此欲因廟中殺我我稱病不行丞相必自來來則殺之高使人請子嬰數輩子嬰不行高果自往曰宗廟重事王柰何不行子嬰遂刺殺高於齋宮三族高家以徇咸陽子嬰爲秦王四十六日楚將沛公破秦軍入武關遂至霸上使人約降子嬰子嬰卽係頸以組白馬素車奉天子璽符降軹道旁沛公遂入咸陽封宮室府庫還軍霸上居月餘諸侯兵至項籍爲從長殺子嬰及秦諸公子宗族遂屠咸陽燒其宮室虜其子女收其珍寶貨財諸侯共分之滅秦之後各分其地爲三名曰雍王塞王翟王號曰三秦項羽爲西楚霸王主命分天下王諸侯秦竟滅矣後五年天下定於漢

太史公曰秦之先伯翳嘗有勳於唐虞之際受土賜姓及殷夏之閒微

散•至周之衰•秦興•邑于西垂•自繆公以來•稍蠶食諸侯•竟成始皇•始皇自以爲功過五帝•地廣三王•而羞與之侔•善哉乎賈生推言之也•曰秦幷兼諸侯•山東三十餘郡•繕津關•據險塞•修甲兵而守之•然陳涉以戍卒散亂之衆數百•奮臂大呼•不用弓戟之兵•鉏櫌白梃•望屋而食•橫行天下•秦人阻險不守•關梁不闔•長戟不刺•彊弩不射•楚師深入•戰於鴻門•曾無藩籬之艱•於是山東大擾•諸侯竝起•豪俊相立•秦使章邯將而東征•章邯因以三軍之衆要市於外•以謀其上•羣臣之不信•可見於此矣•子嬰立•遂不寤•藉使子嬰有庸主之材•僅得中佐•山東雖亂•秦之地可全而有•宗廟之祀未當絕也•秦地被山帶河以爲固•四塞之國也•自繆公以來•至於秦王•二十餘君•常爲諸侯雄•豈世世賢哉•其勢居然也•且天下嘗同心幷力而攻秦矣•當此之世•賢智幷列•良將行其師•賢相

通其謀•然困於阻險而不能進•秦乃延入戰而爲之開關•百萬之徒•逃北而遂壞•豈勇力智慧不足哉•形不利勢不便也•秦小邑幷大城•守險塞而軍•高壘毋戰•閉關據阨•荷戟而守之•諸侯起於匹夫•以利合•非有素王之行也•其交未親•其下未附•名爲亾秦•其實利之也•彼見秦阻之難犯也•必退師•安士息民錢云索隱引賈誼書安作案今本新書作安士則當爲案士猶言案兵耳律書兼列邦士周頌保有厥士義並作土鄭注周禮云世本相士作乘馬呂氏春秋任地篇使吾士靖而甽浴士高誘注士當作土洪适隸釋多以士爲土以土爲士以待其敝•收弱扶罷•以令大國之君•不患不得意於海內•貴爲天子•富有天下•而身爲禽者•其救敗非也•秦王足已不問•遂過而不變•二世受之•因而不改•暴虐以重禍•子嬰孤立無親•危弱無輔•三主惑而終身不悟•亾不亦宜乎•當此時也•世非無深慮知化之士也•然所以不敢盡忠拂過者•秦俗多忌諱之禁•忠言未卒於口•而身爲戮沒矣•故使天

下之士。傾耳而聽。重足而立。拑口而不言。是以三主失道。忠臣不敢諫。智士不敢謀。天下已亂。姦不上聞。豈不哀哉。先王知雍蔽之傷國也。故置公卿大夫士。以飾法設刑。而天下治。其彊也。禁暴誅亂。而天下服。其弱也。五伯征而諸侯從。其削也。內守外附。而社稷存。故秦之盛也。繁法嚴刑。而天下振。及其衰也。百姓怨望。而海內畔矣。故周五序得其道。而千餘歲不絕。秦本末竝失。故不長久。由此觀之。安危之統。相去遠矣。野諺曰。前事之不忘。後事之師也。是以君子爲國。觀之上古。驗之當世。參以人事。察盛衰之理。審權勢之宜。去就有序。變化應（木作有依王校宋本）時。故曠日長久。而社稷安矣。秦孝公據殽函之固。擁雍州之地。君臣固守。而窺周室。有席卷天下。包舉宇內。囊括四海之意。并吞八荒之心。當是時。商君佐之。內立法度。務耕織。修守戰之備。外連衡而鬭諸侯。於是秦人拱

手而取西河之外。孝公既沒。惠王武王。蒙故業。因遺册。南兼漢中。西擧巴蜀。東割膏腴之地。收要害之郡。諸侯恐懼。會盟而謀弱秦。不愛珍器重寶肥美之地。以致天下之士。合從締交。相與爲一。當是時。齊有孟嘗趙有平原。楚有春申。魏有信陵。此四君者。皆明知而忠信。寬厚而愛人。尊賢重士。約從離衡。幷韓魏燕楚齊趙宋衞中山之衆。於是六國之士。有甯越徐尙蘇秦杜赫之屬爲之謀。齊明周最陳軫昭滑樓緩翟景蘇厲樂毅之徒通其意。吳起孫臏帶佗兒良王廖田忌廉頗趙奢之朋制其兵。常以十倍之地。百萬之衆。叩關而攻秦。秦人開關延敵。九國之師逡巡遁逃而不敢進。秦無亡矢遺鏃之費。而天下諸侯已困矣。於是從散約解。爭割地而奉秦。秦有餘力而制其敝追亡逐北伏尸百萬。流血漂鹵。因利乘便。宰割天下。分裂河山。彊國請服。弱國入朝。延及孝文王

莊襄王•享國日淺•國家無事•及至秦王•續六世之餘烈•振長策而御宇內•吞二周而亾諸侯•履至尊而制六合•執棰拊以鞭笞天下•威振四海•南取百越之地•以爲桂林象郡•百越之君俛首係頸•委命下吏•乃使蒙恬北築長城而守藩籬•卻匈奴七百餘里•胡人不敢南下而牧馬•士不敢彎弓而報怨•於是廢先王之道•焚百家之言•以愚黔首•墮名城•殺豪俊•收天下之兵•聚之咸陽•銷鋒鑄鐻•以爲金人十二•以弱黔首之民•然後斬華爲城•因河爲津•據億丈之城•臨不測之谿以爲固•良將勁弩守要害之處•信臣精卒陳利兵而誰何•天下以定•秦王之心•自以爲關中之固•金城千里•子孫帝王萬世之業也•秦王既沒•餘威振於殊俗•陳涉•甕牖繩樞之子•甿隸之人•而遷徙之徒•才能不及中人•非有仲尼墨翟之賢•陶朱猗頓之富•躡足行伍之間•而倔起什伯之中•率罷散之卒•將

數百之衆。而轉攻秦。斬木爲兵。揭竿爲旗。天下雲集響應。贏糧而景從。
山東豪俊。遂竝起而亾秦族矣。且夫天下非小弱也。雍州之地。殽函之
固。自若也。陳涉之位。非尊於齊楚燕趙韓魏宋衛中山之君。鉏櫌棘矜。
非銛於句戟長鎩也。適戍之衆。非抗於九國之師。深謀遠慮行軍用兵
之道。非及鄉時之士也。然而成敗異變。功業相反也。試使山東之國。與
陳涉度長絜大。比權量力。則不可同年而語矣。然秦以區區之地。千乘
之權。招八州而朝同列。百有餘年矣。然後以六合爲家。殽函爲宮。一夫
作難而七廟隳。身死人手。爲天下笑者。何也。仁義不施。而攻守之勢異
也。秦并海內。兼諸侯。南面稱帝。以養四海。天下之士。斐然鄉風。若是者
何也。曰。近古之無王者久矣。周室卑微。五霸既殁。令不行於天下。是以
諸侯力政。彊侵弱。衆暴寡。兵革不休。士民罷敝。今秦南面而王天下。是

上有天子也既元元之民冀得安其性命莫不虛心而仰上當此之時守威定功安危之本在於此矣秦王懷貪鄙之心行自奮之智不信功臣不親士民廢王道立私權禁文書而酷刑法先詐力而後仁義以暴虐爲天下始夫幷兼者高詐力安定者貴順權此言取與守不同術也秦離戰國而王天下其道不易其政不改是其所以取之守之者異也孤獨而有之故其亾可立而待借使秦王計上世之事竝殷周之迹以制御其政後雖有淫驕之主而未有傾危之患也故三王之建天下名號顯美功業長久今秦二世立天下莫不引領而觀其政夫寒者利裋褐而飢者甘糟糠天下之嗷嗷新主之資也此言勞民之易爲仁也鄉使二世有庸主之行而任忠賢臣主一心而憂海內之患縞素而正先帝之過裂地分民以封功臣之後建國立君以禮天下虛囹圄而免刑

戮除去收帑汙穢之罪使各反其鄉里發倉廩散財幣以振孤獨窮困
之士輕賦少事以佐百姓之急約法省刑以持其後使天下之人皆得
自新更節修行各慎其身塞萬民之望而以威德與天下天下集矣卽
四海之內皆讙然各自安樂其處唯恐有變雖有狡猾之民無離上之
心則不軌之臣無以飾其智而暴亂之姦止矣二世不行此術而重之
以無道壞宗廟與民更始作阿房宮繁刑嚴誅吏治刻深賞罰不當賦
斂無度天下多事吏弗能紀百姓困窮而主弗收恤然後姦僞並起而
上下相遁蒙罪者衆刑戮相望於道而天下苦之自君卿以下至于衆
庶人懷自危之心親處窮苦之實咸不安其位故易動也是以陳涉不
用湯武之賢不藉公侯之尊奮臂於大澤而天下響應者其民危也故
先王見始終之變知存亡之機是以牧民之道務在安之而已天下雖

有逆行之臣•必無響應之助矣•故曰•安民可與行義•而危民易與爲非•此之謂也•貴爲天子•富有天下•身不免於戮殺者•正傾非也•是二世之過也•

襄公立•享國十二年•初爲西畤•葬西垂•生文公•文公立•居西垂宮•五十年•死•葬西垂•生靜公•靜公不享國而死•生憲公•憲公享國十二年•居西新邑•死•葬衙•生武公德公出子•出子享國六年•居西陵•庶長弗忌威累參父三人率賊賊出子鄙衍•葬衙•武公立•武公享國二十年•居平陽封宮•葬宣陽聚東南•三庶長伏其罪•德公立•德公享國二年•居雍大鄭宮•生宣公成公繆公•葬成(成字依通志補)陽•初伏•以狗(依通志增狗字前紀同)御蠱•宣公享國十二年•居陽宮•葬陽•初志閏月•成公享國四年•居雍之宮•葬陽•齊伐山戎孤竹•繆公享國三十九年•天子致霸•葬雍•繆公學著人•生康公•康

公享國十二年。居雍高寢。葬竘社。生共公。共公享國五年。居雍高寢。葬康公南。生桓公。桓公享國二十七年。居雍太寢。葬義里丘北。生景公。景公享國四十年。居雍高寢。葬丘里南。生畢公。畢公享國三十六年。葬車里北。生夷公。夷公不享國。死葬左宮。生惠公。惠公享國十年。葬車里東。本作車里康景依通志改 生悼公。悼公享國十五年。葬僖公西。城雍。生剌龔公。剌本作紀 厲厲讀如賴剌讀剌謬之剌音同得通借也 剌龔公享國三十四年。葬入里。生躁公懷公。其十年。彗星見。躁公享國四年。居受寢。葬悼公南。其元年。彗星見。懷公從晉來。享國四年。葬櫟圉氏。生靈公。某案此當作生昭子昭子生肅靈公 諸臣圍懷公。懷公自殺。肅靈公。昭子子也。居涇陽。享國十年。葬悼公西。生簡公。簡公從晉來。享國十五年。葬僖公西。生惠公。其七年。百姓初帶劍。惠公享國十三年。葬陵圉。生出公。出公享國二年。出公自殺。葬雍。獻公享國二十三年。葬囂

圉生孝公孝公享國二十四年葬弟圉生惠文王其十三（王云三當爲二）年始
都咸陽惠文王享國二十七年葬公陵（通志陵作陽）生悼武王悼武王享國
四年葬永陵昭襄王享國五十六年葬茝陽生孝文王孝文王享國一
年葬壽陵生莊襄王莊襄王享國三年葬茝陽生始皇帝呂不韋相獻
公立七年初行爲市十年爲戶籍相伍孝公立十六年時桃李冬華惠
文王生十九年而立立二年初行錢有新生嬰兒曰秦且王悼武王生
十九年而立立三年渭水赤三日昭襄王生十九年而立立四年初爲
田開阡陌孝文王生五十三年而立莊襄王生三十二年而立立二年
取太原地莊襄王元年大赦修先王功臣施德厚骨肉布惠於民東周
與諸侯謀秦秦使相國不韋誅之盡入其國秦不絕其祀以陽人地賜
周君奉其祭祀始皇享國三十七年葬酈邑生二世皇帝始皇生十三

年而立。二世皇帝享國三年。葬宜春。趙高爲丞相安武侯。二世生十二年而立。

右秦襄公至二世。六百一十歲。

孝明皇帝十七年十月十五日乙丑曰。周厤已移。仁不代母。秦直其位。呂政殘虐。然以諸侯十三。幷兼天下。極情縱欲。養育宗親。三十七年。兵無所不加。制作政令。施於後王。蓋得聖人之威。河神授圖。據狼狐。蹈參伐。佐政驅除。距之稱始皇。始皇既沒。胡亥極愚。酈山未畢。復作阿房。以遂前策。云凡所爲貴有天下者。肆意極欲。大臣至欲罷先君所爲。誅斯去疾。任用趙高。痛哉言乎。人頭畜鳴。不威不伐惡。不篤不虛亾。(董用均以惡字威下句)距之不得。留殘虐以促期。雖居形便之國。猶不得存。子嬰度次得嗣。冠玉冠。佩華紱。車黃屋。從百司。謁七廟。小人乘非位。莫不怳忽失守。

偷安日日獨能長念却慮父子作權近取於戶牖之間竟誅猾臣爲君討賊高死之後賓婚未得盡相勞餐未及下咽酒未及濡脣楚兵已屠關中眞人翔霸上素車嬰組奉其符璽以歸帝者鄭伯茅旌鸞刀嚴王退舍河決不可復壅魚爛不可復全賈誼司馬遷曰向使嬰有庸主之才僅得中佐山東雖亂秦之地可全而有宗廟之祀未當絕也秦之積衰天下土崩瓦解雖有周旦之材無所復陳其巧而以責一日之孤誤哉俗傳秦始皇起罪惡胡亥極得其理矣復責小子云秦地可全所謂不通時變者也紀季以酅春秋不名吾讀秦紀至於子嬰車裂趙高未嘗不健其決憐其志嬰死生之義備矣歸評謂此文不類孟堅殆褚先生所補云云某案此乃陳沂語非歸說熙父何至不識班文而疑爲褚作邪

某案此篇以殘虐促期爲主前幅尤雄俊

秦始皇本紀第六

項羽本紀第七

項籍者下相人也。（正義相故城任泗州宿豫縣宿豫今宿遷縣東南）字羽。初起時。年二十四。其季父項梁。梁父即楚將項燕。爲秦將王翦所戮者也。項氏世世爲楚將。封於項。故姓項氏。項籍少時。學書不成。去學劍。又不成。項梁怒之。籍曰。書。足以記名姓而已。劍。一人敵。不足學。學萬人敵。於是項梁乃教籍兵法。籍大喜。略知其意。又不肯竟學。項梁嘗有櫟陽逮。（櫟陽今西安府臨潼縣東北）乃請蘄獄掾曹咎書。（蘄今宿州南）抵櫟陽獄掾司馬欣。以故事得已。項梁殺人。與籍避仇於吳中。吳中賢士大夫皆出項梁下。每吳中有大繇役及喪。項梁常爲主辦。陰以兵法部勒賓客及子弟。以是知其能。秦始皇帝游會稽。（會稽今蘇州府治）渡浙江。梁與籍俱觀。籍曰。彼可取而代也。梁掩其口曰。毋妄言。族矣。梁以此奇籍。籍長八尺餘。力能扛鼎。才氣過人。雖吳中子

弟皆已憚籍矣秦二世元年七月陳涉等起大澤中其九月會稽守通謂梁曰江西皆反此亦天亡秦之時也吾聞先即制人後則爲人所制吾欲發兵使公及桓楚將是時桓楚亡在澤中梁曰桓楚亡人莫知其處獨籍知之耳梁乃出誡籍持劍居外待梁復入與守坐曰請召籍使受命召桓楚守曰諾梁召籍入須臾梁眴籍曰可行矣於是籍遂拔劍斬守頭項梁持守頭佩其印綬門下大驚擾亂籍所擊殺數十百人一府中皆慴（讋）伏莫敢起梁乃召故所知豪吏諭以所爲起大事遂舉吳中兵使人收下縣得精兵八千人梁部署吳中豪傑爲校尉候司馬有一人不得用自言於梁梁曰前時某喪使公主某事不能辦以此不任用公衆乃皆服於是梁爲會稽守籍爲裨將徇下縣廣陵人召平於是爲陳王徇廣陵（正義揚州今揚州府）未能下聞陳王敗走秦兵又且至乃渡江矯陳

嬰母數言皆與項羽反照

王命拜梁爲楚王上柱國曰江東已定急引兵西擊秦項梁乃以八千人渡江而西聞陳嬰已下東陽使使欲與連和俱西（某案王本無欲字非也）陳嬰者故東陽令史居縣中素信謹稱爲長者東陽少年殺其令相聚數千人欲置長無適用乃請陳嬰嬰謝不能遂彊立嬰爲長縣中從者得二萬人少年欲立嬰便爲王異軍蒼頭特起陳嬰母謂嬰曰自我爲汝家婦未嘗聞汝先古之有貴者今暴得大名不祥不如有所屬事成猶得封侯事敗易以亾非世所指名也嬰乃不敢爲王謂其軍吏曰項氏世世將家有名於楚今欲舉大事將非其人不可我倚名族亾秦必矣於是衆從其言以兵屬項梁項梁渡淮黥布蒲將軍亦以兵屬焉凡六七萬人軍下邳當是時秦嘉已立景駒爲楚王軍彭城東欲距項梁項梁謂軍吏曰陳王先首事戰不利未聞所在今秦嘉倍陳王而立景駒逆

無道。乃進兵擊秦嘉。秦嘉軍敗走。追之至胡陵。（胡陵今濟寧州魚臺縣東南）嘉還戰一日。嘉死。軍降。景駒走死梁地。項梁已幷秦嘉軍。軍胡陵。將引軍而西。章邯軍至栗。（栗今歸德府夏邑縣治）項梁使別將朱雞石餘樊君與戰。餘樊君死。朱雞石軍敗。亡走胡陵。項梁乃引兵入薛。（正義在徐州滕縣界　滕縣今屬兗州府）誅雞石。項梁前使項羽別攻襄城。（襄城今縣）襄城堅守不下。已拔。皆阬之。還報項梁。項梁聞陳王定死。召諸別將會薛計事。此時沛公亦起沛。往焉。（沛今宿州西北）居鄛人范增。（居鄛今巢縣東北）年七十。素居家。好奇計。往說項梁曰。陳勝敗固當。夫秦滅六國。楚最無罪。自懷王入秦不返。楚人憐之至今。故楚南公曰。楚雖三戶。（正義在鄴西三十里　鄴今彰德府臨漳縣　又云在相州滏陽縣界　滏陽磁州治）亡秦必楚也。今陳勝首事。不立楚後而自立。其勢不長。今君起江東。楚蠭午起之將皆爭附君者。以君世世楚將。為能復立楚之後也。於是項梁然其言。乃求楚懷

王孫心。民間爲人牧羊。立以爲楚懷王。從民所望也。陳嬰爲楚上柱國。封五縣。與懷王都盱台。盱台今縣項梁自號爲武信君。居數月。引兵攻亢父。亢父今濟寧州南與齊田榮司馬龍且軍救東阿。東阿今兗州府陽穀縣東北大破秦軍於東阿。田榮卽引兵歸。逐其王假。假亾走楚。假相田角亾走趙。角弟田閒故齊將。居趙不敢歸。田榮立田儋子市爲齊王。項梁已破東阿下軍。遂追秦軍。數使使趣齊兵。欲與俱西。田榮曰。楚殺田假。趙殺田角田閒。乃發兵。項梁曰。田假爲與國之王。窮來從我。不忍殺之。趙亦不殺田角田閒以市於齊。齊遂不肯發兵助楚。項梁使沛公及項羽別攻城陽。通鑑城作成錢云當作成陽縣名屬濟陰郡非齊之城陽國也屠之。西破秦軍濮陽東。秦兵收入濮陽。沛公項羽乃攻定陶。定陶今縣定陶未下。去西略地至雝丘。雝丘今開封府杞縣大破秦軍。斬李由。還攻外黃。外黃今杞縣東外黃未下。項梁起東阿西北至定陶。北當依漢書作

（比西字上屬起東阿西者起東阿而西行也如上渡江而西引軍而西漢書去西字失之）再破秦軍項羽等又斬李由益輕秦有驕色宋義乃諫項梁曰戰勝而將驕卒惰者敗今卒少惰矣秦兵日益臣爲君畏之項梁弗聽乃使宋義使於齊道遇齊使者高陵君顯曰公將見武信君乎曰然曰臣論武信君軍必敗公徐行卽免死疾行則及禍秦果悉起兵益章邯擊楚軍大破之定陶項梁死沛公項羽去外黃攻陳留（陳留今縣屬開封府）陳留堅守不能下沛公項羽相與謀曰今項梁軍破士卒恐乃與呂臣軍俱引兵而東呂臣軍彭城東項羽軍彭城西（正義徐州彭城縣徐州今府）沛公軍碭（正義宋州碭山縣碭山今屬徐州府）章邯已破項梁軍則以爲楚地兵不足憂乃渡河擊趙大破之當此時趙歇爲王陳餘爲將張耳爲相皆走入鉅鹿城章邯令王離涉閒圍鉅鹿（鉅鹿今順德府平鄉縣治）章邯軍其南築甬道而輸之粟陳餘爲將將卒數萬人而軍鉅鹿之北此

所謂河北之軍也楚兵已破於定陶懷王恐從盱台之彭城并項羽呂臣軍自將之以呂臣爲司徒以其父呂靑爲令尹以沛公爲碭郡長封爲武安侯將碭郡兵初宋義所遇齊使者高陵君顯在楚軍見楚王曰宋義論武信君之軍必敗居數日軍果敗兵未戰而先見敗徵此可謂知兵矣王召宋義與計事而大說之因置以爲上將軍項羽爲魯公爲次將范增爲末將救趙諸別將皆屬宋義號爲卿子冠軍行至安陽索隱今宋州楚丘楚丘今曹州府曹縣東南留四十六日不進項羽曰吾聞秦軍圍趙王鉅鹿疾引兵渡河楚擊其外趙應其內破秦軍必矣宋義曰不然夫搏牛之蝱不可以破蟣蝨今秦攻趙戰勝則兵罷我承其敝不勝則我引兵鼓行而西必舉秦矣故不如先鬭秦趙夫被堅執銳義不如公坐而運策公不如義因下令軍中曰猛如虎很如羊貪如狼彊不可使者皆斬之

乃遣其子宋襄相齊身送之至無鹽[索隱東平郡之縣東平今州]飲酒高會天寒大雨士卒凍飢項羽曰將戮[漢書作勠]力而攻秦久留不行今歲饑民貧士卒食芋[漢書作半]菽軍無見糧乃飲酒高會不引兵渡河因趙食與趙併力攻秦乃曰承其敝夫以秦之彊攻新造之趙其勢必舉趙趙舉而秦彊何敝之承且國兵新破王坐不安席埽境內而專屬於將軍國家安危在此一舉今不恤士卒而徇其私非社稷之臣項羽晨朝上將軍宋義即其帳中斬宋義頭出令軍中曰宋義與齊謀反楚楚王陰令羽誅之當是時諸將皆慴服莫敢枝梧皆曰首立楚者將軍家也今將軍誅亂乃相與共立羽爲假上將軍使人追宋義子及之齊殺之使桓楚報命於懷王懷王因使項羽爲上將軍當陽君蒲將軍皆屬項羽項羽已殺卿子冠軍威震楚國名聞諸侯乃遣當陽君蒲將軍將卒二萬渡河救鉅

鹿戰少利陳餘復請兵項羽乃悉引兵渡河皆沈船破釜甑燒廬舍持三日糧以示士卒必死無一還心於是至則圍王離與秦軍遇九戰絕其甬道大破之殺蘇角虜王離涉間不降楚自燒殺當是時楚兵冠諸侯諸侯軍救鉅鹿下者十餘壁莫敢縱兵及楚擊秦諸將皆從壁上觀楚戰士無不一以當十楚將呼聲動天諸侯軍無不人人惴恐於是已破秦軍項羽召見諸侯將入轅門無不膝行而前莫敢仰視項羽由是始爲諸侯上將軍諸侯皆屬焉章邯軍棘原項羽軍漳南相持未戰秦軍數卻二世使人讓章邯章邯恐使長史欣請事至咸陽留司馬門三日趙高不見有不信之心長史欣恐還走其軍不敢出故道趙高果使人追之不及欣至軍報曰趙高用事於中下無可爲者今戰能勝高必疾妒吾功戰不能勝不免於死願將軍孰計之陳餘亦遺章邯書曰白

起爲秦將。南征鄢郢。（郢荊州府治）北阬馬服。攻城略地。不可勝計。而竟賜死。蒙恬爲秦將。北逐戎人。開榆中地數千里。（索隱金城縣所治金城今縣屬蘭州府）竟斬陽周。（今延安府安定縣北）何者。功多。秦不能盡封。因以法誅之。今將軍爲秦將三歲矣。所亾失以十萬數。而諸侯竝起滋益多。彼趙高素諛日久。今事急。亦恐二世誅之。故欲以法誅將軍以塞責。使人更代將軍以脫其禍。夫將軍居外久。多內郤。有功亦誅。無功亦誅。且天之亡秦。無愚智皆知之。今將軍內不能直諫。外爲亾國將。孤特獨立。而欲常存。豈不哀哉。將軍何不還兵。與諸侯爲從約。（某案從約二字連文小司馬以從字斷句非是）共攻秦。分王其地。南面稱孤。此孰與身伏鈇質。妻子爲戮乎。章邯狐疑。陰使候始成使項羽。欲約。約未成。項羽使蒲將軍日夜引兵渡三戶。軍漳南。與秦戰。再破之。項羽悉引兵擊秦軍汙水上。大破之。章邯使人見項羽欲約。項羽召軍吏

謀曰糧少欲聽其約軍吏皆曰善項羽乃與期洹水南殷虛上集解應劭曰洹水在湯陰界瓚曰在今安陽縣北湯陰安陽並今縣已盟章邯見項羽而流涕爲言趙高項羽乃立章邯爲雍王置楚軍中使長史欣爲上將軍將秦軍爲前行到新安正義任洛州澠池縣澠池今縣屬河南府諸侯吏卒異時故繇使屯戍過秦中秦中吏卒遇之多無狀及秦軍降諸侯諸侯吏卒乘勝多奴虜使之輕折辱秦吏卒秦吏卒多竊言曰章將軍等詐吾屬降諸侯今能入關破秦大善即不能諸侯虜吾屬而東秦必盡誅吾父母妻子諸將微聞其計以告項羽項羽乃召黥布蒲將軍計曰秦吏卒尚衆其心不服至關中不聽事必危不如擊殺之而獨與章邯長史欣都尉翳入秦於是楚軍夜擊阬秦卒二十餘萬人新安城南行略定秦地函谷關集解時關在宏農縣宏農今陝州靈寶縣南正義任陝州桃林縣桃林靈寶縣治有兵守關不得入又聞沛公已破咸陽項羽大怒使

當陽君等擊關項羽遂入至於戲西沛公軍霸上未得與項羽相見沛公左司馬曹無傷使人言於項羽曰沛公欲王關中使子嬰爲相珍寶盡有之項羽大怒曰旦日饗士卒爲擊破沛公軍當是時項羽兵四十萬在新豐鴻門（新豐今西安府臨潼縣西北）沛公兵十萬在霸上范增說項羽曰沛公居山東時貪於財貨好美姬今入關財物無所取婦女無所幸此其志不在小吾令人望其氣皆爲龍虎成五采此天子氣也急擊勿失楚左尹項伯者項羽季父也素善留侯張良張良是時從沛公項伯乃夜馳之沛公軍私見張良具告以事欲呼張良與俱去曰毋從俱死也（王云從當爲徙某案從字是雜志改從爲徙謬甚）張良曰臣爲韓王送沛公沛公今事有急亡去不義不可不語良乃入具告沛公沛公大驚曰爲之奈何張良曰誰爲大王爲此計者曰鯫生說我曰距關毋內諸侯秦地可盡王也故聽之

良曰料大王士卒足以當項王乎沛公默然曰固不如也且爲之奈何
張良曰請往謂項伯言沛公不敢背項王也沛公曰君安與項伯有故
張良曰秦時與臣游項伯殺人臣活之今事有急故幸來告良沛公曰
孰與君少長良曰長於臣沛公曰君爲我呼入吾得兄事之張良出固（依漢書補固字通鑑同）
要項伯項伯卽入見沛公沛公奉卮酒爲壽約爲婚姻曰
吾入關秋豪不敢有所近籍吏民封府庫而待將軍所以遣將守關者
備他盜之出入與非常也日夜望將軍至豈敢反乎願伯具言臣之不
敢倍德也項伯許諾謂沛公曰旦日不可不蚤自來謝項王沛公曰諾
於是項伯復夜去至軍中具以沛公言報項王因言曰沛公不先破關
中公豈敢入乎今人有大功而擊之不義也不如因善遇之項王許諾
沛公旦日從百餘騎來見項王（依漢書減至字通鑑同）鴻門謝曰臣與將軍勠力

而攻秦將軍戰河北臣戰河南然不自意能先入關破秦得復見將軍於此今者有小人之言令將軍與臣有郤項王曰此沛公左司馬曹無傷言之不然籍何以至此（梅伯言云當依別本作生此某案漢書至作生史記中統刻本亦作生）項王卽日因留沛公與飲項王項伯東嚮坐亞父南向坐亞父者范增也沛公北嚮坐張良西嚮侍范增數目項王舉所佩玉玦以示之者三項王默然不應范增起出召項莊謂曰君王爲人不忍若入前爲壽壽畢請以劍舞因擊沛公於坐殺之不者若屬皆且爲所虜莊則入爲壽壽畢曰君王與沛公飲軍中無以爲樂請以劍舞項王曰諾項莊拔劍起舞項伯亦拔劍起舞常以身翼蔽沛公莊不得擊於是張良至軍門見樊噲樊噲曰今日之事何如良曰甚急今者項莊拔劍舞其意常在沛公也噲曰此迫矣臣請入與之同命噲卽帶劍擁盾入軍門交戟之衞士欲

止不內樊噲側其盾以撞衛士仆地噲遂入披帷西嚮立瞋目視項王
頭髮上指目眥盡裂項王按劍而跽曰客何爲者張良曰沛公之參乘
樊噲者也項王曰壯士賜之卮酒則與斗卮酒噲拜謝起立而飲之項
王曰賜之彘肩則與一生彘肩樊噲覆其盾於地加彘肩上拔劍切而
啗之項王曰壯士能復飲乎樊噲曰臣死且不避卮酒安足辭夫秦王
有虎狼之心殺人如不能舉刑人如恐不勝天下皆叛之懷王與諸將
約曰先破秦入咸陽者王之今沛公先破秦入咸陽豪毛不敢有所近
封閉宮室還軍霸上以待大王來故遣將守關者備他盜出入與非常
也勞苦而功高如此未有封侯之賞而聽細說欲誅有功之人此亡秦
之續耳竊爲大王不取也項王未有以應曰坐樊噲從良坐坐須臾沛
公起如廁因招樊噲出沛公已出項王使都尉陳平召沛公沛公曰今

者出未辭也爲之奈何樊噲曰大行不顧細謹大禮不辭小讓如今人方爲刀俎我爲魚肉何辭爲於是遂去乃令張良留謝良問曰大王來何操曰我持白璧一雙欲獻項王玉斗一雙欲與亞父會其怒不敢獻公爲我獻之張良曰謹諾當是時項王軍在鴻門下沛公軍在霸上相去四十里沛公則置車騎脫身獨騎與樊噲夏侯嬰靳彊紀信等四人持劍盾步走從酈山下道芷陽閒行沛公謂張良曰從此道至吾軍不過二十里耳度我至軍中公乃入沛公已去閒至軍中張良入謝曰沛公不勝桮杓不能辭謹使臣良奉白璧一雙再拜獻大王足下玉斗一雙再拜奉大將軍足下項王曰沛公安在良曰聞大王有意督過之脫身獨去已至軍矣項王則受璧置之坐上亞父受玉斗置之地拔劍撞而破之曰唉豎子不足與謀奪項王天下者必沛公也吾屬今爲之虜

此即借范增口中論鴻門之失收束前文○鴻門之失就范增口中見之背關

懷楚之失就說者口中見之分王不平就陳餘說齊見之此使公常法背關懷楚之失卽就說者口中論之

矣沛公至軍立誅殺曹無傷居數日項羽引兵西屠咸陽殺秦降王子嬰燒秦宮室火三月不滅收其貨寶婦女而東人或說項王曰關中阻山河四塞地肥饒可都以霸項王見秦宮室皆以燒殘破又心懷思欲東歸曰富貴不歸故鄉如衣繡夜行誰知之者說者曰人言楚人沐猴而冠耳果然項王聞之烹說者項王使人致命懷王懷王曰如約乃尊懷王爲義帝項王欲自王先王諸將相謂曰天下初發難時假立諸侯後以伐秦然身被堅執銳首事暴露於野三年滅秦定天下者皆將相諸君與籍之力也義帝雖無功故當分其地而王之諸將皆曰善乃分天下立諸將爲侯王項王范增疑沛公之有天下業已講解又惡負約恐諸侯叛之乃陰謀曰巴蜀道險秦之遷人皆居蜀乃曰巴蜀亦關中地也。故立沛公爲漢王王巴蜀漢中都南鄭（南鄭今縣屬漢中府）而三分關中王

秦降將。以距塞漢道。（道本作王依漢書改又删項王二字）乃立章邯爲雍王。王咸陽以西。都廢丘。（廢丘今西安府興平縣東南）長史欣者。故爲櫟陽獄椽。常有德於項梁。都尉董翳者。本勸章邯降楚。故立司馬欣爲塞王。王咸陽以東至河。都櫟陽。（正義一名萬年城萬年西安府臨潼縣北）立董翳爲翟王。王上郡。都高奴。（高奴今延安府膚施縣東）徙魏王豹爲西魏王。王河東。都平陽。（平陽今平陽府治臨汾縣西南）瑕丘申陽者。張耳嬖臣也。先下河南郡。（漢書無郡字）迎楚河上。故立申陽爲河南王。都洛陽。（洛陽今縣屬河南府）韓王成因故都。都陽翟。（陽翟今開封府禹州治）趙將司馬卬定河內。數有功。故立卬爲殷王。王河內。都朝歌。（朝歌今衛輝府淇縣東）徙趙王歇爲代王。趙相張耳素賢。又從入關。故立耳爲常山王。王趙地。都襄國。（襄國今順德府邢臺縣西南）當陽君黥布爲楚將。常冠軍。故立布爲九江王。都六。（六今六安州）鄱君吳芮率百越佐諸侯。又從入關。故立芮爲衡山王。都邾。（正義在黃州黃岡縣黃州今府）義帝柱國共

敖將兵擊南郡功多因立敖爲臨江王都江陵今江陵縣徙燕王韓廣爲遼東王集解此下有都無終三字按徙者皆不言都此不應補燕將臧荼從楚救趙因從入關故立荼爲燕王都薊薊今大興縣西南徙齊王田市爲膠東王齊將田都從共救趙因從入關故立都爲齊王都臨菑正義青州臨菑縣青州今府故秦所滅齊王建孫田安項羽方渡河救趙田安下濟北數城引其兵降項羽故立安爲濟北王都博陽田榮者數負項梁又不肯將兵從楚擊秦以故不封成安君陳餘弃將印去不從入關然素聞其賢有功於趙聞其在南皮南皮今縣屬天津府故因環封之之字依漢書補三縣番君將梅鋗功多故封十萬戶侯項王自立爲西楚霸王王九郡都彭城錢氏漢書攷異以泗水東陽東海碭薛鄣吳會稽東郡爲九漢之元年四月諸侯罷戲下各就國項王出之國使人徙義帝曰古之帝者地方千里必居上游乃使使徙義帝長沙郴縣長沙今府郴今州趣義帝行其

分王不平就陳餘說齊點出

羣臣稍稍背叛之。乃陰令衡山臨江王擊殺之江中。韓王成無軍功。項王不使之國。與俱至彭城。廢以爲侯。已又殺之。臧荼之國。因逐韓廣之遼東。（遼東今盛京奉天府遼陽州）廣弗聽。荼擊殺廣無終。（無終今薊州治）幷王其地。田榮聞項羽徙齊王市膠東。（膠東今萊州府平度州東南）而立齊將田都爲齊王。乃大怒。不肯遣齊王之膠東。因以齊反。迎擊田都。田都走楚。齊王市畏項王。乃亾之膠東就國。田榮怒。追擊殺之卽墨。（卽墨膠東國都）榮因自立爲齊王。而西擊殺濟北王田安。幷王三齊。榮與彭越將軍印。令反梁地。陳餘陰使張同夏說說齊王田榮曰。項羽爲天下宰不平。今盡王故王於醜地。而王其羣臣諸將善地。逐其故主趙王。乃北居代。餘以爲不可。聞大王起兵。且不聽不義。願大王資餘兵。請以擊常山。以復趙王。請以國爲扞蔽。齊王許之。因遣兵之趙。陳餘悉發三縣兵。與齊幷力擊常山。大破之。張耳走

歸漢。陳餘迎故趙王歇於代反之趙。趙王因立陳餘爲代王。（代今蔚州東北）是時漢還定三秦項羽聞漢王皆已幷關中且東齊趙叛之大怒乃以故吳令鄭昌爲韓王。以距漢。令蕭公角等擊彭越。彭越敗蕭公角等。漢使張良徇韓。乃遺項王書曰。漢王失職。欲得關中。如約卽止。不敢東。又以齊梁反書遺項王。曰。齊欲與趙幷滅楚。楚以此故無西意而北擊齊。徵兵九江王布。布稱疾不往。使將將數千人行。項王由此怨布也。漢之二年冬。項羽遂北至城陽。（城陽莒之故虛）田榮亦將兵會戰。田榮不勝。走至平原。（平原今縣屬濟南府）平原民殺之。遂北燒夷齊城郭室屋。皆阬田榮降卒。係虜其老弱婦女。徇齊至北海。（北海治今青州府昌樂縣南）多所殘滅。齊人相聚而叛之。於是田榮弟田橫收齊亡卒得數萬人。反城陽。項王因留連戰未能下。春漢王部五諸侯兵。凡五十六萬人。東伐楚。項王聞之。卽令諸將擊齊。而

自以精兵三萬人南從魯出胡陵（正義兗州曲阜縣兗州今府）四月漢皆已入彭城

收其貨寶美人日置酒高會項王乃西從蕭（蕭今縣屬徐州今府）晨擊漢軍而東

至彭城日中大破漢軍漢軍皆走相隨入穀泗水殺漢卒十餘萬人漢

卒皆南走山楚又追擊至靈壁東睢水上（集解在徐州符離縣靈壁今縣符離今宿州）漢軍

卻爲楚所擠多殺漢卒十餘萬人皆入睢水睢水爲之不流圍漢王三

帀於是大風從西北而起折木發屋揚沙石窈冥晝晦逢迎楚軍楚軍

大亂壞散而漢王乃得與數十騎遁去欲過沛收家室而西楚亦使人

追之沛取漢王家家皆亾不與漢王相見漢王道逢得孝惠魯元乃載

行楚騎追漢王漢王急推墮孝惠魯元車下滕公常下收載之如是者

三曰雖急不可以驅奈何弃之於是遂得脫求太公呂后不相遇審食

其從太公呂后閒行求漢王反遇楚軍楚軍遂與歸報項王項王常置

此因滎陽軍振遂預探後事爲提挈之筆所謂筆所未到氣已吞也

軍中。是時呂后兄周呂侯爲漢將兵居下邑。（下邑今碭山縣東）漢王閒往從之。稍稍收其士卒。至滎陽諸敗軍皆會。蕭何亦發關中老弱未傅悉詣滎陽。復大振。楚起於彭城。常乘勝逐北。與漢戰滎陽南京索閒。（滎陽今滎澤縣西南）（正義京縣城在鄭州滎陽縣唐滎陽郡今縣屬開封府）漢敗楚。楚以故不能過滎陽而西。項王之救彭城。追漢王至滎陽。田橫亦得收齊。立田榮子廣爲齊王。漢王之敗彭城。諸侯皆復與楚而背漢。漢軍滎陽。築甬道屬之河。以取敖倉粟。漢之三年。項王數侵奪漢甬道。漢王食乏。恐。請和。割滎陽以西爲漢。項王欲聽之。歷陽侯范增曰。（正義和州歷陽縣和今州）漢易與耳。今釋弗取。後必悔之。項王乃與范增急圍滎陽。漢王患之。乃用陳平計閒項王。項王使者來。爲太牢具。舉欲進之。見使者。詳驚愕曰。吾以爲亞父使者。乃反項王使者。更持去。以惡食食項王使者。使者歸報項王。項王乃疑范增與漢有私。

稍奪之權范增大怒曰天下事大定矣君王自爲之願賜骸骨歸卒伍項王許之行未至彭城疽發背而死漢將紀信說漢王曰事已急矣請爲王誑楚爲王王可以閒出於是漢王夜出女子滎陽東門被甲二千人楚兵四面擊之紀信乘黃屋車傅左纛曰城中食盡漢王降楚軍皆呼萬歲漢王亦與數十騎從城西門出走成皋（正義任氾水縣西南氾水今屬開封）項王見紀信問漢王安在信曰漢王已出矣項王燒殺紀信漢王使御史大夫周苛樅公魏豹守滎陽周苛樅公謀曰反國之王難與守城乃共殺魏豹楚下滎陽城生得周苛項王謂周苛曰爲我將我以公爲上將軍封三萬戶周苛罵曰若不趣降漢漢今虜若若非漢敵也項王怒烹周苛幷殺樅公漢王之出滎陽南走宛葉得九江王布行收兵復入保成皋漢之四年項王進兵圍成皋漢王逃獨與滕公出成皋北門渡河走

修武從張耳韓信軍諸將稍稍得出成臯從漢王楚遂拔成臯欲西漢使兵距之鞏（鞏今縣）令其不得西是時彭越渡河擊楚東阿殺楚將軍薛公（某案漢書云戰下邳殺薛公）項王乃自東擊彭越漢王得淮陰侯兵欲渡河南鄭忠說漢王乃止壁河內使劉賈將兵佐彭越燒楚積聚項王東擊破之走彭越漢王則引兵渡河復取成臯軍廣武就敖倉食（歸云高紀使劉賈佐彭越燒楚積聚羽乃令咎守成臯而引兵定梁地漢既破咎汜水上復取成臯是一事而前後倒置遂作兩項若漢先守成臯楚無緣復令咎守之也考漢書紀傳自明某案漢王傷于廣武走入成臯成臯在廣武西羽令曹咎守成臯乃持守之守非守其城也咎渡兵汜水以與漢戰案括地志成臯故城在汜水縣西南而汜水在其縣東南則咎未渡汜水時不得西守成臯城明矣漢王之取成臯城屢矣初紀信誑楚漢王出滎陽走成臯蓋不久留遂入關收兵而南走宛葉其走宛葉則羽紀高紀皆言之其入關收兵則高紀言之而羽紀不具也其出滎陽而走成臯則羽紀言之高紀不具也其羽紀所言自宛葉而復保成臯也即高紀所稱項羽東擊彭越漢王亦引軍北軍成臯也其羽紀所稱跳出成臯北門而楚拔成臯也即高紀所稱出成臯玉門北渡河者也至劉賈佐彭越燒楚積聚即高紀所云盧綰劉賈渡白馬津與彭越破楚軍燕郭西者）

也是時漢王復取成皋而高紀略之而項羽令曹咎謹守成皋即繫此下其廣武澗挑戰伏弩射傷漢王漢王行軍病甚馳入成皋在曹咎死後羽紀則伏弩受射走入成皋殺任曹咎事前二紀不同僅此而已蓋同在一時故敘次可前可後但視文勢所便幷非自爲牴牾亦非倒亂事實其餘則詳略各有所宜不得據彼譏此也項王已定東海來西與漢俱臨廣武而軍相守數月當此時彭越數反粱地絕楚糧食項王患之爲高俎置太公其上告漢王曰今不急下吾烹太公漢王曰吾與項羽俱北面受命懷王曰約爲兄弟吾翁卽若翁必欲烹而翁則幸分我一桮羹項王怒欲殺之項伯曰天下事未可知且爲天下者不顧家雖殺之無益祇益禍耳項王從之楚漢久相持未決丁壯苦軍旅老弱罷轉漕項王謂漢王曰天下匈匈數歲者徒以吾兩人耳願與漢王挑戰決雌雄毋徒苦天下之民父子爲也漢王笑謝曰吾寧鬭智不能鬭力項王令壯士出挑戰漢有善騎射者樓煩楚挑戰三合樓煩輒射殺之項王大怒乃自被甲持

戟挑戰樓煩欲射射下依漢書滅之字項王瞋目叱之樓煩目不敢視手不敢發發下依漢書滅遂字走還入壁不敢復出漢王使人閒問之乃項王也漢王大驚於是項王乃卽漢王相與臨廣武閒而語梁云埶文類聚引作廣武澗水經注高祖與項羽臨絕澗對語某案閒卽古澗字埶文徑改閒爲澗失之漢王數之項王怒欲一戰漢王不聽項王伏弩射中漢王漢王傷走入成皋項王聞淮陰侯已舉河北破齊趙且欲擊楚乃使龍且往擊之淮陰侯與戰騎將灌嬰擊之大破楚軍殺龍且韓信因自立爲齊王項王聞龍且軍破則恐使盱台人武涉往說淮陰侯淮陰侯弗聽是時彭越復反下梁地絕楚糧項王乃謂海春侯大司馬曹咎等曰謹守成皋則漢欲挑戰愼勿與戰毋令得東而已我十五日必誅彭越定梁地復從將軍乃東行擊陳留外黃陳留今縣屬開封府外黃不下數日已降項王怒甚甚字依御覽增悉令男子年十五以上詣城東欲阬之外

黃令舍人兒年十三往說項王曰彭越彊劫外黃外黃恐故且降待大王大王至又皆阬之百姓豈有歸心從此以東梁地十餘城皆恐莫肯下矣項王然其言乃赦外黃當阬者東至睢陽聞之皆爭下項王漢果數挑楚軍戰楚軍不出使人辱之五六日大司馬怒渡兵汜水士卒半渡漢擊之大破楚軍盡得楚國貨賂大司馬咎長史塞王欣皆自剄汜水上大司馬咎者故蘄獄掾長史欣亦故櫟陽獄吏兩人嘗有德於項梁是以項王信任之當是時項王在睢陽聞海春侯軍敗則引兵還漢軍方圍鍾離昧於滎陽東項王至漢軍畏楚盡走險阻是時漢兵盛食多項王兵罷食絕漢遣陸賈說項王請太公項王弗聽漢王復使侯公往說項王項王乃與漢約中分天下割鴻溝以西者爲漢鴻溝而東者爲楚項王許之即歸漢王父母妻子軍皆呼萬歲漢王乃封侯公爲平

國君。匿弗肯復見。曰此天下辯士。所居傾國。故號爲平國君。項王已約。乃引兵解而東歸。漢欲西歸。張良陳平說曰。漢有天下太半。而諸侯皆附之。楚兵罷食盡。此天亾楚之時也。不如因其機而遂取之。漢書機作幾漢紀同毛本作饑失之今釋弗擊。此所謂養虎自遺患也。漢王聽之。漢五年。漢王乃追項王至陽夏南。正義陳州太康縣陳州今州止軍。與淮陰侯韓信建成侯彭越期會而擊楚軍。至固陵。正義在陳州宛丘縣宛丘今淮寧縣而信越之兵不會。楚擊漢軍。大破之。漢王復入壁。深塹而自守。謂張子房曰。諸侯不從約。爲之柰何。對曰。楚兵且破。信越未有分地。其不至固宜。君王能與共分天下。今可立致也。即不能。事未可知也。君王能自陳以東傅海。盡與韓信。睢陽以北至穀城。正義在濟州東阿縣東東阿今屬泰安府以與彭越。使各自爲戰。則楚易敗也。漢王曰。善。於是乃發使者告韓信彭越曰。幷力擊楚。楚破。自陳以東傅海與齊

此下叙英雄末路嗚咽悲壯低徊欲絕千秋絕調也

王睢陽以北至穀城與彭相國使者至韓信彭越皆報曰請今進兵韓信乃從齊往劉賈軍從壽春並行屠城父至垓下（集解在沛之洨縣今鳳陽府靈璧縣南正義今在亳州真源縣東唐真源今歸德府鹿邑縣東）大司馬周殷叛楚以舒屠六（正義舒今廬江之故舒城廬江今縣又云故六城在壽州安豐南安豐今壽州西南）舉九江兵隨劉賈彭越皆會垓下詣項王項王軍壁垓下兵少食盡漢軍及諸侯兵圍之數重夜聞漢軍四面皆楚歌項王乃大驚曰漢皆已得楚乎是何楚人之多也項王則夜起飲帳中有美人名虞常幸從駿馬名騅常騎之於是項王乃悲歌忼慨自爲詩曰力拔山兮氣蓋世時不利兮騅不逝騅不逝兮可奈何虞兮虞兮奈若何歌數闋美人和之項王泣數行下左右皆泣莫能仰視於是項王乃上馬騎麾下壯士騎從者八百餘人直夜潰圍南出馳走平明漢軍乃覺之令騎將灌嬰以五千騎追之項王渡淮騎能屬者百餘人耳

項王至陰陵（正義定遠縣西北定遠今屬鳳陽府）迷失道問一田父田父紿曰左左乃陷大澤中以故漢追及之項王乃復引兵而東至東城乃有二十八騎漢騎追者數千人項王自度不得脫謂其騎曰吾起兵至今八歲矣身七十餘戰所當者破所擊者服未嘗敗北遂霸有天下然今卒困於此此天之亾我非戰之罪也今日固決死願爲諸君快戰（凌本作決戰誤通鑑通志均作快）必三勝之爲諸君潰圍斬將刈旗令諸君知天亾我非戰之罪也乃分其騎以爲四隊四嚮漢軍圍之數重項王謂其騎曰吾爲公取彼一將令四面騎馳下期山東爲三處於是項王大呼馳下漢軍皆披靡遂斬漢一將是時赤泉侯爲騎將追項王項王瞋目而叱之赤泉侯人馬俱驚辟易數里與其騎會爲三處漢軍不知項王所在乃分軍爲三復圍之項王乃馳復斬漢一都尉殺數十百人復聚其騎亾其兩騎耳乃謂

其騎曰何如騎皆伏曰如大王言於是項王乃欲東渡烏江烏江亭長檥船待（錢云檥當从鄒氏本作樣樣與漾同）謂項王曰江東雖小地方千里衆數十萬人亦足王也願大王急渡今獨臣有船漢軍至無以渡項王笑曰天之亾我我何渡爲且籍與江東子弟八千人渡江而西今無一人還縱江東父兄憐而王我我何面目見之縱彼不言籍獨不愧於心乎乃謂亭長曰吾知公長者吾騎此馬五歲所當無敵常一日行千里不忍殺之以賜公乃令騎皆下馬步行持短兵接戰獨籍所殺漢軍數百人項王身亦被十餘創顧見漢騎司馬呂馬童曰若非吾故人乎馬童面之指王翳曰此項王也項王乃曰吾聞漢購我頭千金邑萬戶吾爲若德乃自刎而死王翳取其頭餘騎相蹂踐爭項王相殺者數十人最其後郎中騎楊喜騎司馬呂馬童郎中呂勝楊武各得其一體五人共會其體皆

是故分其地爲五封呂馬童爲中水侯中水今獻縣西封王翳爲杜衍侯正義南陽縣西南陽今南陽府治封楊喜爲赤泉侯索隱南陽有丹水縣丹水今南陽府淅川縣西封楊武爲吳防侯吳防今汝寧府遂平縣西封呂勝爲涅陽侯涅陽今南陽府鎮平縣南項王已死楚地皆降漢獨魯不下漢乃引天下兵欲屠之爲其守禮義爲主死節乃持項王頭視魯魯父兄乃降始楚懷王初封項籍爲魯公及其死魯最後下故以魯公禮葬項王穀城某案集解引皇覽云在東郡穀城者非是胡三省引宋白說謂在宋州穀熟縣亦疑其遠彭城有穀水項王從蕭晨擊漢軍至彭城漢軍相隨入穀泗水是也穀城當在穀水左右漢王爲發哀泣之而去諸項氏枝屬漢王皆不誅乃封項伯爲射陽侯正義楚州山陽山陽今屬淮安府桃侯平皋侯平皋懷慶溫縣東南玄武侯皆項氏賜姓劉氏

太史公曰吾聞之周生曰舜目蓋重瞳子又聞項羽亦重瞳子羽豈其苗裔邪何興之暴也夫秦失其政陳涉首難豪傑蠭起相與並爭不可

勝數然羽非有尺寸乘勢起隴畝之中三年遂將五諸侯滅秦分裂天下而封王侯政由羽出號爲霸王位雖不終近古以來未嘗有也及羽背關懷楚放逐義帝而自立怨王侯叛已難矣自矜功伐奮其私智而不師古謂霸王之業欲以力征經營天下五年卒亾其國身死東城尚不覺悟而不自責過失（本作矣依漢書校改失字）乃引天亾我非用兵之罪也豈不謬哉

某案羽紀以將才爲主其於戰事極意鋪張正見其短所謂一將之任則有餘也曾文正云如此長篇祇記一事古今所罕

高祖本紀第八

高祖。沛豐邑中陽里人。姓劉氏。字季。父曰太公。母曰劉媼。索隱無曰劉二字漢書同其先劉媼。漢書無其先劉媼四字嘗息大澤之陂。夢與神遇。是時雷電晦冥。太公往視。則見蛟龍於其上。漢書作交龍交蛟同字索隱引廣雅有鱗曰蛟龍王懷祖謂蛟龍爲二物古無稱蛟爲蛟龍者謂廣雅非碻詁愚謂此文所云見蛟龍於其上明是一物上林賦蛟龍赤螭幷舉亦明以蛟龍爲一物王說失之已而有身。遂產高祖。高祖爲人。隆準而龍顏。美須髯。左股有七十二黑子。仁而愛人。梳文句上有寬字無而字喜施。意豁如也。常有大度。不事家人生產作業。及壯。試爲吏。爲泗水王校改泗上亭長。廷中吏無所不狎侮。好酒及色。常從王媼武負貰酒。醉臥。武負王媼見其上常有怪。本作見其上常有龍怪之漢書作常有怪是也下文云及見怪是其證劉媼息大澤之陂又嘗雷電晦冥故見蛟龍耳若高帝醉臥酒家安有龍入人家乎高祖每酤留飲。酒讎數倍。及見怪。歲竟。此兩家常折劵弃責。高祖常繇咸陽。縱觀。觀秦皇帝。喟然

太息曰・嗟乎・大丈夫當如此也・單父人呂公善沛令・避仇從之客・因家沛焉・沛中豪桀吏聞令有重客・皆往賀・蕭何爲主吏・主進・令諸大夫曰・進不滿千錢・坐之堂下・高祖爲亭長・素易諸吏・乃紿爲謁曰・賀錢萬・實不持一錢・謁入・呂公大驚・起迎之門・呂公者・好相人・見高祖狀貌・因重敬之・引入坐・蕭何曰・劉季固多大言・少成事・高祖因狎侮諸客・遂坐上坐・無所詘・酒闌・呂公因目固留高祖・高祖竟酒・後呂公曰・臣少好相人・相人多矣・無如季相・願季自愛・臣有息女・願爲季箕帚妾・酒罷・呂媼怒呂公曰・公始常欲奇此女・與貴人・沛令善公・求之不與・何自妄許與劉季・呂公曰・此非兒女子所知也・卒與劉季・呂公女乃呂后也・生孝惠帝魯元公主・高祖爲亭長時・常告歸之田・呂后與兩子居田中耨・有一老父過・請飲・呂后因餔之・老父相呂后曰・夫人天下貴人・令相兩子・見孝

惠曰夫人所以貴者乃此男也相魯元亦皆貴老父已去高祖適從旁舍來呂后具言客有過相我子母皆大貴高祖問曰未遠乃追及問老父老父曰鄉者夫人嬰兒皆以君（本作似君梁云漢書似作以宋書符瑞志亦作以某案此當作以字今依漢書改）君相貴不可言高祖乃謝曰誠如父言不敢忘德及高祖貴遂不知老父處高祖為亭長乃以竹皮為冠令求盜之薛治之時時冠之及貴常冠所謂劉氏冠乃是也高祖以亭長為縣送徒酈山徒多道亡自度比至皆亡之到豐西澤中止飲乃夜（本作夜乃依舊刻本倒）解縱所送徒曰公等皆去吾亦從此逝矣徒中壯士願從者十餘人高祖被酒夜徑澤中令一人行前行前者還報曰前有大蛇當徑願還高祖醉曰壯士行何畏乃前拔劍擊斬蛇蛇遂分為兩徑開行數里醉因臥後人來至蛇所有一老嫗夜哭人問何哭嫗曰人殺吾子故哭之人曰嫗子何為見殺嫗

曰吾子白帝子也化爲蛇當道今爲赤帝子斬之故哭人乃以嫗爲不誠欲苦（本作笞依一本改）之嫗因忽不見後人至高祖覺後人告高祖高祖乃心獨喜自負諸從者日益畏之秦始皇帝常曰東南有天子氣於是因東游以厭當（當字依漢書御覽補）之高祖卽自疑亡匿隱於芒碭山澤巖石之間呂后與人俱求常得之高祖怪問之呂后曰季所居上常有雲氣故從往常得季高祖又喜（本作心喜依漢書及御覽引改又云又喜者承上心獨喜自負爲文也札記言御覽所引多據漢書改史固然然如此等恐史文本與漢書同而轉寫者妄改異之應以漢書爲定也）沛中子弟或聞之多欲附者矣秦二世元年秋陳勝等起蘄至陳而王號爲張楚諸郡縣皆多殺其長吏以應陳涉沛令恐欲以沛應涉椽主吏蕭何曹參乃曰君爲秦吏今欲背之率沛子弟恐不聽願君召諸亡在外者可得數百人因劫衆衆不敢不聽乃令樊噲召劉季劉季之衆巳數十百人矣於是樊噲從

劉季來沛令後悔恐其有變乃閉城城守欲誅蕭曹蕭曹恐踰城保劉季劉季乃書帛射城上謂沛父老曰天下同（同字依漢書補）苦秦久矣今父老雖爲沛令守諸侯並起今屠沛沛今共誅令擇子弟可立者立之以應諸侯則家室完不然父子俱屠無爲也父老乃率子弟共殺沛令開城門迎劉季欲以爲沛令劉季曰天下方擾諸侯並起今置將不善（漢書今作令）壹敗塗地吾非敢自愛恐能薄不能完父兄子弟此大事願更相推擇可者蕭曹等皆文吏自愛恐事不就後秦種族其家（種族字是方改種爲踵失之）盡讓劉季諸父老皆曰平生所聞劉季諸珍怪當貴且卜筮之莫如劉季最吉於是劉季數讓衆莫敢爲乃立季爲沛公祠黃帝祭蚩尤於沛庭而釁鼓旗幟皆赤由所殺蛇白帝子殺者赤帝子故上赤於是少年豪吏如蕭曹樊噲等皆爲收沛子弟二三千人攻胡陵方與還守豐秦二

提挈

怨雍齒伏後文

世二年陳涉之將周章軍西至戲而還燕趙齊魏皆自立爲王項氏起吳秦泗川監平將兵圍豐二日出與戰破之命雍齒守豐引兵之薛泗川守壯敗於薛走至戚沛公左司馬得殺之【得下本有泗川守壯四字索隱駁顏監得爲司馬之名云得泗川守壯而殺之耳據此則史文本作得殺之與漢書同今本蓋後人據索隱增泗川守壯四字於何中胡三省引劉貢父云得而殺之不言史漢之異蓋貢父時史文尙未竄改也通志用漢書而注引史文得泗川守壯則南宋時已如今本矣顏注漢書往往參考史記如前劉媼據史記駁皐甫謐是已】沛公還軍亢父至方與周市來攻方與未戰陳王使魏人周市略地周市使人謂雍齒曰豐故梁徙也今魏地已定者數十城齒今下魏魏以齒爲侯守豐不下且屠豐雍齒雅不欲屬沛公及魏招之卽反爲魏守豐沛公引兵攻豐不能取沛公病還之沛沛公怨雍齒與豐子弟叛之聞東陽甯君秦嘉立景駒爲假王在留乃往從之欲請兵以攻豐是時秦將章邯從陳【索隱引一說云從謂追逐之是也左傳郯之師荀伯不復從】別將司

馬尼將兵北定楚地屠相至碭東陽寧君沛公引兵西與戰蕭西不利還收兵聚留引兵攻碭三日乃取碭因收碭兵得五六千人攻下邑拔之還軍豐聞項梁在薛從騎百餘往見之項梁益沛公卒五千人五大夫將十人沛公還引兵攻豐從項梁月餘項羽已拔襄城還項梁盡召別將居薛聞陳王定死因立楚後懷王孫心爲楚王治盱台項梁號武信君居數月北攻亢父救東阿破秦軍齊軍歸楚獨追北使沛公項羽別攻城陽（胡三省校作成陽）屠之軍濮陽之東與秦軍戰破之秦軍復振守濮陽環水楚軍去而攻定陶定陶未下沛公與項羽西略地至雍丘之下與秦軍戰大破之斬李由還攻外黃外黃未下項梁再破秦軍有驕色宋義諫不聽秦益章邯兵夜銜枚擊項梁大破之定陶項梁死沛公與項羽方攻陳留聞項梁死引兵與呂將軍俱東呂臣軍彭城東項羽軍

彭城西。沛公軍碭。章邯已破項梁軍。則以爲楚地兵不足憂。乃渡河北擊趙。大破之。當是之時。趙歇爲王。秦將王離圍之鉅鹿城。此所謂河北之軍也。秦二世三年。楚懷王見項梁軍破。恐。徙盱台都彭城。并呂臣項羽軍自將之。以沛公爲碭郡長。封爲武安侯。將碭郡兵。封項羽爲長安侯。號爲魯公。呂臣爲司徒。其父呂靑爲令尹。趙數請救。懷王乃以宋義爲上將軍。項羽爲次將。范增爲末將。北救趙。令沛公西略地入關。與諸將約。先入定關中者王之。（漢書句上增初懷王三字非是此承上懷王乃以宋義爲上將軍而言之懷王字貫下爲文也）當是時。秦兵彊。常乘勝逐北。諸將莫利先入關。獨項羽怨秦破項梁軍。奮願與沛公西入關。懷王諸老將皆曰。項羽爲人僄悍猾賊。項羽嘗攻襄城。（此句漢書去項羽二字亦非是此以複項羽字肖當時口語重疊言之）襄城無遺類。皆阬之。諸所過無不殘滅。且楚數進取。前陳王項梁皆敗。不如更遣長者扶義而西。

告諭秦父兄秦父兄苦其主久矣今誠得長者往毋侵暴宜可下今項羽僄悍今不可遣獨沛公素寬大長者可遣卒不許項羽而遣沛公西略地收陳王項梁散卒乃道碭至成陽與杠里秦軍夾壁破魏二軍如淳讀與杠里秦軍夾壁七字爲句故注杠里云秦軍所別屯地名也漢書讀至成陽與杠里六字爲句故下改史文云攻秦軍壁破其二軍某案破魏二軍者秦軍破之也漢書改爲破秦二軍則上句已言楚軍下安得又別出楚軍二字漢書非也南宋本王本夾壁皆作來壁疑是也與杠里三字依漢書上屬爲句秦軍來壁破魏二軍文勢最叶楚軍出兵擊王離大破之沛公引兵西遇彭越昌邑因與俱攻秦軍戰不利還至栗遇剛武侯奪其軍可四千餘人并之與魏將皇欣魏申屠武蒲之軍并攻昌邑昌邑未拔西過高陽酈食其爲里監門本作謂監門依漢書改曰諸將過此者多吾視沛公大人長者乃求見說沛公沛公方踞牀使兩女子洗足酈生不拜長揖曰足下必欲誅無道秦不宜踞見長者於是沛公起攝衣謝之延上坐食其說

沛公襲陳留得秦積粟乃以酈食其爲廣野君酈商爲將將陳留兵與偕攻開封開封未拔西與秦將楊熊戰白馬又戰曲遇東大破之楊熊走之滎陽二世使使者斬以徇南攻潁陽（當依漢書作潁川）屠之因張良遂略韓地轘轅當是時趙別將司馬卬方欲渡河入關沛公乃北攻平陰絕河津南戰雒陽東軍不利還至陽城收軍中馬騎與南陽守齮戰犨東破之略南陽郡南陽守齮走保城守宛沛公引兵過而西張良諫曰沛公雖欲急入關秦兵尚衆距險今不下宛宛從後擊彊秦在前此危道也於是沛公乃夜引兵從他道還更旗幟黎明（漢書注引史文作邌古字之僅存者）圍宛城三帀南陽守欲自剄其舍人陳恢曰死未晚也乃踰城見沛公曰臣聞足下約先入咸陽者王之今足下留守宛宛大郡之都也連城數十人民衆積蓄多吏人自以爲降必死故皆堅守乘城今足下盡日止攻

是時章邯何文勢橫絕
補敘項羽事

士死傷者必多引兵去宛宛必隨足下後足下前則失咸陽之約後又有彊宛之患為足下計莫若約降封其守因使止守引其甲卒與之西諸城未下者聞聲爭開門而待足下通行無所累沛公曰善乃以宛守為殷侯封陳恢千戶引兵西無不下者至丹水高武侯鰓襄侯王陵降西陵還攻胡陽遇番君別將梅鋗與皆（皆當依漢書作偕偕句絕）降析酈遣魏人甯昌使秦使者未來是時章邯已以軍降項羽於趙矣初項羽與宋義北救趙及項羽殺宋義代為上將軍諸將黥布皆屬破秦將王離軍降章邯諸侯皆附及趙高已殺二世使人來欲約分王關中沛公以為詐乃用張良計使酈生陸賈往說秦將啗以利因襲攻武關破之又與秦軍戰於藍田南益張疑兵旗幟諸所過毋得掠鹵秦人憙秦軍解因大破之又戰其北大破之乘勝遂破之漢元年十月沛公兵遂先諸侯至霸

上秦王子嬰素車白馬係頸以組封皇帝璽符節降軹道旁諸將或言
誅秦王沛公曰始懷王遣我固以能寬容且人已服降又殺之不祥乃
以秦王屬吏遂西入咸陽欲止宮休舍樊噲張良諫乃封秦重寶財物
府庫還軍霸上召諸縣父老豪桀曰父老苦秦苛法久矣誹謗者族偶
語者弃市吾與諸侯約先入關者王之吾當王關中與父老約法三章
耳殺人者死傷人及盜抵罪餘悉除去秦法諸吏人皆案堵如故凡吾
所以來爲父老除害非有所侵暴無恐且吾所以還軍霸上待諸侯至
而定約束耳乃使人與秦吏行縣鄉邑告諭之秦人大喜爭持牛羊酒
食獻饗軍士沛公又讓不受曰倉粟多非乏不欲費人人又益喜唯恐
沛公不爲秦王或說沛公曰秦富十倍天下地形彊今聞章邯降項羽
項羽乃號爲雍王王關中今則來沛公恐不得有此可急使兵守函谷

關無內諸侯軍稍徵關中兵以自益距之沛公然其計從之十一月中項羽果率諸侯兵西欲入關關門閉聞沛公已定關中大怒使黥布等攻破函谷關十二月中遂至戲沛公左司馬曹無傷聞項王怒欲攻沛公使人言項羽曰沛公欲王關中令子嬰爲相珍寶盡有之欲以求封亞父勸項羽擊沛公方饗士旦日合戰是時項羽兵四十萬號百萬沛公兵十萬號二十萬力不敵會項伯欲活張良夜往見良因以文諭項羽項羽乃止沛公從百餘騎驅之鴻門見謝項羽項羽曰此沛公左司馬曹無傷言之不然籍何以至此（漢書至作生）沛公以樊噲張良故得解歸歸立誅曹無傷項羽遂西屠燒咸陽秦宮室所過無不殘破秦人大失望然恐不敢不服耳項羽使人還報懷王懷王曰如約項羽怨懷王不肯令與沛公俱西入關而北救趙後天下約乃曰懷王者吾家項梁所

立耳非有功伐何以得專專字依漢書補主約本定天下諸將及籍也乃詳尊懷王爲義帝實不用其命正月項羽自立爲西楚霸王王梁楚地九郡都彭城負約更立沛公爲漢王王巴蜀漢中都南鄭三分關中立秦三將章邯爲雍王都廢丘司馬欣爲塞王都櫟陽董翳爲翟王都高奴楚將瑕丘申陽爲河南王都洛雒陽趙將司馬卬爲殷王都朝歌趙王歇徙王代趙相張耳爲常山王都襄國當陽君黥布爲九江王都六懷王柱國共敖爲臨江王都江陵番君吳芮爲衡山王都邾燕將臧荼爲燕王都薊故燕王韓廣徙王遼東廣不聽臧荼攻殺之無終封成安君陳餘河間三縣居南皮封梅鋗十萬戶四月兵罷戲下諸侯各就國漢王之國項王使卒三萬人從楚子諸侯人之慕從者數萬人子本作與依漢書改諸侯下依補人字文穎注楚子猶言楚人是也云楚子者謂楚之子弟也後云諸侯子在關中者皆集櫟陽爲衛又云諸侯子在關中者復之十二歲漢

此爲漢王東鄉之轉關卽用以提挈後文

書載五年五月詔曰諸侯子及從軍歸者甚多高爵凡言諸侯子乃此文所言諸侯人也此因上已言楚子故變文言諸侯人耳王懷祖乃據史記改漢書楚子爲楚予失之矣從杜南入蝕中去輒燒絕棧道以備諸侯盜兵襲之亦示項羽無東意至南鄭諸將及士卒多道亡歸士卒皆歌謳謳字依漢書補思東歸韓信徐廣曰此韓王信非淮陰侯也案徐說是此語見韓王信傳漢書以爲淮陰侯失之說楚王曰項羽王諸將之有功者而王獨居南鄭是遷也軍吏士卒皆山東之人也日夜跂而望歸及其鋒而用之可以有大功天下已定人皆自寧不可復用不如決策東鄉爭權天下項羽出關使人徙義帝曰古之帝者地方千里必居上游乃使使徙義帝長沙郴縣趣義帝行羣臣稍倍叛之乃陰令衡山王臨江王擊之殺義帝江南漢書注引作中項羽怨田榮立齊將田都爲齊王田榮怒因自立爲齊王殺田都而反楚予彭越將軍印令反梁地楚令蕭公角擊彭越彭越大破之陳餘怨項羽之弗王已也令夏

說說田榮請兵擊張耳。齊予陳餘兵。擊破常山王張耳。張耳亾歸漢。迎趙王歇於代。復立爲趙王。趙王因立陳餘爲代王。項羽大怒。北擊齊。八月。漢王用韓信之計。從故道還。襲雍王章邯。邯迎擊漢陳倉。雍兵敗還走。止戰好畤。又復敗。走廢丘。漢王遂定雍地。東至咸陽。引兵圍雍王廢丘。而遣諸將略定隴西北地上郡。令將軍薛歐王吸出武關。因王陵兵南陽。以迎太公呂后於沛。楚聞之。發兵距之陽夏。不得前。令故吳令鄭昌爲韓王。距漢兵。二年。漢王東略地。塞王欣翟王翳河南王申陽皆降。韓王昌不聽。使韓信擊破之。於是置隴西北地上郡渭南河上中地郡。關外河南郡。更立韓太尉信爲韓王。諸將以萬人若以一郡降者。封萬戶。繕治河上塞。諸故秦苑囿園池。皆令人得田之。正月。虜雍王弟章平。大赦罪人。漢王之出關至陝。撫關外父老。還。張耳來見。漢王厚遇之。二

董公說漢王漢書數十百言此止五字文勢最峻

月令除秦社稷更立漢社稷三月漢王從臨晉渡河（河字依漢書補）魏王豹將兵從下河內虜殷王置河內郡南渡平陰津至雒陽新城三老董公遮說漢王以義帝死故漢王聞之袒而大哭遂爲義帝發喪臨三日發使者告諸侯曰天下共立義帝北面事之今項羽放殺義帝於江南大逆無道寡人親爲發喪諸侯皆縞素悉發關內兵收三河士南浮江漢以下願從諸侯王擊楚之殺義帝者是時項王北擊齊田榮與戰城陽田榮敗走平原平原民殺之齊皆降楚楚因焚燒其城郭係虜其子女齊人叛之田榮弟橫立榮子廣爲齊王齊王反楚城陽項羽雖聞漢東既已連齊兵欲遂破之而擊漢漢王以故得劫五諸侯兵遂入彭城項羽聞之乃引兵去齊從魯出胡陵至蕭與漢大戰彭城靈壁東睢水上大破漢軍多殺士卒睢水爲之不流乃取漢王父母妻子於沛置之軍中

以爲質當是時諸侯見楚彊漢敗還皆去漢復爲楚塞王欣亾入楚呂
后兄周呂侯爲漢將兵居下邑漢王從之稍收士卒軍碭漢王乃西過
梁地至虞使謁者隨何之九江王布所曰公能令布舉兵叛楚項羽必
留擊之得留數月吾取天下必矣隨何往說九江王布布果背楚楚使
龍且往擊之漢王之敗彭城而西行使人求家室家室亦亾不相得敗
後乃獨得孝惠六月立爲太子大赦罪人令太子守櫟陽諸侯子在關
中者皆集櫟陽爲衛引水灌廢丘廢丘降章邯自殺更名廢丘爲槐里
於是令祠官祀天地四方上帝山川以時祀之（祀當依漢書作祠）興關內卒乘
塞是時九江王布與龍且戰不勝與隨何閒行歸漢漢王稍收士卒與
諸將及關中卒益出是以兵大振滎陽破楚京索閒三年魏王豹謁歸
視親疾至卽絕河津反爲楚漢王使酈生說豹豹不聽漢王遣將軍韓

信擊大破之虜豹遂定魏地置三郡曰河東太原上黨漢王乃令張耳與韓信遂東下井陘擊趙斬陳餘趙王歇其明年立張耳為趙王漢王軍滎陽南築甬道屬之河以取敖倉粟（粟字依漢書補項羽紀同）與項羽相距歲餘項羽數侵奪漢甬道漢軍乏食遂圍漢王漢王請和割滎陽以西者為漢項王不聽漢王患之乃用陳平計（依中統本游本計上減之字）予陳平金四萬斤以閒疏楚君臣於是項羽乃疑亞父亞父是時勸項羽遂下滎陽及其見疑乃怒辭老願賜骸骨歸卒伍未至彭城而死漢軍絕食乃夜出女子東門二千餘人被甲楚因四面擊之將軍紀信乃乘王駕詐為漢王誑楚楚皆呼萬歲之城東觀以故漢王得與數十騎出西門遁令御史大夫周苛魏豹樅公守滎陽諸將卒不能從者盡在城中周苛樅公相謂曰反國之王難與守城因殺魏豹漢王之出滎陽入關收兵欲復東

備多力分爲後文韓彭並力及前田榮黥布叛楚之骨

袁生說漢王曰•漢與楚相距滎陽數歲•漢常中困•（中字依御覽補）願君王出武關•項羽必引兵南走•王深壁勿戰•（二字依通鑑補）令滎陽成皋間且得休•使韓信等輯河北趙地•連燕齊•君王乃復走滎陽•未晚也•如此則楚所備者多•力分•漢得休•復與之戰•破楚必矣•漢王從其計•出軍宛葉間•與黥布行收兵•項羽聞漢王在宛•果引兵南•漢王堅壁不與戰•是時彭越渡睢水•與項聲薛公戰下邳•彭越大破楚軍•項羽乃引兵東擊彭越•漢王亦引兵北軍成皋•項羽已破走彭越•聞漢王復軍成皋•乃復引兵西拔滎陽•誅周苛樅公•而虜韓王信•遂圍成皋•漢王跳•（漢書如淳注云史記作逃據集解徐廣音逃則史文本作跳矣豈徐依漢書定此字邪抑徐與如所見異本邪胡三省云項羽紀作逃然則高紀自作跳矣）獨與滕公共車•出成皋玉門•北渡河•馳宿脩武•自稱使者•晨馳入張耳韓信壁•而奪之軍•乃使張耳北益收兵趙地•使韓信東擊齊•漢王得韓信軍•則復振•引

兵臨河南饗軍小脩武南欲復戰郎中鄭忠乃說止漢王使高壘深塹勿與戰漢王聽其計使盧綰劉賈將卒二萬人騎數百渡白馬津入楚地與彭越復擊破楚軍燕郭西遂復下梁地十餘城淮陰已受命東未渡平原漢王使酈生往說齊王田廣廣叛楚與漢和共擊項羽韓信用蒯通計遂襲破齊齊王烹酈生東走高密項羽聞韓信已舉河北兵破齊趙且欲擊楚則使龍且周蘭往擊之韓信與戰騎將灌嬰擊大破楚軍殺龍且齊王廣犇彭越（漢書云追至城陽虜齊王廣與田儋傳合此云犇彭越似誤然此句下即接言彭越往來苦楚兵因廣犇彭越乘勢及之非文字譌誤也殆是記異聞耳）當此時彭越將兵居梁地往來苦楚兵絕其糧食四年項羽乃謂海春侯大司馬曹咎曰謹守成皋若漢挑戰慎勿與戰無令得東而已我十五日必定梁地復從將軍乃行擊陳留外黃睢陽下之漢果數挑楚軍楚軍不出使人辱之五六日大司馬怒

漢王數項羽羽紀止漢王數之四字此乃詳載其詞參觀留侯項伯鴻門之言可識文字繁簡有宜非漫然也

度兵氾水（顏云氾舊讀凡今彼鄉人呼之祀）士卒半渡漢擊之大破楚軍盡得楚國金玉貨賂大司馬咎長史欣皆自剄氾水上項羽至睢陽聞海春侯破乃引兵還漢軍方圍鍾離昧於滎陽東聞（依漢書補）項羽至盡走險阻韓信已破齊使人言曰齊邊楚權輕不為假王恐不能安齊漢王怒（依漢書補怒字）欲攻之留侯曰不如因而立之使自為守乃遣張良操印綬立韓信為齊王項漢聞龍且軍破則恐使盱台人武涉往說韓信韓信不聽楚漢久相持未決丁壯苦軍旅老弱罷轉饟漢王項羽相與臨廣武之間而語項羽欲與漢王獨身挑戰漢王數項羽曰始與項羽俱受命懷王曰先入定關中者王之項羽負約王我於蜀漢罪一項羽矯殺卿子冠軍而自尊罪二項羽已救趙當還報而擅劫諸侯兵入關罪三懷王約入秦無暴掠項羽燒秦宮室掘始皇帝冢收私（本作私收依漢書倒）其財物罪四又彊

殺秦降王子嬰罪五詐阬秦子弟新安二十萬王其將罪六項羽皆王諸將善地而徙逐故主令臣下爭叛逆罪七項羽出逐義帝彭城自都之奪韓王地并王梁楚多自予罪八項羽使人陰弑義帝江南罪九夫爲人臣而弑其主殺已降爲政不平主約不信天下所不容大逆無道罪十也吾以義兵從諸侯誅殘賊使刑餘罪人擊殺項羽何苦乃與公挑戰札記乃與疑倒項羽大怒伏弩射中漢王漢王傷胷乃捫足曰虜中吾指漢王病創臥張良彊請漢王起行勞軍以安士卒毋令楚乘勝於漢漢王出行軍病甚因馳入成皋病愈西入關至櫟陽存問父老置酒梟故塞王欣頭櫟陽市留四日復如軍軍廣武關中兵益出當此時彭越將兵居梁地往來苦楚兵絕其糧食田橫往從之項羽數擊彭越等齊王信又進擊楚項羽恐乃與漢王約中分天下割鴻溝而西者爲漢鴻溝

史文於此觕稱漢軍行列
及孔費左右氣與事稱班
氏删改文勢緩弱矣

而東者為楚項王歸漢王父母妻子軍中皆呼萬歲乃歸而別去項羽解而東歸漢王欲引而西歸用留侯陳平計乃進兵追項羽至陽夏南止軍與齊王信建成侯彭越期會而擊楚軍至固陵不會楚擊漢軍大破之漢王復入壁深塹而守之用張良計於是韓信彭越皆往及劉賈入楚地姚南青云及上當有黥布二字非也及者比也言比至賈圍壽春時漢乃誘降周殷也下武王乃謂黥布此處增黥布二字文勢便不峻厲矣圍壽春漢王敗固陵乃使使者召大司馬周殷舉九江兵而迎之之字衍文武王據文乃迎劉賈漢書乃作迎黥布不應失史公文義如此疑迎之之字衍文史本文云舉九江兵而迎武王武王字屬上為句故漢書云迎黥布今本衍之字遂與漢書文異也下隨何劉賈當依漢書衍何字集解徐廣曰周殷以兵隨劉賈是史文本無何字而迎之當衍之字明甚行屠城父隨何何字衍文劉賈齊梁諸侯皆大會垓下立武王布為淮南王五年高祖與諸侯兵共擊楚軍與項羽決勝垓下淮陰侯將三十萬自當之孔將軍居左費將軍居右皇帝在後絳侯柴將軍在

皇帝後項羽之卒可十萬淮陰先合不利卻孔將軍費將軍縱楚兵不利淮陰侯復乘之大敗垓下項羽卒聞漢軍之楚歌（各本楚歌上皆有之字金陵局本據梁玉繩志疑刪之字失史文神理張廉卿亦依局本失之）以爲漢盡得楚地項羽乃敗而走是以兵大敗使騎將灌嬰追殺項羽東城斬首八萬遂略定楚地魯爲楚堅守不下漢王引諸侯兵北示魯父老項羽頭魯乃降遂以魯公號葬項羽穀城還至定陶馳入齊王壁奪其軍正月諸侯及將相相與共請尊漢王爲皇帝漢王曰吾聞帝賢者有也空言虛語非所守也吾不敢當帝位羣臣皆曰大王起微細誅暴逆平定四海有功者輒裂地而封爲王侯大王不尊號皆疑不信臣等以死守之漢王三讓不得已曰諸君必以爲便便國家甲午乃即皇帝位氾水之陽皇帝曰義帝無後齊王韓信習楚風俗徙爲楚王都下邳立建成侯彭越爲梁王都定陶故韓王

此全文關鍵自此以下但載平定諸反者以與前文爭天下事相稱孟堅增益諸詔令雖於帝紀體要爲宜而文則不振矣

此所論卽借以收拾前半篇文字

信爲韓王都陽翟徙衡山王吳芮爲長沙王都臨湘番君之將梅鋗有功從入武關故德番君淮南王布燕王臧荼趙王敖皆如故天下大定高祖都雒陽諸侯皆臣屬故臨江王驩爲項羽叛漢令盧綰劉賈圍之不下數月而降殺之雒陽五月兵皆罷歸家諸侯子在關中者復之十二歲其歸者復之六歲食之一歲高祖置酒雒陽南宮高祖曰列侯諸將無敢隱朕皆言其情吾所以有天下者何項氏之所以失天下者何高起王陵對曰陛下慢而侮人項羽仁而愛（漢書愛作敬）人然陛下使人攻城略地所降下者因以予之與天下同利也項羽妒賢嫉能有功者害之賢者疑之戰勝而不予人功得地而不予人利此所以失天下也高祖曰公知其一未知其二夫運籌策帷帳之中決勝於千里之外吾不如子房鎭國家撫百姓給餽饟不絕糧道吾不如蕭何連百萬之軍戰

必勝攻必取吾不如韓信此三者皆人傑也吾能用之此吾所以取天下也項羽有一范增而不能用此其所以為我擒也高祖欲長都雒陽齊人劉敬說（史記本作劉敬局本誤依漢書作婁非是張刻亦誤）及留侯勸上入都關中高祖是日駕入都關中六月大赦天下十月燕王臧荼反（十月漢書作秋七月札記云十月乃七月之誤某按下文云其秋利幾反則史於臧荼反本不言時月後人妄依漢書增七月字今本又訛為十月耳）攻下代地高祖自將擊之得燕王臧荼卽立太尉盧綰為燕王使丞相噲將兵攻代其秋利幾反高祖自將兵擊之利幾走利幾者項氏之將項氏敗利幾為陳公不隨項羽以降高祖高祖侯之潁川高祖至雒陽舉通侯籍召之而利幾恐故反六年高祖五日一朝太公如家人父子禮太公家令說太公曰天無二日土無二王今高祖雖子人主也太公雖父人臣也柰何令人主拜人臣如此則威重不行後高祖朝太公擁篲迎門卻行高

高紀末載分王子弟皆由平定反者牽連而及非駢枝也以田肯之說聯絡之文與事稱
秦得百二齊得十二當兼蘇林李斐二說

祖大驚下扶太公太公曰帝人主也柰何以我亂天下法於是高祖乃尊太公爲太上皇心善家令言賜金五百斤十二月人有上變事告楚王信謀反上問左右左右爭欲擊之用陳平計乃僞遊雲夢會諸侯於陳楚王信迎即因執之是日大赦天下田肯賀因說高祖曰陛下得韓信又治秦中秦形勝之國帶河山之險縣隔千里持戟百萬秦得百二焉地勢便利其以下兵於諸侯譬猶居高屋之上建瓴水也夫齊東有琅邪即墨之饒南有泰山之固西有濁河之限北有勃海之利地方二千里持戟百萬縣隔千里之外齊得十二焉故此東西秦也非親子弟莫可使王齊矣高祖曰善賜黃金五百斤後十餘日封韓信爲淮陰侯分其地爲二國高祖曰將軍劉賈數有功以爲荊王王淮東弟交爲楚王王淮西子肥爲齊王王七十餘城民能齊言者皆屬齊乃論功與諸

列侯剖符行封•徙韓王信太原•七年•匈奴攻韓王信馬邑•信因與謀反太原•（謀上依南宋中統本刪同字）白土曼丘臣•王黃立故趙將趙利爲王以反•高祖自往擊之•會天寒•士卒墮指者什二三•遂至平城•匈奴圍我平城•七日而後罷去•令樊噲止定代地•立兄劉仲爲代王•二月•高祖自平城過趙雒陽•至長安•長樂宮成•丞相已下徙治長安•八年•高祖東擊韓王信餘反寇於東垣•蕭丞相營作未央宮•立東闕北闕前殿武庫太倉•高祖還•見宮闕壯甚•怒•謂蕭何曰•天下匈匈苦戰數歲•成敗未可知•是何治宮室過度也•蕭何曰•天下方未定•故可因遂就宮室•且夫天子以四海爲家•非令（令字依漢書補）壯麗無以重威•且無令後世有以加也•高祖乃說•高祖之東垣•過柏人•趙相貫高等謀弒高祖•高祖心動•因不留•代王劉仲弃國亡•自歸雒陽•廢以爲合陽侯•九年•趙相貫高等事發覺•夷三族•廢趙

此等見高祖鄙淺處

王敖爲宣平侯。是歲徙貴族楚昭屈景懷齊田氏關中。未央宮成。高祖大朝諸侯羣臣。置酒未央前殿。高祖奉玉卮起爲太上皇壽曰。始大人常以臣無賴。不能治產業。不如仲力。今某之業所就孰與仲多。殿上羣臣皆呼萬歲。大笑爲樂。十年十月。淮南王黥布。梁王彭越。燕王盧綰。荆王劉賈。楚王劉交。齊王劉肥。長沙王吳芮。皆來朝長樂宮。春夏無事。七月。太上皇崩櫟陽宮。楚王梁王皆來送葬。赦櫟陽囚。更命酈邑曰新豐。八月。趙相國陳豨反代地。上曰。豨嘗爲吾使。甚有信。代地吾所急也。故封豨爲列侯。以相國守代。今乃與王黃等刦掠代地。代地吏民非有罪也。其赦代吏民。九月。上自東往擊之。至邯鄲。上喜曰。豨不南據邯鄲而阻漳水。吾知其無能爲也。聞豨將皆故賈人也。上曰。吾知所以與之。乃多以金啗豨將。豨將多降者。十一年。高祖在邯鄲。誅豨等未畢。豨將侯

敞將萬餘人游行王黃軍曲逆張春渡河擊聊城漢使將軍郭蒙與齊將擊大破之太尉周勃道太原入定代地至馬邑馬邑不下即攻殘之豨將趙利守東垣高祖攻之不下月餘卒罵高祖高祖怒城降令出罵者斬之不罵者原之於是乃分趙山北立子恒以爲代王都晉陽春淮陰侯韓信謀反關中夷三族夏梁王彭越謀反廢遷蜀復欲反遂夷三族立子恢爲梁王子友爲淮陽王秋七月淮南王黥布反東并荆王劉賈地北渡淮楚王交走入薛高祖自往擊之立子長爲淮南王十二年十月高祖已擊布軍會甀（錢云漢志沛郡蘄縣有垂鄉高祖破黥布會甀即此也隸書垂似缶故漢書高紀訛爲缶字孟康讀會爲倍保之倍非讀缶爲保）布走令別將追之高祖還歸過沛畱置酒沛宮悉召故人父老子弟縱酒發沛中兒得百二十人教之歌酒酣高祖擊筑自爲歌詩曰大風起兮雲飛揚威加海內兮歸故鄉安得猛士兮守四

此史公寫高帝將死時意
興衰嘯慮

方令兒皆和習之高祖乃起舞慷慨傷懷泣數行下謂沛父兄曰游子悲故鄉吾雖都關中萬歲後吾魂魄猶樂思沛且朕自沛公以誅暴逆遂有天下其以沛為朕湯沐邑復其民世世無有所與沛父兄諸母故人日樂飲極驩道舊故為笑樂十餘日高祖欲去沛父兄固請留高祖高祖曰吾人衆多父兄不能給乃去沛中空縣皆之邑西獻高祖復留止張飲三日沛父兄皆頓首曰沛幸得復豐未復唯陛下哀憐之高祖曰豐吾所生長極不忘耳吾特為其以雍齒故反我為魏沛父兄固請乃并復豐比沛於是拜沛侯劉濞為吳王漢將別擊布軍洮水南北梁云洮水蓋九江之沘水相似而譌仝祖望校同皆大破之追得斬布鄱陽樊噲別將兵定代斬陳豨當城十一月高祖自布軍至長安十二月高祖曰秦始皇帝楚隱王陳涉魏安釐王齊湣王趙悼襄王皆絕無後予守冢各十家秦皇帝

二十家魏公子無忌五家赦代地吏民爲陳豨趙利所刦掠者皆赦之
陳豨降將言豨反時燕王盧綰使人之豨所與陰謀上使辟陽侯迎綰
綰稱病辟陽侯歸具言綰反有端矣二月使樊噲周勃將兵擊燕王綰
赦燕吏民與反者立皇子建爲燕王高祖擊布時爲流矢所中行道病
病甚呂后迎良醫醫入見高祖問醫醫曰病可治於是高祖嫚罵之曰
吾以布衣提三尺劍取天下此非天命乎命乃在天雖扁鵲何益遂不
使治病賜金五十斤罷之已而呂后問陛下百歲後蕭相國即死令誰
代之（令誰俗語也當依漢書作誰令報任安書云誰爲爲之孰令聽之）上曰曹參可問其次上曰王陵
可然陵少戇陳平可以助之陳平智有餘然難以獨任周勃重厚少文
然安劉氏者必勃也可令爲太尉呂后復問其次上曰此後亦非而所
知也盧綰與數千騎居塞下候伺幸上病愈自入謝四月甲辰高祖崩

長樂宮。四日不發喪。呂后與審食其謀曰。諸將故 故字依漢書補 與帝為編戶民。今北面為臣。此常怏怏。今乃事少主。非盡族是。天下不安。人或聞之。語酈將軍。酈將軍往見審食其曰。吾聞帝已崩。四日不發喪。欲誅諸將。誠如此。天下危矣。陳平灌嬰將十萬守滎陽。樊噲周勃將二十萬定燕代。此聞帝崩。諸將皆誅。必連兵還鄉。以攻關中。大臣內叛。諸侯外反。亡可翹足而待也。審食其入言之。乃以丁未發喪。大赦天下。盧綰聞高祖崩。遂亡入匈奴。丙寅。葬。己立太子。 原本作己巳立太子此正義妄定今依一本或依漢書作已下皇太子至太上皇廟亦通 至太上皇廟。羣臣皆曰。高祖起微細。撥亂世反之正。平定天下。為漢太祖。功最高。上尊號為高皇帝。太子襲號為皇帝。孝惠帝也。令郡國諸侯各立高祖廟。以歲時祠。及孝惠五年。思高祖之悲樂沛。以沛宮為高祖原廟。高祖所教歌兒百二十人。皆令為吹樂。後有缺。輒補之。高

帝八男。長庶齊悼惠王肥。次孝惠。呂后子。次戚夫人子趙隱王如意。次代王恒。已立爲孝文帝。薄太后子。次梁王恢。呂太后時徙爲趙共王。次淮陽王友。呂太后時徙爲趙幽王。次淮南厲王長。次燕王建。

太史公曰。夏之政忠。忠之敝。小人以野。故殷人承之以敬。敬之敝。小人以鬼。故周人承之以文。文之敝。小人以僿。故救僿莫若以忠。三王之道。若循環。終而復始。周秦之閒。可謂文敝矣。秦政不改。反酷刑法。豈不繆乎。故漢興。承敝易變。使人不倦。得天統矣。朝以十月。車服黃屋左纛。葬長陵。

某案高紀以平定天下爲主前半篇與項羽爭天下也後半篇削平反者以安天下也他不係天下興亾者不著熙甫以爲闊略皆以後世史裁繩之非篤論也漢書定天下後多載詔令體勢不能振拔矣

高祖本紀第八

此段非止爲適庶生怨起本諸呂之上必先剪滅劉氏殺趙王乃滅劉之漸故用此發端以振起全篇

呂后本紀第九

呂太后者高祖微時妃也生孝惠帝女魯元太后及高祖爲漢王得定陶戚姬（如淳云姬音怡錢云姬從𦣞聲姬妾字讀如怡乃是正音六朝人謂妾母爲姬字易而音不殊與姬姓讀如基者有別如淳去古未遠當有所受案錢氏此說殊誤六朝人稱妾母爲姬自謂與其母若女兄弟耳豈得稱父妾爲姬哉）愛幸生趙隱王如意孝惠爲人仁弱高祖以爲不類我常欲廢太子立戚姬子如意如意類我戚姬幸常從上之關東日夜啼泣欲立其子代太子呂后年長常留守希見上益疏如意立爲趙王後幾代太子者數矣賴大臣爭之及留侯策太子得毋廢呂后爲人剛毅佐高祖定天下所誅大臣多呂后力呂后兄二人皆爲將長兄周呂侯死事封其子呂台爲酈侯子產爲交侯（梁云漢表作洨縣在沛惠景侯表作郊）次兄呂釋之爲建成侯高祖十二年四月甲辰崩長樂宮太子襲號爲帝是時高祖八子長男肥孝惠兄也異母肥

爲齊王餘皆孝惠弟戚姬子如意爲趙王薄夫人子恒爲代王諸姬子
子恢爲梁王子友爲淮陽王子長爲淮南王子建爲燕王高祖弟交爲
楚王兄子濞爲吳王非劉氏功臣番君吳芮子臣爲長沙王呂后最怨
戚夫人及其子趙王迺令永巷囚戚夫人而召趙王使者三反趙相建
平侯周昌謂使者曰高帝屬臣趙王趙王年少竊聞太后怨戚夫人欲
召趙王幷誅之臣不敢遣王王且亦病不能奉詔呂后大怒迺使人召
趙相趙相徵至長安迺使人復召趙王王來未到孝惠帝慈仁知太后
怒自迎趙王霸上與入宮自挾與趙王起居飲食太后欲殺之不得閒
孝惠元年十二月帝晨出射趙王少不能蚤起太后聞其獨居使人持
酖飲之犂明孝惠還趙王已死於是迺徙淮陽王友爲趙王夏詔賜酈
侯父追謚爲令武侯太后遂斷戚夫人手足去眼煇耳飲瘖藥使居鞠

著意處用重筆煞住

公主夫爲侯則公主乃侯妃也高祖制異姓不得封王尊公主爲王太后者爲欲導呂后改制封公主子

城中（本作廁中依漢書改集解索隱皆不著史漢異文明本同也漢紀作鞠室顏監釋鞠城以爲窟室）命曰人彘居數日迺召孝惠帝觀人彘孝惠見問迺知其戚夫人迺大哭因病歲餘不能起使人請太后曰此非人所爲臣爲太后子終不能治天下孝惠以此日飲爲淫樂不聽政故有病也二年楚元王齊悼惠王皆來朝十月孝惠與齊王燕飲太后前孝惠以爲齊王兄置上坐如家人之禮太后怒迺令酌兩巵酖置前令齊王起爲壽齊王起孝惠亦起取巵欲俱爲壽太后迺恐自起泛孝惠巵齊王怪之因不敢飲詳醉去問知其酖齊王恐自以爲不得脫長安憂齊內史士說王曰太后獨有孝惠與魯元公主今王有七十餘城而公主迺食數城王誠以一郡上太后爲公主湯沐邑太后必喜王必無憂於是齊王迺上城陽之郡尊公主爲王太后呂后喜許之迺置酒齊邸樂飲罷歸齊王三年方築長安城四年就

爲王也用此迎合呂后故
呂后喜且與下王諸呂取
影

此亦迎合呂后以求免禍
故與齊王事類敘

筆勢重墜振起後文

議欲立諸呂爲王欲以王
諸呂爲漸太后欲侯諸呂
太后欲王呂氏行文節奏
以次遞進

半五年六年城就諸侯來會十月朝賀七年秋八月戊寅孝惠帝崩發
喪太后哭泣不下留侯子張辟彊爲侍中年十五謂丞相曰太后獨有
孝惠今崩哭不悲君知其解未（本作乎依漢書改未未字雋永）丞相曰何解辟彊曰帝
毋壯子太后畏君等君今請拜呂台呂產呂祿爲將將兵居南北軍及
諸呂皆入宮居中用事如此則太后心安君等幸得脫禍矣丞相迺如
辟彊計太后說其哭迺哀呂氏權由此起迺大赦天下九月辛丑葬太
子即位爲帝謁高廟元年號令一出太后太后稱制議欲立諸呂爲王
問右丞相王陵王陵曰高祖刑白馬盟曰非劉氏而王天下共擊之今
王呂氏非約也太后不說問左丞相陳平絳侯周勃勃等對曰高帝定
天下王子弟今太后稱制王昆弟諸呂無所不可太后喜罷朝王陵讓
陳平絳侯曰始與高帝啑血盟諸君不在邪今高帝崩太后女主欲王

如齊王所請

呂氏諸君縱欲阿意背約何面目見高帝地下乎（依通鑑增乎字）陳平絳侯曰於今面折廷爭臣不如君夫全社稷定劉氏之後君亦不如臣王陵無以應之十一月太后欲廢王陵乃拜爲帝太傅奪之相權王陵遂病免歸迺以左丞相平爲右丞相以辟陽侯審食其爲左丞相左丞相不治事令監宮中如郎中令食其故得幸太后常用事公卿皆因而決事迺追尊酈侯父爲悼武王欲以王諸呂爲漸

四月太后欲侯諸呂迺先封高祖之功臣郎中令無擇爲博城侯魯元公主薨賜謚爲魯元太后子偃爲魯王魯王父宣平侯張敖也封齊悼惠王子章爲朱虛侯（封朱虛侯通鑑在二年五月考異云史記高后紀在元年今從漢書王子侯表某案史記惠景間侯者表亦在二年五月與漢表同溫公未檢史表殊疏但此文紀表互異不必改紀就表本紀因事類記不依年月先後梁氏志疑乃妄言當在呂王嘉代立下何其謬也）以呂祿女妻之齊丞相壽爲平定侯（梁云詩史漢表皆作受）少府延爲梧侯乃封呂種爲沛侯呂

平爲扶柳侯張買爲南宮侯太后欲王呂氏先立孝惠後宮子彊爲淮陽王子不疑爲常山王子山爲襄城侯子朝爲軹侯子武爲壺關侯太后風大臣大臣請立酈侯呂台爲呂王太后許之建成康侯釋之卒嗣子有罪廢立其弟呂祿爲胡陵侯續康侯後二年常山王薨以其弟襄城侯山爲常山王更名義十一月呂王台薨謚爲肅王太子嘉代立爲王三年無事四年封呂嬃爲臨光侯梁云如淳文帝紀注作林光侯呂他爲俞侯梁云俞當作鄃呂更始爲贅其侯呂忿爲呂城侯及諸侯丞相五人宣平侯女爲孝惠皇后時無子詳爲有身取美人子名之殺其母立所名子爲太子孝惠崩太子立爲帝帝壯或聞其母死非眞皇后子迺出言曰后安能殺吾母而名我我未壯壯卽爲變太后聞而患之恐其爲亂乃幽之永巷中言帝病甚左右莫得見太后曰凡有天下治爲萬民命者凡有天下治爲萬民

命者句漢書去爲字命字全失古人造句法蓋之如天容之如地上有懽心以安百姓百姓欣然以事其上懽欣交通而天下治今皇帝病久不已迺失惑惛亂不能繼嗣奉宗廟祭祀不可屬天下其代之羣臣皆頓首言皇太后爲天下齊民計所以安宗廟社稷甚深羣臣頓首奉詔帝廢位太后幽殺之

五月丙辰立常山王義爲帝更名曰弘不稱元年者以太后制天下事故也故字依通鑑增增此字句勢尤酣足以軹侯朝爲常山王置太尉官絳侯勃爲太尉五年八月淮陽王薨以弟壺關侯武爲淮陽王六年十月太后曰呂王嘉居處驕恣廢之以肅王台弟呂產爲呂王夏赦天下封齊悼惠王子興居爲東牟侯七年正月太后召趙王友友以諸呂女爲后弗愛愛他姬諸呂女妒怒去讒之於太后誣以罪過曰呂氏安得王太后百歲後吾必擊之太后怒以故召趙王趙王至置邸不見令衞圍守之弗與食

其羣臣或竊饋輒捕論之趙王餓乃歌曰諸呂用事兮劉氏危（王校依漢書改作微）迫脅王侯兮彊授我妃我妃既妒兮誣我以惡讒女亂國兮上曾不寤我無忠臣兮何故弃國自決中野兮蒼天舉直（舉當依集解一本作與與舉通借字舉猶與也直如楚辭命咎繇使聽直）于嗟不可悔兮寧蚤自財爲王而餓死兮誰者憐之呂氏絕理兮託天報仇丁丑趙王幽死以民禮葬之長安民冢次已丑日食晝晦太后惡之心不樂迺謂左右曰此爲我也二月徙梁王恢爲趙王呂王產徙爲梁王梁王不之國爲帝太傅立皇子平昌侯太爲呂王更名梁曰呂呂曰濟川太后女弟呂須有女爲營陵侯劉澤妻澤爲大將軍太后王諸呂恐即崩後劉將軍爲害迺以劉澤爲琅邪王以慰其心梁王恢之徙王趙心懷不樂太后以呂產女爲趙王后王后從官皆諸呂擅權微伺趙王趙王不得自恣王有所愛姬王后使人酖殺之王

乃爲歌詩四章令樂人歌之王悲六月卽自殺太后聞之以爲王用婦人弃宗廟禮廢其嗣宣平侯張敖卒以子偃爲魯王敖賜諡爲魯元王秋太后使使告代王欲徙王趙代王謝願守代邊大傅產丞相平等言武信侯呂祿上侯位次第一請立爲趙王太后許之追尊祿父康侯爲趙昭王九月燕靈王建薨有美人子太后使人殺之無後國除八年十月立呂肅王子東平侯呂通爲燕王封通弟呂莊爲東平侯三月中呂后祓還過軹道見物如蒼犬據高后掖（據字徐音載則據本是㩜與漢書同作據者誤字也然通志已作據音載則此字南宋已譌矣）忽弗復見卜之云趙王如意爲祟高后遂病掖傷高后爲外孫魯元王偃年少蚤失父母孤弱迺封張敖前姬兩子侈爲新都侯（梁云新都史漢表幷作信都）壽爲樂昌侯以輔魯元王偃及封中大謁者張釋爲建陵侯（梁云惠景侯表何奴傳皆作張澤）呂榮爲祝茲侯諸中宦者令丞皆爲關內侯

自此以下叙誅諸呂事沈雄酣恣

食邑五百戶七月中高后病甚乃令趙王呂祿爲上將軍軍北軍呂王
產居南軍呂太后誡產祿曰高帝已定天下與大臣約曰非劉氏王者
天下共擊之今呂氏王大臣弗平我即崩帝年少大臣恐爲變必據兵
衛宮愼毋送喪毋爲人所制辛巳高后崩遺詔賜諸侯王各千金將相
列侯郎吏皆以秩賜金大赦天下以呂王產爲相國以呂祿女爲帝后
高后已葬以左丞相審食其爲帝太傅朱虛侯劉章有氣力東牟侯與
居其弟也皆齊哀王弟居長安當是時諸呂用事擅權欲爲亂畏高帝
故大臣絳灌等未敢發朱虛侯婦呂祿女陰知其謀恐見誅迺陰令人
告其兄齊王欲令發兵西誅諸呂而立朱虛侯欲從中與大臣爲應齊
王欲發兵其相弗聽八月丙午齊王欲使人誅相相召平迺反舉兵欲
圍王王因死其相遂發兵東詐奪琅邪王兵并將之而西語在齊王語

中。齊王迺遺諸侯王書曰。高帝平定天下。王諸子弟。悼惠王王齊。悼惠王薨。孝惠帝使留侯良立臣為齊王。孝惠崩。高后用事。春秋高。聽諸呂擅廢帝更立。又比殺三趙王。滅梁趙燕以王諸呂。分齊為四。忠臣進諫。上惑亂弗聽。今高后崩。而帝春秋富。未能治天下。固恃大臣諸侯。而諸呂又擅自尊官。聚兵嚴威。劫列侯忠臣。矯制以令天下。宗廟所以危。寡人率兵入誅不當為王者。漢聞之。相國呂產等乃遣潁陰侯灌嬰將兵擊之。灌嬰至滎陽。迺謀曰。諸呂權兵關中。(權當依通鑑作擁此形似而譌)欲危劉氏而自立。今我破齊還報。此益呂氏之資也。迺留屯滎陽。使使諭齊王及諸侯。與連和。以待呂氏變。共誅之。齊王聞之。迺還兵西界待約。呂祿呂產欲發亂關中。內憚絳侯朱虛等。外畏齊楚兵。又恐灌嬰畔之。欲待灌嬰兵與齊合而發。猶豫未決。當是時。濟川王太。淮陽王武。常山王朝。名為

少帝弟及魯元王呂后外孫皆年少未之國居長安趙王祿梁王產各
將兵居南北軍皆呂氏之人也（依通鑑增也字）列侯羣臣莫自堅其命大尉絳
侯勃不得入軍中主兵曲周侯酈商老病其子寄與呂祿善絳侯迺與
丞相陳平謀使人刦酈商令其子寄往紿說呂祿曰高帝與呂后共定
天下劉氏所立九王呂氏所立三王皆大臣之議事已布告諸侯王諸
侯王以爲宜（今本作布告諸侯諸侯皆以爲宜依通志改當是宋本史記如此漢紀同）今太后崩帝少而足
下佩趙王印不急之國守藩迺爲上將將兵留此爲大臣諸侯所疑足
下何不歸將印以兵屬太尉請梁王歸相國印與大臣盟而之國齊兵
必罷大臣得安足下高枕而王千里此萬世之利也呂祿信然其計欲
歸將印以兵屬太尉使人報呂產及諸呂老人或以爲便或曰不便計
猶豫未有所決呂祿信酈寄時與出遊獵過其姑呂嬃嬃大怒曰若爲

平陽侯聞之句遙接

將而弃軍呂氏今無處矣迺悉出珠玉寶器散堂下曰毋爲他人守也左丞相食其免九月（本作八月依通鑑考異校改）庚申旦平陽侯窋行御史大夫事見相國產計事郎中令賈壽使從齊來因數產曰王不蚤之國今雖欲行尚可得邪具以灌嬰與齊楚合從欲誅諸呂告產乃趣產急入宮平陽侯頗聞其語迺馳告丞相太尉太尉欲入北軍不得入襄平侯通尚符節迺令持節矯內太尉北軍太尉復令酈寄與典客劉揭先說呂祿曰帝使太尉守北軍欲足下之國急歸將印辭去不然禍且起呂祿以爲酈兄不欺已遂解印屬典客而以兵授太尉太尉將之入軍門行令軍中曰爲呂氏右襢爲劉氏左襢軍中皆左襢爲劉氏太尉行至將軍呂祿亦已解上將印去太尉遂將北軍然尚有南軍平陽侯聞之（此句遙接平陽侯頗聞其語梁氏妄謂當衍謬甚）以呂產謀告丞相平丞相平迺召朱虛侯佐太尉

太尉令朱虛侯監軍門令平陽侯告衛尉毋入相國產殿門呂產不知
呂祿已去北軍迺入未央宮欲爲亂殿門弗得入裴回往來平陽侯恐
弗勝馳語太尉太尉尚恐不勝諸呂未敢訟言誅之迺遣朱虛侯謂曰
急入宮衛帝朱虛侯請卒太尉予卒千餘人入未央宮門見產廷中（見上）
（本有遂字下文有遂擊產此句不應先有遂字通鑑通志皆無此遂字今校刪）日餔時遂擊產產走天風大起
以故其從官亂莫敢鬬逐產殺之郎中府吏舍（依漢書補舍字）廁中朱虛侯已
殺產帝命謁者持節勞朱虛侯朱虛侯欲奪節信謁者不肯朱虛侯則
從與載因節信馳走斬長樂衛尉呂更始還馳入北軍報太尉太尉起
拜賀朱虛侯曰所患獨呂產今已誅天下定矣遂遣人分部悉捕諸呂
男女無少長皆斬之辛酉捕斬呂祿而笞殺呂嬃使人誅燕王呂通而
廢魯王偃壬戌以帝太傅食其復爲左丞相戊辰徙濟川王王梁立趙

幽王子遂爲趙王遣朱虛侯章以誅諸呂氏事告齊王令罷兵灌嬰兵亦罷滎陽而歸諸大臣相與陰謀曰少帝及梁淮陽常山王皆非眞孝惠子也呂后以計詐名他人子殺其母養後宮令孝惠子之立以爲後及諸王以彊呂氏今皆已夷滅諸呂而置所立卽長用事吾屬無類矣不如視諸王最賢者立之或言齊悼惠王高帝長子今其適子爲齊王推本言之高帝適長孫可立也大臣皆曰呂氏以外家惡而幾危宗廟亂功臣今齊王母家駟鈞(一本無此鈞字)駟鈞惡人也卽立齊王則復爲呂氏欲立淮南王以爲少母家又惡迺曰代王方今高帝見子最長仁孝寬厚太后家薄氏謹良且立長故順以仁孝聞於天下便迺相與共陰使人召代王代王使人辭謝再反然後乘六乘傳後九月晦日已酉至長安舍代邸大臣皆往謁奉天子璽上代王共尊立爲天子代王數讓羣

少帝曰欲將我安之乎及下文天子在也足下何爲者而入風趣橫溢亦微見代王之非正也

臣固請然後聽。東牟侯興居曰。誅呂氏吾無功。請得除宮。迺與太僕汝陰侯滕公入宮。前謂少帝曰。足下非劉氏。不當立。迺顧麾左右執戟者掊兵罷去。有數人不肯去兵。宦者令張澤諭告。亦去兵。滕公迺召乘輿車。載少帝出。少帝曰。欲將我安之乎。滕公曰。出就舍。舍少府。迺奉天子法駕。迎代王於邸。報曰。宮謹除。代王卽夕入未央宮。有謁者十人持戟衞端門。曰。天子在也。足下何爲者而入。代王迺謂太尉。太尉往諭。謁者十人皆掊兵而去。代王遂入而聽政。夜有司分部誅滅梁淮陽常山王及少帝於邸。代王立爲天子。二十三年崩。謚爲孝文皇帝。

太史公曰。孝惠皇帝高后之時。黎民得離戰國之苦。君臣俱欲休息乎無爲。故惠帝垂拱。高后女主稱制。政不出房戶。天下晏然。刑罰罕用。罪人是希。民務稼穡。衣食滋殖

某案呂氏紀以王諸呂爲主
此篇特詳呂氏本末前半爲王諸呂蓄埶後叙次誅諸呂事絕精采

呂后本紀第九

孝文本紀第十

孝文皇帝。高祖中子也。高祖十一年春。已破陳豨軍。定代地。立爲代王。都中都。太后薄氏子。卽位十七年。高后八年七月。高后崩。九月。諸呂呂產等欲爲亂。以危劉氏。大臣共誅之。謀召立代王。事在呂后語中。丞相陳平太尉周勃等。使人迎代王。代王問左右郎中令張武等。張武等議曰。漢大臣皆故高帝時大將。習兵。多謀詐。此其屬意非止此也。特畏高帝呂太后威耳。今已誅諸呂。新啑血京師。此以迎大王爲名。實不可信。願大王稱疾毋往。以觀其變。中尉宋昌進曰。羣臣之議皆非也。夫秦失其政。諸侯豪桀並起。人人自以爲得之者以萬數。然卒踐天子之位者劉氏也。天下絕望。一矣。高帝封王子弟。地犬牙相制。此所謂盤石之宗也。天下服其彊。二矣。漢興。除秦苛政。約法令。施德惠。人人自安。難動搖。

三矣夫以呂太后之嚴立諸呂爲三王擅權專制然而太尉以一節入北軍一呼士皆左袒爲劉氏叛諸呂卒以滅之此乃天授非人力也今大臣雖欲爲變百姓弗爲使其黨寧能專一邪方今內有朱虛東牟之親外畏吳楚淮南瑯邪齊代之彊（漢書句上無方今二字）方今高帝子獨淮南王與大王大王又長賢聖仁孝聞於天下故大臣因天下之心而欲迎立大王大王勿疑也代王報太后計之猶與未定卜之龜卦兆得大橫（據應劭漢書注龜曰兆筮曰卦此卦疑衍字）占曰大橫庚庚余爲天王夏啓以光代王曰寡人固已爲王矣又何王卜人曰所謂天王者迺天子於是代王迺遣太后弟薄昭往見絳侯絳侯等具爲昭言所以迎立王意薄昭還報曰信矣毋可疑者代王乃笑謂宋昌曰果如公言乃命宋昌參乘張武等六人乘傳從（依通鑑增從字）詣長安至高陵休止而使宋昌先馳之長安觀變昌至

渭橋。丞相以下皆迎。宋昌還報。代王馳至渭橋。羣臣拜謁稱臣。代王下車拜。太尉勃進曰。願請閒言。漢書無言字某案言字當有下言公言私卽承此言字漢書脫宋昌曰。所言公。公言之。所言私。王者不受私。太尉乃跪上天子璽符。代王謝曰。至代邸而議之。遂馳入代邸。羣臣從至邸。依通鑑補邸字丞相陳平。太尉周勃。大將軍陳武。御史大夫張蒼。宗正劉郢。朱虛侯劉章。東牟侯劉興居。典客劉揭。皆再拜言曰。子弘等皆非孝惠帝子。不當奉宗廟。臣謹請與陰安侯列侯當依通志刪與字列侯字漢書幷無下與字非也通志有索隱有列侯字頃王后索隱如淳以頃王后別封陰安侯與漢祠令相會某案漢書注引如淳說云案漢祠令陰安侯高帝嫂也若祠令文如此不足證陰安侯之卽頃王后蕭林以爲二人亦云高帝丘嫂也與琅邪王。宗室。大臣。列侯。吏二千石議曰。大王高帝長子。宜爲高帝嗣。願大王卽天子位。代王曰。奉高帝宗廟。重事也。寡人不佞。不足以稱宗廟。願請楚王計宜者。寡人不敢當。羣臣皆伏固請。代王西鄉讓者三。

南鄉讓者再。丞相平等皆曰。臣伏計之。大王奉高帝宗廟最宜稱。雖天下諸侯萬民。皆[皆字依漢書補]以爲宜。臣等爲宗廟社稷計。不敢忽。願大王幸聽臣等。臣謹奉天子璽符再拜上。代王曰。宗室將相王列侯以爲莫宜寡人。寡人不敢辭。遂卽天子位。羣臣以禮次侍。乃使太僕嬰與東牟侯興居清宮。奉天子法駕。迎于代邸。皇帝卽日夕入未央宮。乃夜拜宋昌爲衞將軍。鎭撫南北軍。以張武爲郎中令。行殿中。還坐前殿。於是夜下詔書曰。閒者諸呂用事擅權。謀爲大逆。欲以危劉氏宗廟。賴將相列侯宗室大臣誅之。皆伏其辜。朕初卽位。其赦天下。賜民爵一級。女子百戶牛酒。酺五日。孝文皇帝元年十月庚戌。徙立故琅邪王澤爲燕王。辛亥。皇帝卽阼。謁高廟。右丞相平徙爲左丞相。太尉勃爲右丞相。大將軍灌嬰爲太尉。諸呂所奪齊楚故地。皆復與之。壬子。遣車騎將軍薄昭迎皇

太后于代。皇帝曰。呂產自置爲相國。呂祿爲上將軍。擅矯遣灌將軍嬰將兵擊齊。欲代劉氏。嬰留滎陽勿擊。與諸侯合謀以誅呂氏。呂產欲爲不善。丞相陳平與太尉周勃謀奪呂產等軍。朱虛侯劉章首先捕斬呂產。（依漢書捕下增斬字滅等字）太尉身率襄平侯通持節承詔入北軍。典客劉揭身奪趙王呂祿印。益封太尉勃萬戶。賜金五千斤。丞相陳平灌將軍嬰邑各三千戶。金二千斤。朱虛侯劉章襄平侯通東牟侯劉興居邑各二千戶。金千斤。封典客揭爲陽信侯。賜金千斤。十二月。上曰。法者。治之正也。所以禁暴而率善人也。今犯法已論。而使毋罪之父母妻子同產坐之。及爲收帑。朕甚不取。其議之。有司皆曰。民不能自治。故爲法以禁之。相坐坐收。所以累其心。使重犯法。所從來遠矣。如故便。上曰。朕聞法正則民愨。罪當則民從。且夫牧民而導之善者吏也。其既不能導。又以不正

之法罪之。是反害於民爲暴者也。何以禁之。朕未見其便。其孰計之。有司皆曰。陛下加大惠。德甚盛。非臣等所及也。請奉詔書。除收帑諸相坐律令。正月。有司言曰。蚤建太子。所以尊宗廟。請立太子。上曰。朕既不德。上帝神明弗歆享。天下人民未有嗛志。梁云嗛卽慊漢書作㥦志今縱不能博求天下賢聖有德之人而禪天下焉。而曰豫建太子。是重吾不德也。謂天下何。其安之。有司曰。豫建太子。所以重宗廟社稷。不忘天下也。上曰。楚王。季父也。春秋高。閱天下之義理多矣。明於國家之大體。吳王於朕兄也。惠仁以好德。淮南王弟也。秉德以陪朕。豈爲不豫哉。諸侯王宗室昆弟有功臣。多賢及有德義者。若舉有德以陪朕之不能終。是社稷之靈。天下之福也。今不選舉焉。而曰必子。人其以朕爲忘賢有德者而專於子。非所以憂天下也。朕甚不取也。有司皆固請曰。古者殷周有國。治安皆

總束前文以爲提掇

千餘歲（錢云幷稷契受封之年計之）古之有天下者莫長焉用此道也立嗣必子所從來遠矣高帝親率士大夫始平天下建諸侯爲帝者太祖諸侯王及列侯始受國者皆亦爲其國祖子孫繼嗣世世弗絕天下之大義也故高帝設之以撫海內今釋宜建而更選於諸侯及宗室非高帝之志也更議不宜子某最長純厚慈仁請建以爲太子上乃許之因賜天下民當代父後者爵各一級封將軍薄昭爲軹侯三月有司請立皇后薄太后曰諸侯皆同姓立太子母爲皇后皇后姓竇氏上爲立后故賜天下鰥寡孤獨窮困及年八十已上孤兒九歲已下布帛米肉各有數上從代來初即位施德惠天下塡撫諸侯四夷皆洽驩乃循（漢書循作脩）從代來功臣上曰方大臣之誅諸侯迎朕朕狐疑皆止朕唯中尉宋昌勸朕朕以得保奉宗廟已尊昌爲衛將軍其封昌爲壯武侯諸從朕六人官皆

至九卿上曰列侯從高帝入蜀漢中者六十八人皆益封各三百戶故吏二千石以上從高帝潁川守尊等十人食邑六百戶淮陽守申屠嘉等十人五百戶衞尉定等十人四百戶封淮南王舅父趙兼爲周陽侯齊王舅父駟鈞爲淸郭侯（梁云淸讀若靖某案集解已音靜）秋封故常山丞相蔡兼爲樊侯人或說右丞相曰君本誅諸呂迎代王今又矜其功受上賞處尊位禍且及身右丞相勃乃謝病免罷左丞相平專爲丞相二年十月丞相平卒復以絳侯勃爲丞相上曰朕聞古者諸侯建國千餘歲（王懷祖依漢書刪歲字）各守其地以時入貢民不勞苦上下驩欣靡有遺德今列侯多居長安邑遠吏卒給輸費苦而列侯亦無由教馴其民其令列侯之國爲吏及詔所止者遣太子十一月晦日有食之十二月望日又食上曰朕聞之天生蒸民爲之置君以養治之人主不德布政不均則天示之菑（依漢

書菑上刪以字以誡不治。乃十一月晦日有食之。適見于天。菑孰大焉。朕獲保宗廟。以微眇之身。託于兆民君王之上。天下治亂。在朕一人。唯二三執政猶吾股肱也。朕下不能理育羣生。上以累三光之明。其不德大矣。令至。其悉思朕之過失。及知見思之所不及。丐以啓告朕。本作匄以告朕依通鑑改漢書同及舉賢良方正能直言極諫者。以匡朕之不逮。因各飭其任職務。省繇費以便民。朕既不能遠德。故憪然念外人之有非。是以設備未息。今縱不能罷邊屯戍。而又飭兵厚衛。其罷衛將軍軍。太僕見馬遺財足。餘皆以給傳置。正月。上曰。農天下之本。其開籍田。朕親率耕。以給宗廟粢盛。三月。有司請立皇子爲諸侯王。上曰。趙幽王幽死。朕甚憐之。已立其長子遂爲趙王。遂弟辟彊及齊悼惠王子朱虛侯章東牟侯興居有功。可王。乃立趙幽王少子辟彊爲河閒王。以齊劇郡立朱虛侯爲城陽王。

立東牟侯爲濟北王。因立二字依漢書補皇子武爲代王。子參爲太原王。子揖
爲梁王。上曰。古之治天下。朝有進善之旌。誹謗之木。所以通治道而來
諫者。今法有誹謗妖漢書作訞言之罪。是使衆臣不敢盡情。而上無由聞過
失也。將何以來遠方之賢良。其除之。民或祝詛上以相約結而後相謾。
吏以爲大逆。其有他言。而吏又以爲誹謗。此細民之愚無知抵死。朕甚
不取。自今以來。有犯此者。勿聽治。九月。初與郡國守相。爲銅虎符竹使
符。三年十月丁酉晦。日有食之。十一月。上曰。前日詔本作計依漢書改史詮云詔作計誤
遣列侯之國。或辭未行。丞相朕之所重。其爲朕率列侯之國。絳侯勃免
丞相就國。以太尉潁陰侯嬰爲丞相。罷太尉官。屬丞相。四月。城陽王章
薨。淮南王長與從者魏敬殺辟陽侯審食其。五月。匈奴入北地居河南
爲寇。帝初幸甘泉。六月。帝曰。漢與匈奴約爲昆弟。毋使害邊境。所以輸

遺匈奴甚厚•今右賢王離其國•將衆居河南降地•非常故•往來近塞•捕殺吏卒•驅保塞蠻夷•令不得居其故•陵轢邊吏•入盜•甚敖無道•非約也•其發邊吏騎八萬五千•詣高奴•遣丞相潁陰侯灌嬰擊匈奴•匈奴去•發中尉材官屬衞將軍•軍長安•辛卯•帝自甘泉之高奴•因幸太原•見故羣臣•皆賜之•舉功行賞•諸民里賜牛酒•復晉陽中都民三歲租•（依漢書增租字）留游太原十餘日•濟北王興居聞帝之代•欲往擊胡•乃反•發兵欲襲滎陽•於是詔罷丞相兵•遣棘蒲侯陳武爲大將軍•將十萬衆（依漢書補衆字）往擊之•祁侯賀爲將軍•軍滎陽•七月辛亥•帝自太原至長安•乃詔有司曰•濟北王背德反上•詿誤吏民•爲大逆•濟北吏民兵未至先自定•及以軍地邑降者•皆赦之•復官爵•與王興居去來•（某案劉貢父謂興居下脫一居字非也集解張徐二說皆善不必增居字通志有居字疑依劉說增之非有舊本如此也來下漢書有者字依文亦可省）亦赦之•八月•破濟北軍•虜其

王•赦濟北諸吏民與王反者•六年•有司言淮南王長廢先帝法•不聽天
子詔•居處毋度•出入擬於天子•擅爲法令•與棘蒲侯太子奇謀反•遣人
使閩越及匈奴•發其兵•欲以危宗廟社稷•羣臣議•皆曰長當弃市•帝不
忍致法於王•赦其罪•廢勿王•羣臣請處王蜀嚴道邛都•通鑑依漢書都作郵當從之
帝許之•長未到處所•行病死•上憐之•後十六年•追尊淮南王長謚爲厲
王•立其子三人爲淮南王衡山王盧江王•十三年•夏•上曰•蓋聞天道禍
自怨起•而福繇德興•百官之非•宜由朕躬•今祕祝之官移過于下•以彰
吾之不德•朕甚不取•其除之•五月•齊太倉令湻于公有罪當刑•詔獄逮
徙繫長安•太倉公無男•有女五人•太倉公將行會逮•罵其女曰•生子不
生男•有緩急非有益也•其少女緹縈自傷泣•乃隨其父至長安•上書曰•
妾父爲吏•齊中皆稱其廉平•今坐法當刑•妾傷夫死者不可復生•刑者

不可復屬•雖後（本作復依漢書改）欲改過自新•其道無由也•妾願沒入爲官婢•贖父刑罪•使得自新•書奏天子•天子憐悲其意•乃下詔曰•蓋聞有虞氏之時•畫衣冠異章服以爲僇•而民不犯•何則至治也•今法有肉刑三而姦不止•其咎安在•非乃朕德薄而教不明歟•吾甚自愧•故夫馴道不純而愚民陷焉•詩曰•愷悌君子•民之父母•今人有過•教未施而刑已（已字依漢書補）加焉•或欲改行爲善•而道毋由也•朕甚憐之•夫刑至斷支體•刻肌膚•終身不息•何其楚痛而不德也•豈稱爲民父母之意哉•其除肉刑•上曰•農•天下之本•務莫大焉•今勤（漢書作廑）身從事•而有租稅之賦•是爲本末者毋以異•其於勸農之道未備•其除田之租稅•十四年冬•匈奴謀入邊爲寇•攻朝那塞•殺北地都尉卬•上乃遣三將軍軍隴西北地上郡•中尉周舍爲衛將軍•郎中令張武爲車騎將軍•軍渭北•車千乘•騎卒十萬•帝親

下敘公孫臣新垣平等此見文帝顛惑方士祈禱邪說漢書入之郊祀而不載之本紀失之

自勞軍。勒兵申教令。賜軍吏卒。帝欲自將擊匈奴。羣臣諫皆不聽。皇太后固要帝。帝乃止。於是以東陽侯張相如爲大將軍。成侯赤內史欒布皆爲將軍。（赤下本有爲字布下無皆字依漢書校改史詮云內史欒布官某粲通鑑注引史記正義赤音赫局刻本失載正義文）擊匈奴。匈奴遁走。春。上曰。朕獲執犧牲珪幣以事上帝宗廟十四年于今。歷日縣長。（縣當依漢書作彌王校改緜字）以不敏不明而久撫臨天下。朕甚自愧。其廣增諸祀墠場珪幣。昔先王遠施不求其報。望祀不祈其福。右賢左戚。先民後已。至明之極也。今吾聞祠官祝釐。皆歸福朕躬。不爲百姓。朕甚愧之。夫以朕之（依漢書補之字）不德。而專（本作躬依漢書改）享獨美其福。百姓不與焉。是重吾不德也。（依漢書增也字）其令祠官致敬。毋有所祈。是時北平侯張蒼爲丞相。方明律曆。魯人公孫臣上書陳終始傳五德事。言方今土德時。土德應黃龍見。當改正朔服色制度。天子下其事與丞相議。丞相推以爲

今水德始明正十月上黑事以爲其言非是請罷之十五年黃龍見成紀天子乃復召魯公孫臣以爲博士申明土德事於是上乃下詔曰有異物之神見于成紀無害於民歲以有年朕親郊祀上帝諸神禮官議毋諱以勞朕有司禮官皆曰古者天子夏躬親禮祀上帝於郊故曰郊於是天子始幸雍郊見五帝以孟夏四月答禮焉趙人新垣平以望氣見因說上設立渭陽五廟欲出周鼎當有玉英見十六年上親郊見渭陽五帝廟亦以夏答禮而尙赤十七年得玉杯刻曰人主延壽於是天子始更爲元年令天下大酺其歲新垣平事覺夷三族後二年上曰朕既不明不能遠德是以使方外之國（漢書無是以二字）或不寧息夫四荒之外不安其生封畿之內勤勞不處二者之咎皆自於朕之德薄而不能遠達也閒者累年匈奴並暴邊境多殺吏民邊臣兵吏又不能諭吾內志

以重吾不德也。夫久結難連兵。中外之國將何以自寧。今朕夙興夜寐。勤勞天下。憂苦萬民。爲之怛惕不安。未嘗一日忘於心。故遣使者冠蓋相望。結軼於道。以諭朕意於單于。今單于反古之道。計社稷之安。便萬民之利。新（本作親依漢書改）與朕俱棄細過。偕之大道。結兄弟之義。以全天下元元之民。和親已定。始于今年。後六年冬。匈奴三萬人入上郡。三萬人入雲中。以中大夫令勉爲車騎將軍。（梁云荀紀令勉作李勉蘇意作蘇隱）軍飛狐。故楚相蘇意爲將軍。軍句注。將軍張武屯北地。河內守周亞夫爲將軍。居細柳。宗正劉禮爲將軍。居霸上。祝茲侯軍棘門。以備胡。數月。胡人去。亦罷。天下旱蝗。帝加惠。令諸侯毋入貢。弛山澤。減諸服御狗馬。損郎吏員。發倉庾振貧民。民得賣爵。孝文帝從代來。即位二十三年。宮室苑囿狗馬服御無所增益。有不便。輒弛以利民。嘗欲作露臺。召匠計之。直百金。上曰

百金中民十家之產吾奉先帝宮室常恐羞之何以臺爲上常衣綈衣所幸愼夫人令衣不得曳地幃帳不得文繡以示敦朴爲天下先治霸陵皆以瓦器不得以金銀銅錫爲飾不治墳欲爲省毋煩民南越王尉佗自立爲武帝然上召貴尉佗兄弟（局刻貴作資誤）以德報之佗遂去帝稱臣與匈奴和親匈奴背約入盜然令邊備守不發兵深入惡煩苦百姓吳王詐病不朝就賜几杖羣臣如袁盎等稱說雖切常假借用之羣臣如張武等受賂遺金錢覺上乃發御府金錢賜之以愧其心弗下吏專務以德化民是以海內殷富興於禮義後七年六月己亥帝崩於未央宮遺詔曰朕聞蓋天下萬物之萌生靡有不死死者天地之理物之自然（依漢書句下減者字）奚可甚哀當今之時世咸嘉生而惡死厚葬以破業重服以傷生吾甚不取且朕既不德無以佐百姓今崩又使重服久臨以離寒

暑之數。哀人之父子。傷長幼之志。損其飲食。絕鬼神之祀。以重吾不德也。謂天下何。朕獲保宗廟。以眇眇之身。託於天下君王之上。二十有餘年矣。賴天（天下依漢書删地字）之靈。社稷之福。方內安寧。靡有兵革。朕既不敏。常畏過行。以羞先帝之遺德。維年之久長。懼于不終。今乃幸以天年。得復供養于高廟。朕之不明。與嘉之。其奚哀念（本作悲依漢書改）之有。其令天下吏民。令到。出臨三日。皆釋服。毋禁取婦嫁女祠祀飲酒食肉者。自當給喪事服臨者。皆無踐。絰帶無過三寸。毋布車及兵器。毋發民男女哭臨宮殿。宮（漢書宮作中某案此當複宮殿中三字）殿中當臨者。皆以旦夕各十五舉聲。禮畢罷。非旦夕臨時。禁毋得擅哭。（漢書哭下有臨字）已下。服大紅十五日。小紅十四日。纖七日。釋服。佗不在令中者。皆以此令比率從事。布告天下。使明知朕意。霸陵山川因其故。毋有所改。歸夫人以下至少使。令中尉亞夫為車

此紀以詔令爲章法故以景帝此詔終之以爲線索此詔正以總結文帝漢書以入景紀失之
史記此詔以不私其利解減嗜欲不受獻以不誅無罪解罪人不孥以重絕人之世解除宮刑出美人語凡三端漢書併爲二事似未明晰

騎將軍。屬國悍爲將屯將軍。郎中令武爲復土將軍。發近縣見卒萬六千人。內史卒萬五千人。藏郭穿復土屬將軍武。乙巳。羣臣皆頓首上尊號曰孝文皇帝。太子即位于高廟。丁未。襲號曰皇帝。孝景皇帝元年十月。制詔御史。蓋聞古者祖有功而宗有德。制禮樂各有由。歌者所以發德也。（依漢書句上減聞字）舞者所以明功也。高廟酎奏武德文始五行之舞。孝惠廟酎奏文始五行之舞。孝文皇帝臨天下。通關梁。不異遠方。除誹謗。去肉刑。賞賜長老。收恤孤獨。以育羣生。減嗜欲。不受獻。不私其利也。罪人不帑。不誅無罪。除宮刑。（宮本作肉依漢書改）出美人。重絕人之世。（漢書句下有也字）朕既不敏。不能識。此皆上古之所不及。而孝文皇帝親行之。德厚侔天地。利澤施四海。靡不獲福焉。明象乎日月。而廟樂不稱。朕甚懼焉。其爲孝文皇帝廟。爲昭德之舞。以明休德。然後祖宗之功德。著於竹帛。施於萬

余向謂此激射武帝今考之非也言帝已惑於公孫臣新垣平等邪說矣其末成幸也

世永永無窮朕甚嘉之其與丞相列侯中二千石禮官具爲禮儀奏丞相臣嘉等言陛下永思孝道立昭德之舞以明孝文皇帝之盛德皆臣嘉等愚所不及臣謹議曰（七本曰作世漢書同今依通志凌本）功莫大於高皇帝德莫盛於孝文皇帝高皇廟宜爲帝者太祖之廟孝文皇帝廟宜爲帝者太宗之廟天子宜世世獻祖宗之廟郡國諸侯宜各爲孝文皇帝立太宗之廟諸侯王列侯使者侍祠天子所歲獻祖廟（所字依漢書補漢書無歲字某案所字句絕歲字亦當有）請著之竹帛宣布天下制曰可

太史公曰孔子言必世然後仁善人之治國百年亦可以勝殘去殺誠哉是言漢興至孝文四十有餘載德至盛也廩廩鄉改正服封禪矣謙讓未成於今嗚呼豈不仁哉

某案文紀以仁爲主以詔令爲章法文帝諸政不可悉以類從一以

詔令緯之統攝聯貫若網在綱矣

孝文本紀第十

史記十

孝景本紀第十一

孝景皇帝者孝文之中子也母竇太后孝文在代時前后有三男及竇太后得幸前后死及三子更死故孝景得立元年四月乙卯赦天下乙巳賜民爵一級五月除田半租爲孝文立太宗廟令羣臣無朝賀匈奴入代與約和親二年春封故相國蕭何孫係爲武陵侯〔錢云武陵表作武陽其名嘉非係也〕男子二十而得傅四月壬午孝文太后崩廣川長沙王皆之國丞相申屠嘉卒八月以御史大夫開封侯陶青爲丞相〔陶青漢紀作陶青翟後凡陶青漢紀皆作陶青翟蓋陶與莊皆名青翟漢書載御史大夫青翟至代下與匈奴和親文穎以爲姓嚴臣瓚顏監皆以漢書爲誤皆失考陶名青翟而史文多止稱陶青者猶劉郢客止稱劉郢省二名而稱一字耳漢書不誤〕彗星出東北秋〔秋字札記校刪〕衡山雨雹大者五寸深〔本有者字依王校刪〕尺二熒惑逆行守北辰月出北辰閒歲星逆行天廷中置南陵及內史祋祤爲縣三年正月乙巳赦天下長星出西方天

火燔雒陽東宮大殿城室。吳王濞楚王戊趙王遂膠西王卬濟南王辟光菑川王賢膠東王雄渠反。梁云漢志作熊渠左傳八元仲熊潛夫論作雄易疏虞犧一號皇雄氏月令疏作黃熊魏書羊祉傳熊武斯裁熊武雄武也發兵西鄉。天子爲誅晁錯。遣袁盎諭告。不止。遂西圍梁。上乃遣大將軍竇嬰太尉周亞夫將兵誅之。六月乙亥。赦亾軍。及楚元王子蓺等與謀反者。封大將軍竇嬰爲魏其侯。立楚元王子平陸侯禮爲楚王。錢云東平國有東平陸縣此劉禮所封邑也水經注以爲尉氏之陵樹鄉故平陸縣失之應劭韋昭以爲河西之平陸則謬甚立皇子端爲膠西王。子勝爲中山王。徙濟北王志爲菑川王。淮陽王餘爲魯王。汝南王非爲江都王。齊王將廬梁云他處作將閭燕王嘉皆薨。四年夏。立太子。立皇子徹爲膠東王。六月甲戌。赦天下。後九月。更以弋陽爲陽陵。復置津關。用傳出入。冬。以趙國爲邯鄲郡。五年三月。作陽陵渭橋。五月。募徙陽陵。予錢二十萬。江都大暴風從西方來。壞城十二丈。丁

卯•封長公主子蟜爲隆慮侯•[梁云漢表蟜作融錢云隆慮侯封年表在中五年紀書于前五年非也]徙廣川王爲趙王•六年春•封中尉趙[盧校滅趙字]綰爲建陵侯•江都丞相嘉爲建平侯•隴西太守渾邪爲平曲侯•趙丞相嘉爲江陵侯•[錢云表作江陽]故將軍布爲鄃侯•梁楚二王皆薨•後九月•伐馳道樹殖蘭池•七年冬•廢栗太子爲臨江王•十二月晦•日有食之•春•免徒隸作陽陵者•丞相青免•二月乙巳•以太尉條侯周亞夫爲丞相•[梁云條侯漢書表志作修音爲條亞夫避暑錄人獲玉印文曰周惡夫印劉原父云漢條侯印也禮記惡池詛楚文作亞𩦬盧綰孫他之爲亞谷侯漢書作惡谷]四月乙巳•立膠東王太后爲皇后•丁巳•立膠東王爲太子•名徹•中元年•封故御史大夫周苛孫平爲繩侯•故御史大夫周昌子左車爲安陽侯•四月乙巳•赦天下•賜爵一級•除禁錮•地動•衡山原都雨雹•大者尺八寸•中二年二月•匈奴入燕•遂不和親•三月•召臨江王來•即死中尉府中•夏•立皇子越爲廣川王•子寄爲膠

東王•封四侯•九月甲戌日食•中三年冬•罷諸侯御史中丞•春匈奴王二人•率其徒來降•皆封爲列侯•立皇子方乘爲淸河王•三月彗星出西北•丞相周亞夫死•（某案死當依漢紀作免死乃免之誤字亞夫下獄死在後元年非此年事）以御史大夫桃侯劉舍（通鑑注云項氏親賜姓劉漢紀作周舍後同）爲丞相•四月地動•九月戊戌晦日食軍東都門外•中四年三月•置德陽宮•大蝗•秋赦徒作陽陵者•中五年夏立皇子舜爲常山王•封十侯•六月丁巳•赦天下•賜爵一級•天下大潦•更命諸侯丞相曰相•秋地動•中六年二月己卯•行幸雍郊見五帝•三月雨雹•四月•梁孝王城陽共王•（錢云城陽國治莒漢志謂文帝二年別爲國者是也正義說非是）汝南王皆薨•立梁孝王子明爲濟川王•子彭離爲濟東王•子定爲山陽王•子不識爲濟陰王•梁分爲五•封四侯•更命廷尉爲大理•將作少府爲將作大匠•主爵中尉爲都尉•長信詹事爲長信少府•將行（通志行作作）爲大長秋•大行爲行

人奉常爲太常典客爲大行治粟內史爲大農以大內爲二千石置左右內官屬大內七月辛亥日食八月匈奴入上郡後元年冬更命中大夫爲衛尉三月丁酉赦天下賜爵一級中二千石諸侯相爵右庶長四月大酺五月丙戌地動其蚤食時復動上庸地動二十二日壞城垣七月乙巳日食丞相劉（漢紀作周）舍免八月壬辰以御史大夫綰爲丞相封爲建陵侯後二年正月地一日三動郅將軍擊匈奴酺五日令內史郡不得食馬粟沒入縣官令徒隸衣七緵布止馬舂爲歲不登禁天下食不造歲（何未詳當有誤字卽漢書以歲不登禁內郡食馬粟也）省列侯遣之國三月匈奴入鴈門十（史詮校改七）月租長陵田大旱衡山國河東雲中郡民疫後三年十月日月皆食赤五日十二月晦雷日如紫五星逆行守太微月貫天廷中正月甲寅皇太子冠甲子孝景皇帝崩遺詔賜諸侯王以下至民爲父後爵

一級天下戶百錢出宮人歸其家復無所與太子即位是爲孝武皇帝三月封皇太后弟蚡爲武安侯弟勝爲周陽侯葬（局本作置依淩校改）陽陵

太史公曰漢興孝文施大德天下懷安至孝景不復憂異姓而晁錯刻削諸侯遂使七國俱起合從而西鄉以諸侯太盛而錯爲之不以漸也及主父偃言之而諸侯以弱卒以安安危之機豈不以謀哉

方侍郎云申屠嘉周亞夫皆以自卒書此紀信爲少孫所補史公實錄此類不宜曲諱某案周亞夫卒不見此紀中其中三年丞相周亞夫死死乃免之誤字若申屠嘉實歐血死書卒宜也漢書漢紀皆亦書薨無異文方氏以此定是篇之眞僞非篤論漢書景紀中三年春正月皇太后崩孟康注此太后崩史記無也正引此篇以證漢書異同若此篇非史公作孟康宜不直名之爲史記不須糾史漢之異文

但鄭氏通志載張晏說謂自景帝至平帝本紀皆王莽時劉歆楊雄馮衍史岑等所記武紀褚少孫補史記元有之篇班氏皆不別撰假如景紀爲史公作卽劉揚亦不更記班氏亦不舍史記而取劉揚孟康未必知文其稱引史篇殆不足據案國志王肅傳肅對魏明帝云武帝取孝景及己本紀覽之大怒削而投之於今此兩紀有錄無書然則今之景紀乃魏以後人所續也眞西山以景紀後贊爲史公文恐亦考之不詳

孝景本紀第十一

史記十一

孝武本紀第十二

孝武皇帝者。孝景中子也。母曰王太后。孝景四年。以皇子爲膠東王。孝景七年。栗太子廢爲臨江王。以膠東王爲太子。孝景十六年崩。太子卽位。爲孝武皇帝。孝武皇帝初卽位。尤敬鬼神之祀。元年。漢興已六十餘歲矣。天下乂安。薦紳之屬皆望天子封禪改正度也。而上鄉儒術。招賢良。趙綰王臧等以文學爲公卿。欲議古立明堂城南。以朝諸侯。草巡狩封禪改曆服色事。未就。會竇太后治黃老言。不好儒術。使人微得趙綰等姦利事。召案綰臧。綰臧自殺。諸所興爲者皆廢。後六年。竇太后崩。其明年。上徵文學之士公孫弘等。明年。上初至雍。郊見五時。後常三歲一郊。是時上求神君。舍之上林中蹏氏觀。神君者。長陵女子。以子死悲哀。故見神於先後宛若。宛若祀之其室。民多往祠。平原君往祠。其後子孫

以尊顯及武帝卽位則厚禮置祠之內中聞其言不見人云是時而李少君亦以祠竈穀道卻老方見上上尊之少君者故深澤侯入以主方匿其年及所生長常自謂七十能使物卻老其游以方徧諸侯無妻子人聞其能使物及不死更饋遺之常餘金錢帛衣食人皆以爲不治產業而饒給又不知其何所人愈信爭事之少君資好方善爲巧發奇中嘗從武安侯飲坐中有年九十餘老人少君乃言與其大父游射處老人爲兒時從其大父行識其處一坐盡驚少君見上上有故銅器問少君少君曰此器齊桓公十年陳於柏寢已而按其刻果齊桓公器一宮盡駭以少君爲神數百歲人也少君言於上曰祠竈則致物致物而丹沙可化爲黃金黃金成以爲飲食器則益壽益壽而海中蓬萊僊者可見見之以封禪則不死黃帝是也臣嘗游海上見安期生食臣棗大如

瓜安期生僊者通蓬萊中合則見人不合則隱於是天子始親祠竈而遣方士入海求蓬萊安期生之屬而事化丹沙諸藥齊爲黃金矣居久之李少君病死天子以爲化去不死也而使黃錘史寬舒受其方求蓬萊安期生莫能得而海上燕齊怪迂之方士多相效更言神事矣亳人薄誘忌奏祠泰一方曰天神貴者泰一泰一佐曰五帝古者天子以春秋祭泰一東南郊用太牢具七日爲壇開八通之鬼道於是天子令太祝立其祠長安東南郊常奉祠如忌方其後人有上書言古者天子三年一用太牢具祠神三一天一地一泰一天子許之令太祝領祠之忌泰一壇上如其方後人復有上書言古者天子常以春秋解祠祠黃帝用一梟破鏡冥羊用羊祠馬行用一青牡馬泰一皐山山君地長用牛武夷君用乾魚陰陽使者以一牛令祠官領之如其方而祠於忌泰一

壇旁。其後天子苑有白鹿。以其皮爲幣。以發瑞應。造白金焉。其明年郊雍。獲一角獸。若麃然。有司曰。陛下肅祗郊祀。上帝報享。錫一角獸。蓋麟云。於是以薦五時。時加一牛以燎。賜諸侯白金。以風符應合于天地。於是濟北王以爲天子且封禪。乃上書獻泰山及其旁邑。天子受之。更以他縣償之。常山王有罪。遷天子封其弟於眞定。以續先王祀。而以常山爲郡。然後五嶽皆在天子之郡。其明年。齊人少翁以鬼神方見上上有所幸王夫人。夫人卒。少翁以方術蓋夜致王夫人及竈鬼之貌云。天子自帷中望見焉。於是乃拜少翁爲文成將軍。賞賜甚多。以客禮禮之。文成言曰。上卽欲與神通。宮室被服不象神。神物不至。乃作畫雲氣車。及各以勝日駕車辟惡鬼又作甘泉宮中爲臺室畫天地泰一諸神而置祭具以致天神。居歲餘。其方益衰。神不至。乃爲帛書以飯牛。詳弗知也。

言此牛腹中有奇殺而視之得書書言甚怪天子疑之有識其手書問之人果爲書於是誅文成將軍而隱之其後則又作柏梁銅柱承露僊人掌之屬矣文成死明年天子病鼎湖甚巫醫無所不致至不愈游水發根乃言曰上郡有巫病而鬼下之上召置祠之甘泉及病使人問神君神君言曰天子毋憂病病少愈彊與我會甘泉於是病愈遂幸甘泉病良已大赦天下置壽宮神君神君最貴者大夫其佐曰大禁司命之屬皆從之非可得見聞其音與人言等時去時來來則風肅然也居室帷中時晝言然常以夜天子祓然後入因巫爲主人關飲食所欲者言行下又置壽宮北宮張羽旗設供具以禮神君神君所言上使人受書其言命之曰畫法其所語世俗之所知也毋絕殊者而天子獨喜其事祕世莫知也其後三年有司言元宜以天瑞命不宜以一二數一元曰

建元。二元以長星曰元光。三元以郊得一角獸曰元狩云。其明年冬。天子郊雍。議曰。今上帝朕親郊。而后土毋祀。則禮不答也。有司與太史公祠官寬舒等議。天地牲角繭栗。今陛下新祀后土。后土宜於澤中圜丘爲五壇。壇一黃犢太牢具。已祠盡瘞。而從祠衣上黃。於是天子遂東。始立后土祠汾陰脽上。如寬舒等議。上親望拜。如上帝禮。禮畢。天子遂至榮陽而還。過雒陽。下詔曰。三代邈絕。遠矣難存。其以三十里地封周後爲周子南君。以奉先王祀焉。是歲。天子始巡郡縣。侵尋於泰山矣。其春樂成侯上書言欒大。欒大。膠東宮人。故嘗與文成將軍同師。已而爲膠東王尚方。而樂成侯姊爲康王后。毋子。康王死。他姬子立爲王。而康后有淫行。與王不相中。得。（錢云中下衍得字）相危以法。康后聞文成已死。而欲自媚於上。乃遣欒大因樂成侯求見言方。天子既誅文成。後悔恨其早死。

惜其方不盡。及見欒大大悅。大為人長美言多方略。而敢為大言處之不疑。大言曰。臣嘗往來海中。見安期羨門之屬。顧以為臣賤不信臣。又以為康王諸侯耳。不足予方。臣數言康王。康王又不用臣。臣之師曰。黃金可成。而河決可塞。不死之藥可得。仙人可致也。臣恐效文成。則方士皆掩口。惡敢言方哉。上曰。文成食馬肝死耳。子誠能脩其方。我何愛乎。大曰。臣師非有求人。人者求之。陛下必欲致之。則貴其使者。令有親屬。以客禮待之。勿卑。使各佩其信印。乃可使通言於神人。神人尚肯邪不邪。致尊其使。然後可致也。於是上使先驗小方。鬬旗。旗自相觸擊。是時上方憂河決。而黃金不就。乃拜大為五利將軍。居月餘。得四金印。佩天士將軍。地士將軍。大通將軍。天道將軍印。制詔御史。昔禹疏九江。決四瀆。閒者河溢皋陸。隄繇不息。朕臨天下二十有八年。天若遺朕士而大

通焉・乾稱蜚龍・鴻漸于般・意庶幾與焉・其以二千戶封地士將軍大爲樂通侯・賜列侯甲第僮千人・乘輿斥車馬帷帳器物以充其家・又以衞長公主妻之・齎金萬斤・更名其邑曰當利公主・天子親如五利之第・使者存問所給連屬於道・自大主將相以下・皆置酒其家・獻遺之・於是天子又刻玉印曰天道將軍・使使衣羽衣・夜立白茅上・五利將軍亦衣羽衣立白茅上受印・以示弗臣也・而佩天道者・且爲天子道天神也・於是五利常夜祠其家・欲以下神・神未至而百鬼集矣・然頗能使之・其後裝治行・東入海求其師云・大見數月・佩六印・貴振天下・而海上燕齊之閒莫不搤捥而自言有禁方能神僊矣・其夏六月中・汾陰巫錦爲民祠魏脽后土・營旁見地如鉤狀・掊視得鼎・鼎大異於衆鼎・文鏤毋款識・怪之言吏・吏告河東太守勝・勝以聞・天子使使驗問巫錦得鼎無姦詐・乃以

禮祠迎鼎至甘泉從行上薦之至中山晏溫有黃雲蓋焉有麃過上自
射之因以祭云至長安公卿大夫皆議請尊寶鼎天子曰間者河溢歲
數不登故巡祭后土祈爲百姓育穀今年豐廡未有報鼎曷爲出哉有
司皆曰聞昔大帝興神鼎一一者一統天地萬物所繫終也黃帝作寶
鼎三象天地人也禹收九牧之金鑄九鼎皆嘗鬺烹上帝鬼神遭聖則
興遷于夏商周德衰宋之社亡鼎乃淪伏而不見頌云自堂徂基自羊
徂牛鼐鼎及鼒不虞不驁（錢云古文虞與吳通漢書亦有不虞不揚之文）胡考之休今鼎至甘
泉光潤龍變承休無疆合茲中山有黃白雲降蓋若獸爲符路弓乘矢
集獲壇下報祠大饗惟受命而帝者心知其意而合德焉鼎宜見於祖
禰藏於帝廷以合明應制曰可入海求蓬萊者言蓬萊不遠而不能至
者殆不見其氣上乃遣望氣佐候其氣云其秋上幸雍且郊或曰五帝

泰一之佐也。宜立泰一而上親郊之。上疑未定。齊人公孫卿曰。今年得寶鼎。其冬辛巳朔旦冬至。與黃帝時等。卿有札書曰。黃帝得寶鼎宛侯。（錢云宛侯封禪書作宛朐濟陰郡有宛句縣是也漢志作冤侯冤即宛之譌侯句音相近）問於鬼臾區。區對曰。黃帝得寶鼎神筴。是歲己酉朔旦冬至。得天之紀。終而復始。於是黃帝迎日推筴。後率二十歲得朔旦冬至。凡二十推。三百八十年。黃帝僊登于天。卿因所忠欲奏之。所忠視其書不經。疑其妄書。謝曰。寶鼎事已決矣。尚何以爲。卿因嬖人奏之。上大說。召問卿。對曰。受此書申功。申功已死。上曰。申功何人也。卿曰。申功齊人也。與安期生通。受黃帝言。無書。獨有此鼎書。曰。漢興復當黃帝之時。漢之聖者。在高祖之孫。且曾孫也。寶鼎出而與神通。封禪。封禪七十二王。唯黃帝得上泰山封。申功曰。漢主亦當上封。上封則能僊登天矣。黃帝時萬諸侯。而神靈之封居七千。天下名

山八•而三在蠻夷•五在中國•中國華山首山太室泰山東萊•此五山•黃帝之所常遊•與神會•黃帝且戰且學僊•患百姓非其道•乃斷斬非鬼神者•百餘歲然後得與神通•黃帝郊雍上帝•宿三月•鬼臾區號大鴻•死葬雍•故鴻冢是也•其後黃帝接萬靈明廷•明廷者甘泉也•所謂寒門者谷口也•黃帝采首山銅•鑄鼎於荊山下•鼎既成•有龍垂胡頷下迎黃帝•黃帝上騎•羣臣後宮從上龍七十餘人•龍乃上去•餘小臣不得上•乃悉持龍頷•龍頷拔•墮黃帝之弓•百姓仰望黃帝既上天•乃抱其弓與龍胡頷號•故後世因名其處曰鼎湖•其弓曰烏號•於是天子曰•嗟乎吾誠得如黃帝•吾視去妻子如脫躧耳•乃拜卿爲郎•東使候神於太室•上遂郊雍•至隴西•西登空桐•幸甘泉•令祠官寬舒等具泰一祠壇•壇放薄忌泰一壇•壇三垓•五帝壇環居其下•各如其方•黃帝西南•除八通鬼道•泰一所

用如雍一時物而加醴棗脯之屬殺一貍牛以爲俎豆牢具而五帝獨
有俎豆醴進其下四方地爲餟食羣神從者及北斗云已祠胙餘皆燎
之其牛色白鹿居其中彘在鹿中水而洎之祭日以牛祭月以羊彘特
泰一祝宰則衣紫及繡五帝各如其色日赤月白十一月辛巳朔旦冬
至昧爽天子始郊拜泰一朝朝日夕夕月則揖而見泰一如雍禮其贊
饗曰天始以寶鼎神筴授皇帝朔而又朔終而復始皇帝敬拜見焉而
衣上黃其祠列火滿壇壇旁亨炊具有司云祠上有光焉公卿言皇
帝始郊見泰一雲陽有司奉瑄玉嘉牲薦饗是夜有美光及晝黃氣上
屬天太史公祠官寬舒等曰神靈之休佑福兆祥宜因此地光域立泰
時壇以明應令太祝領祀秋及臘閒祠三歲天子一郊見其秋爲伐南越
告禱泰一以牡荊畫幡日月北斗登龍以象天一三星爲泰一鋒名曰

靈旗。為兵禱。則太史奉以指所伐國。而五利將軍使。不敢入海。之泰山。上使人微隨驗。實無所見。五利妄言見其師。其方盡多不讎。上乃誅五利。其冬。公孫卿候神河南。見僊人跡緱氏城上。有物若雉。往來城上。天子親幸緱氏城。視跡。問卿得無效文成五利乎。卿曰。僊者非有求人主。人主求之。其道非少寬假。神不來。言神事。事如迂誕。積以歲乃可致。於是郡國各除道。繕治宮觀名山神祠所。以望幸矣。其年既滅南越。上有嬖臣李延年。以好音見。上善之。下公卿議曰。民閒祠尚有鼓舞之樂。今郊祠而無樂。豈稱乎。公卿曰。古者祠天地皆有樂。而神祇可得而禮。或曰。泰帝使素女鼓五十弦瑟。悲。帝禁不止。故破其瑟為二十五弦。於是塞南越。禱祠泰一后土。始用樂舞。益召歌兒。作二十五弦及箜篌瑟自此起。其來年冬。上議曰。古者先振兵澤旅。然後封禪。乃遂北巡朔方。勒

兵十餘萬•還祭黃帝冢橋山•澤兵須如•上曰•吾聞黃帝不死•今有冢何
也•或對曰•黃帝已僊上天•羣臣葬其衣冠•既至甘泉•爲且用事泰山•先
類祠泰一•自得寶鼎•上與公卿諸生議封禪•封禪用希曠絕•莫知其儀
禮•而羣儒采封禪尚書周官王制之望祀射牛事•齊人丁公年九十餘•
曰•封者•合不死之名也•秦皇帝不得上封•陛下必欲上•稍上卽無風雨•
遂上封矣•上於是乃令諸儒習射牛草封禪儀•數年至且行•天子既聞
公孫卿及方士之言•黃帝以上封禪皆致怪物與神通•欲放黃帝以嘗
接神僊人蓬萊士•高世比悳於九皇•而頗采儒術以文之•羣儒既以不
能辯明封禪事•又牽拘於詩書古文而不敢騁•上爲封祠器示羣儒•羣
儒或曰不與古同•徐偃又曰•太常諸生行禮不如魯善•周霸屬圖封事•
於是上絀偃霸•盡罷諸儒弗用•三月•遂東幸緱氏•禮登中嶽太室•從官

在山下。聞若有言萬歲云。問上上不言。問下下不言。於是以三百戶封
太室奉祠。命曰崇高邑。東上泰山。山之草木葉未生。乃令人上石立之
泰山顚。上遂東巡海上。行禮祠八神。齊人之上疏言神怪奇方者以萬
數。然無驗者。乃益發船。令言海中神山者數千人。求蓬萊神人。公孫卿
持節常先行候名山。至東萊。言夜見一人長數丈。就之則不見。見其跡
甚大。類禽獸云。羣臣有言。見一老父牽狗。言吾欲見巨公。已忽不見。上
既見大跡。未信。及羣臣有言老父。則大以爲僊人也。宿留海上。與方士
傳車及閒使求僊人以千數。四月。還至奉高。上念諸儒及方士言封禪。
人人殊。不經。難施行。天子至梁父。禮祠地主。乙卯。令侍中儒者皮弁薦
紳。射牛行事。封泰山下。東方如郊祠泰一之禮。封廣丈二尺。高九尺。其
下則有玉牒書。書祕。禮畢。天子獨與侍中奉車子侯上泰山。亦有封。其

事皆禁。明日。下陰道。丙辰。禪泰山下阯東北肅然山。如祭后土禮。天子皆親拜見。衣上黃。而盡用樂焉。江淮閒一茅三脊為神籍。五色土益雜封。縱遠方奇獸蜚禽及白雉諸物。頗以加祠。兕旄牛犀象之屬弗用。皆至泰山然后去。封禪祠。其夜若有光。晝有白雲起封中。天子從封禪還。坐明堂。羣臣更上壽。於是制詔御史。朕以眇眇之身。承至尊。兢兢焉懼弗任。維德菲薄。不明於禮樂。脩祀泰一。若有象景光。屑如有望。依依震於怪物。欲止不敢。遂登封泰山。至於梁父。而后禪肅然。自新嘉與士大夫更始。賜民百戶牛一酒十石。加年八十孤寡布帛二匹。復博奉高蛇丘歷城。毋出今年租稅。其赦天下。如乙卯赦令。行所過毋有復作。事在二年前皆勿聽治。又下詔曰。古者天子五載一巡狩。用事泰山。諸侯有朝宿地。其令諸侯各治邸泰山下。天子既已封禪泰山。無風雨菑。而方

士更言蓬萊諸神山若將可得於是上欣然庶幾遇之乃復東至海上望冀遇蓬萊焉奉車子侯暴病一日死上乃遂去並海上北至碣石巡自遼西歷北邊至九原五月返至甘泉有司言寶鼎出爲元鼎以今年爲元封元年其秋有星茀于東井後十餘日有星茀于三能望氣王朔言候獨見塡星出如瓠食頃復入焉有司言曰陛下建漢家封禪天其報德星云其來年冬郊雍五帝還拜祝祠泰一贊饗曰德星昭衍厥維休祥壽星仍出淵耀光明信星昭見皇帝敬拜泰祝之饗其春公孫卿言見神人東萊山若云見天子天子於是幸緱氏城拜卿爲中大夫遂至東萊宿留之數日毋所見見大人跡復遣方士求神怪采芝藥以千數是歲旱於是天子既出毋名乃禱萬里沙過祠泰山還至瓠子自臨塞決河留二日沈祠而去使二卿將卒塞決河河徙二渠復禹之故跡

焉。是時既滅南越。越人勇之乃言。越人俗信鬼。而其祠皆見鬼。數有效。昔東甌王敬鬼。壽至百六十歲。後世謾怠。故衰耗。乃令越巫立越祝祠安臺無壇。亦祠天神上帝百鬼。而以雞卜。上信之。越祠雞卜始用焉。公孫卿曰。僊人可見。而上往常遽。以故不見。今陛下可爲觀。如緱氏城。置脯棗。神人宜可致。且僊人好樓居。於是上令長安則作蜚廉桂觀。甘泉則作益延壽觀。使卿持節設具而候神人。乃作通天臺。置祠具其下。將招來神僊之屬。於是甘泉更置前殿。始廣諸宮室。夏。有芝生殿防內中。天子爲塞河。興通天臺。若有光云。乃下詔曰。甘泉防生芝九莖。赦天下。毋有復作。其明年。伐朝鮮。夏旱。公孫卿曰。黃帝時封則天旱。乾封三年。上乃下詔曰。天旱。意乾封乎。其令天下尊祠靈星焉。其明年。上郊雍。通回中道。巡之。春。至鳴澤。從西河歸。其明年冬。上巡南郡。至江陵而東。登禮

潛之天柱山。號曰南嶽。浮江自尋陽出樅陽。過彭蠡。祀其名山川。北至琅邪。並海上。四月中至奉高脩封焉。初天子封泰山。泰山東北阯。古時有明堂處。處險不敞。上欲治明堂奉高旁。未曉其制度。濟南人公玉帶上黃帝時明堂圖。明堂圖中有一殿。四面無壁。以茅蓋。通水。圜宮垣為複道。上有樓。從西南入。命曰昆侖。天子從之入。以拜祠上帝焉。於是上令奉高作明堂汶上。如帶圖。及五年脩封。則祠泰一五帝於明堂上坐。令高皇帝祠坐對之。祠后土於下房。以二十太牢。天子從昆侖道入。始拜明堂如郊禮。禮畢。燎堂下。而上又上泰山。有祕祠其顛。而泰山下祠五帝。各如其方。黃帝并赤帝。而有司侍祠焉。泰山上舉火。下悉應之。其後二歲。十一月甲子朔旦冬至。推厤者以本統。天子親至泰山。以十一月甲子朔旦冬至日祠上帝明堂。每脩封禪。其贊饗曰。天增授皇帝泰

元神筴•周而復始•皇帝敬拜泰一•東至海上•考入海及方士求神者•莫
驗•然益遣•冀遇之•十一月乙酉•柏梁烖•十二月甲午朔•上親禪高里•祠
后土•臨渤海•將以望祠蓬萊之屬•冀至殊庭焉•上還•以柏梁烖故•朝受
計甘泉•公孫卿曰•黃帝就青靈臺•十二日燒•黃帝乃治明庭•明庭•甘泉
也•方士多言古帝王有都甘泉者•其後天子又朝諸侯甘泉•甘泉作諸
侯邸•勇之乃曰•越俗有火烖•復起屋必以大•用勝服之•於是作建章宮•
度爲千門萬戶•前殿度高未央•其東則鳳闕•高二十餘丈•其西則商唐中
數十里虎圈•其北治大池•漸臺高二十餘丈•名曰泰液池•中有蓬萊方
丈瀛洲壺梁•象海中神山龜魚之屬•其南有玉堂璧門大鳥之屬•乃立
神明臺井幹樓•度五十餘丈•輦道相屬焉•夏•漢改歷•以正月爲歲首•而
色上黃•官名更印章以五字•因爲太初元年•是歲西伐大宛•蝗大起•丁

夫人雒陽虞初等以方祠詛匈奴大宛焉其明年有司言雍五時無牢
熟具芬芳不備乃命祠官進時犢牢具五色食所勝而以木禺馬代駒
焉獨五帝用駒行親祠用駒及諸名山川用駒者悉以木禺馬代行過
乃用駒他禮如故其明年東巡海上考神僊之屬未有驗者方士有言
黃帝時爲五城十二樓以候神人於執期命曰迎年上許作之如方名
曰明年上親禮祠上帝衣上黃焉公玉帶曰黃帝時雖封泰山然風后
封鉅岐伯令黃帝封東泰山禪凡山合符然後不死焉天子既令設祠
具至東泰山東泰山卑小不稱其聲乃令祠官禮之而不封禪焉其後
令帶奉祠候神物夏遂還泰山脩五年之禮如前而加禪祠石閭石閭
者在泰山下阯南方方士多言此僊人之閭也故上親禪焉其後五年
復至泰山脩封還過祭常山今天子所興祠泰一后土三年親郊祠建

漢家封禪。五年一脩封。薄忌泰一及三一冥羊馬行赤星五寬舒之祠。官以歲時致禮。凡六祠。皆太祝領之。至如八神諸神明年凡山他名祠。行過則祀去則已。方士所興祠。各自主。其人終則已。祠官弗主。他祠皆如其故。今上封禪。其後十二歲而還。徧于五嶽四瀆矣。而方士之候祠神人。入海求蓬萊。終無有驗。而公孫卿之候神者。猶以大人跡爲解。無其效。天子益怠厭方士之怪迂語矣。然終羈縻弗絕。冀遇其眞。自此之後。方士言祠神者彌衆。然其效可睹矣。

太史公曰。余從巡祭天地諸神名山川而封禪焉。入壽宮侍祠神語。究觀方士祠官之言。於是退而論次自古以來用事於鬼神者。具見其表裏。後有君子。得以覽焉。至若俎豆珪幣之詳。獻酬之禮。則有司存焉。

張得天云此紀全錄封禪書雖褚先生亦不至如此陋妄張晏定爲

褚先生補亦臆說某案通志引張晏說自景帝至平帝本紀皆王莽時劉歆楊雄馮衍史岑等所記惟武帝紀遷沒其書殘缺褚少孫補之據此則晏云少孫補者乃漢書中之武紀非此篇也

孝武本紀第十二

史記十二

慎爲立言之要義余初見曾文正公公告以立言宜愼因自舉其箴戒之詞有云愼爾毀譽神人共鑒史記全部皆以愼爲主班氏亦能守其遺法後之史書所以爲穢者由其不能愼也

三代世表第一

太史公曰。五帝三代之記尚矣。自殷以前。諸侯不可得而譜。周以來乃頗可著。孔子因史文次春秋。紀元年。正時日月。蓋其詳哉。至於序尚書。則略。無年月。或頗有。然多闕。不可錄。故疑則傳疑。蓋其愼也。余讀諜記。黃帝以來。皆有年數。稽其厤譜諜終始五德之傳。古文咸不同乖異。夫子之弗論次其年月。豈虛哉。於是以五帝繫諜尚書集世紀黃帝以來訖共和爲世表。

帝王世國號	顓頊屬	俈屬	堯屬	舜屬	夏屬	殷屬	周屬
黃帝 號有熊	黃帝生昌意	黃帝生玄囂	黃帝生玄囂	黃帝生昌意	黃帝生昌意	黃帝生玄囂	黃帝生玄囂
帝顓頊 黃帝孫起黃帝至顓頊三世	昌意生顓頊爲高陽氏	玄囂生蟜極	玄囂生蟜極	昌意生顓頊顓頊生窮蟬	昌意生顓頊	玄囂生蟜極蟜極生高辛	玄囂生蟜極蟜極生高辛

帝嚳 黃帝曾孫起黃帝至帝嚳四世號高辛		蟜極生高辛爲帝嚳	蟜極生高辛高辛生放勛	窮蟬生敬康敬康生句望		高辛生卨	高辛生后稷爲周祖
帝堯 起黃帝至嚳子五世號唐			放勛爲堯	句望生蟜牛蟜牛生瞽叟		卨爲殷祖	后稷生不窋
帝舜 黃帝玄孫之玄孫號虞				瞽叟生重華是爲帝舜	顓頊生鯀鯀生文命	卨生昭明	不窋生鞠
帝禹 黃帝耳孫號夏					文命是爲禹	昭明生相土	鞠生公劉
帝啓 伐有扈作甘誓						相土生昌若	公劉生慶節

帝太康						昌若生曹圉曹圉生冥	慶節生皇僕皇僕生差弗
帝仲康 太康弟						冥生振	差弗生毀渝毀渝生公非
帝相						振生微微生報丁	公非生高圉高圉生亞圉
帝少康						報丁生報乙報乙生報丙	亞圉生公祖類
帝予						報丙生主壬主壬生主癸	公祖類生太王亶父

帝槐

主癸生天乙是爲殷湯從湯至黃帝十七世

亶父生季歷季歷生文王昌益易卦

帝芒

文王昌生武王發

帝泄

帝不降

帝扃不降弟

帝廑

帝孔甲不降子好鬼神淫亂不好德二龍去

帝皋

帝發

帝履癸是爲桀

從禹至桀十七世從黃帝至桀二十世

殷湯代夏氏 從黃帝至湯十七世

帝外丙 湯太子太丁早卒故立次弟外丙

帝仲壬 外丙弟

帝太甲 故太子太丁子淫伊尹放之桐宮三年悔過自責伊尹乃迎之復位

帝沃丁 伊尹卒

帝太康 沃丁弟

帝小甲 太康弟殷道衰諸侯或不至

帝雍已 小甲弟

帝太戊 雍已弟以桑穀生稱中宗

帝中丁

帝外壬 中丁弟

帝河亶甲 外壬弟

帝祖乙

帝祖辛

帝沃甲 祖辛弟

帝祖丁 祖辛子

帝南庚 沃甲子

帝陽甲 祖丁子

帝盤庚 陽甲弟 徙河南

帝小辛 盤庚弟

帝小乙 小辛弟

帝武丁 雉升鼎耳雊得 傅說稱高宗

帝祖庚

帝甲 祖庚弟淫

帝廩辛

帝庚丁　廩辛弟。殷徙河北。

帝武乙　慢神震死。

帝太丁

帝乙　殷益衰。

帝辛　是爲紂。弑。

從湯至紂二十九世。從黃帝至紂四十六世。

周武王伐殷　從黃帝至武王十九世。

成王誦

魯周公旦初封	武王弟
齊太公尚初封	文王師
晉唐叔虞初封	武王子
秦惡來　助紂父飛廉有力	
楚熊繹初封　繹父鬻熊	事文王
宋微子啓初封	紂庶兄
衞康叔初封	武王弟
陳胡公滿初封	舜之後
蔡叔度初封	武王弟
曹叔振鐸初封	武王弟
燕召公奭初封	周同姓

康王釗 刑錯四十餘年	魯公伯禽	丁公呂伋	晉侯燮	女防	熊乂	微仲 啓弟	康伯	申公	蔡仲		九世至惠侯
昭王瑕 南巡不返不赴諱之	考公	乙公	武侯	旁皋	熊黮	宋公	孝伯	相公	蔡伯	太伯	
穆王滿 作甫刑荒服不至	煬公 考公弟	癸公	成侯	大几	熊勝	丁公	嗣伯	孝公	宮侯	仲君	
恭王伊扈	幽公	哀公	厲侯	大駱	熊煬	湣公 丁公弟	疐伯	慎公	厲侯	宮伯	
懿王堅 周道衰詩作	魏公	胡公	靖侯	非子	熊渠	煬公 湣公弟	靖伯	幽公	武侯	孝伯	

孝王方 懿王弟	夷王燮 懿王子	厲王胡 以惡聞遇亂出奔遂死于彘	共和 二伯行政
厲公	獻公 厲公弟	慎公	武公 眞公弟
獻公 弒胡公	武公		
秦侯	公伯	秦仲	
熊無康	熊鷙紅	熊延 紅弟	熊勇
厲公	厲公		
貞伯	頃侯	釐侯	
釐公			
夷伯			

張夫子問褚先生曰•詩言契后稷皆無父而生•今案諸傳記咸言有父•父皆黃帝子也•得無與詩謬乎•褚先生曰•不然•詩言契生於卵•后稷人

迹者。欲見其有天命精誠之意耳。鬼神不能自成。須人而生。奈何無父而生乎。一言有父。一言無父。信以傳信。疑以傳疑。故兩言之。堯知契稷皆賢人。天之所生。故封之契七十里。後十餘世至湯。王天下。堯知后稷子孫之後王也。故益封之百里。其後世且千歲。至文王而有天下。詩傳曰。湯之先爲契。無父而生。契母與姊妹浴於玄丘水。有燕銜卵墮之。契母得。故含之。誤吞之。卽生契。契生而賢。堯立爲司徒。姓之曰子氏。子者茲。茲益大也。詩人美而頌之曰。殷社芒芒。天命玄鳥。降而生商。商者質殷號也。文王之先爲后稷。后稷亦無父而生。后稷母爲姜嫄。出見大人蹟。而履踐之。知於身。則生后稷。姜嫄以爲無父。賤而棄之道中。羊牛避不踐也。抱之山中。[錢云抱讀爲拋說文無拋新附有之从尤从力於義無取蓋卽抱之譌]山者養之。又捐之大澤。鳥復席食之。姜嫄怪之。於是知其天子。乃取長之。堯知其賢才。

立以爲大農。姓之曰姬氏。姬者本也。詩人美而頌之曰。厥初生民。深修益成。而道后稷之始也。孔子曰。昔者堯命契爲子氏。爲有湯也。命后稷爲姬氏。爲有文王也。大王命季歷。明天瑞也。太伯之吳。遂生源也。天命難言。非聖人莫能見。舜禹契后稷。皆黃帝子孫也。黃帝策天命而治天下。德澤深後世。故其子孫皆復立爲天子。是天之報有德也。人不知以爲汜從布衣匹夫起耳。夫布衣匹夫。安能無故而起王天下乎。其有天命然。黃帝後世何王天下之久遠邪。曰。傳云。天下之君王。爲萬夫之黔首。請贖民之命者帝。有福萬世。黃帝是也。五政明則修禮義。因天時。舉兵征伐而利者王。有福千世。蜀王。黃帝後世也。至今在漢西南五千里。當來朝。降輸獻於漢。非以其先之有德澤流後世邪。行道德豈可以忽乎哉。人君王者。舉而觀之。漢大將軍霍子孟名光者。亦黃帝後世也。此

可爲博聞遠見者言。固難爲淺聞者說也。何以言之。古諸侯以國爲姓。霍者國名也。武王封弟叔處於霍。後世晉獻公滅霍公後世爲庶民。往來居平陽。平陽在河東。河東晉地分爲魏國。以詩言之。亦可爲周世周起后稷。后稷無父而生。以三代世傳言之。后稷有父名高辛。高辛黃帝曾孫。黃帝終始傳曰。漢興百有餘年。有人不短不長。出自燕之鄉。持天下之政。時有嬰兒主。郤行車。霍將軍者。本居平陽。自燕臣。爲郎時。與方士考功會旗亭下。爲臣言。豈不偉哉。

十二諸侯年表第二　　史記十四

太史公讀春秋厤譜諜。至周厲王。未嘗不廢書而歎也。曰。嗚呼師摯見之矣。某案姚郎中謂史公意蓋以關雎爲師摯作殆未然集解引鄭說云鄭衞音作魯太師摯識關雎之聲首理其亂晉司馬彪云春秋不修則仲尼理之關雎既亂則師摯修之而禮書亦言仲尼沒後受業之徒沈淪而不舉或適齊楚或入河海禮書雖未必史公本文要爲漢人舊說然則師摯爲正雅頌之人此下所云周道缺關雎作仁義陵遲鹿鳴刺之說正謂師摯以此二詩爲風雅之始耳不謂關雎爲師摯作也師摯依禮書乃孔門受業之徒及漢書則以爲殷紂時人以史公此表序考之則漢書乃別爲新說非史公義也紂爲象箸而箕子唏。周道缺。詩人本之衽席。關雎作。仁義陵遲。鹿鳴刺焉。及至厲王。以惡聞其過。公卿懼誅而禍作。厲王遂犇於彘。亂自京師始。而共和行政焉。是後或力政。彊乘弱。興師不請天子。然挾王室之義。以討伐爲會盟主。政由五伯。諸侯恣行。淫侈不軌。賊臣篡子滋起矣。齊晉秦楚其在成周。微甚。封或百里。或五十里。晉阻三河。齊負東海。楚介江淮。秦因雍

目紂爲象箸而箕子唏以下皆言世亂而著作始興自厲王始亂四國更伯皆篡賊之事孔子作春秋所以誅篡賊也此爲十二諸侯之提要亦自況己之史記亦孔子春秋之類後幅歷引各家春秋不能得春秋要領己所以作史記也然不明揭此義乃以講十二諸侯亂之使人縣求其意恉而不能得此太史公文字所以爲奇也

此篇前幅氣勢雄直

州之固四國迭興更爲伯主文武所褒大封皆威而服焉是以孔子明王道干七十餘君莫能用故西觀周室論史記舊聞興於魯而次春秋上記隱下至哀之獲麟約其辭文去其煩重以制義法王道備人事浹（錢云浹與市同）七十子之徒口受其傳指爲有所刺譏褒諱挹損之文辭不可以書見也魯君子左丘明懼弟子人人異端各安其意失其眞故因孔子史記具論其語成左氏春秋鐸椒爲楚威王傳爲王不能盡觀春秋采取成敗卒四十章爲鐸氏微趙孝成王時其相虞卿上采春秋下觀近勢（勢凌本作世誤）亦著八篇爲虞氏春秋呂不韋者秦莊襄王相亦上觀尚古刪拾春秋集六國時事以爲八覽六論十二紀爲呂氏春秋及如荀卿孟子公孫固韓非之徒各往往捃摭春秋之文以著書不可勝紀漢相張君（張蒼毛本作張君是也此當時稱謂各本作蒼者後人所改）歷譜五德上大夫董仲舒推春

錢云史公作表有年歲無干支此表庚申甲子之類蓋徐廣注非史文

秋義頗著文焉太史公曰儒者斷其義馳說者騁其辭不務綜其終始厤人取其年月數家隆於神運譜諜獨記世謚其辭略欲一觀諸要難于是譜十二諸侯自共和訖孔子表見春秋國語學者所譏盛衰大指著于篇爲成學治國聞者要刪焉國聞今本作古

某案譏者機之借字說文機精謹也類篇深練於事曰機

文案此於古文無與依集解校改

		庚申
周		共和元年以宣王少大臣共和行政
魯	眞公濞	十五年一云十四年
齊	武公壽	十年
晉	靖侯宜臼	十八年
秦	秦仲	四年
楚	熊勇	七年
宋	釐公	十八年
衛	釐侯	十四年
陳	幽公寧	十四年
蔡	武侯	二十三年
曹	夷伯	二十四年
鄭		
燕	惠侯	二十四年
吳		

			甲子
二 厲王子居召公宮是爲宣公	三	四	五
十六	十七	十八	十九
十一	十二	十二	十四
晉釐侯司徒元年	二	三	四
五	六	七	八
八	九	十	楚熊嚴元年
十九	二十	二十一	二十二
十五	十六	十七	十八
十五	十六	十七	十八
二十四	二十五	二十六	蔡夷侯元年
二十五	二十六	二十七	二十八
二十五	二十六	二十七	二十八

六	七	八	九	十
二十	二十　一	二十　二	二十　三	二十　四
十五	十六	十七	十八	十九
五	六	七	八	九
九	十	十一	十二	十三
二	三	四	五	六
二十　三	二十　四	二十　五	二十　六	二十　七
十九	二十	二十　一	二十　二	二十　三
十九	二十	二十　一	二十　二	二十　三
二	三	四	五	六
二十　九	三十	曹幽伯彊元年	二	三
二十　九	三十	三十　一	三十　二	三十　三

				甲戌
十一	十二	十三	十四 宣王即位共和罷	宣王元年厲王子
二十五	二十六	二十七	二十八	二十九
二十	二十一	二十二	二十三	二十四
十	十一	十二	十三	十四
十四	十五	十六	十七	十八
七	八	九	十	楚熊霜元年
二十八	宋惠公覵元年	二	三	四
二十四	二十五	二十六	二十七	二十八
陳釐公孝元年	二	三	四	五
七	八	九	十	十一
四	五	六	七	八
三十四	三十五	三十六	三十七	三十八

二	三	四	五	六
三十	魯武公敖元年	二	三	四
二十　五	二十　六	齊厲公無忌元年	二	三
十五	十六	十七	十八	晉獻侯籍元年
十九	二十	二十　一	二十　二	二十　三
二	三	四	五	六
五	六	七	八	九
二十　九	三十	三十　一	三十　二	三十　三
六	七	八	九	十
十二	十三	十四	十五	十六
九	曹戴伯鮮元年	二	三	四
燕釐侯莊元年	二	三	四	五

				甲申
七	八	九	十	十一
五	六	七	八	九
四	五	六	七	八
二	三	四	五	六
秦莊公元年	二	三	四	五
楚熊徇元年	二	三	四	五
十	十一	十二	十三	十四
三十 四	三十 五	三十 六	三十 七	三十 八
十一	十二	十三	十四	十五
十七	十八	十九	二十	二十 一
五	六	七	八	九
六	七	八	九	十

十二	十三	十四	十五	十六
十	魯懿公戲元年	二	三	四
九	齊文公赤元年	二	三	四
七	八	九	十	十一
六	七	八	九	十
六	七	八	九	十
十五	十六	十七	十八	十九
三十九	四十	四十一	四十二	衛武公和元年
十六	十七	十八	十九	二十
二十二	二十三	二十四	二十五	二十六
十	十一	十二	十三	十四
十一	十二	十三	十四	十五

								甲午	
十七		十八		十九		二十		二十	一
五		六		七		八		九	
五		六		七		八		九	
晉穆公生元年		二		三		四	娶晉女爲夫人	五	
十一		十二		十三		十四		十五	
十一		十二		十三		十四		十五	
二十		二十	一	二十	二	二十	三	二十	四
二		三		四		五		六	
二十	一	二十	二	二十	三	二十	四	二十	五
二十	七	二十	八	蔡釐侯所事元年		二		三	
十五		十六		十七		十八		十九	
十六		十七		十八		十九		二十	

二十二	二十三	二十四	二十五
魯孝公稱元年伯御立爲君稱爲諸公子云伯御武公孫	二	三	四
十	十一	十二	齊成公說元年
六	七以伐條生太子仇	八	九
十六	十七	十八	十九
十六	十七	十八	十九
二十五	二十六	二十七	二十八
七	八	九	十
二十六	二十七	二十八	二十九
四	五	六	七
二十	二十一	二十二	二十三
鄭桓公友元年始封周宣王母弟	二	三	四
二十一	二十二	二十三	二十四

二十六	二十七	二十八	二十九
五	六	七	八
二	三	四	五
十　以千獻戰生仇弟成師二子各反君子譏之後亂	十一	十二	十三
二十	二十一	二十二	二十三
二十	二十一	二十二	楚熊鄂元年
二十九	三十	三十一　宋惠公薨	宋戴公立元年
十一	十二	十三	十四
三十	三十一	三十二	三十三
八	九	十	十一
二十四	二十五	二十六	二十七
五	六	七	八
二十五	二十六	二十七	二十八

	甲辰		
三	三十一	三十二	三十三
九	十	十一 周宣王誅伯御，立其弟稱，是爲孝公	十二
六	七	八	九
十四	十五	十六	十七
二十四	二十五	二十六	二十七
二	三	四	五
二	三	四	五
十五	十六	十七	十八
三十四	三十五	三十六	陳武公靈元年
十二	十三	十四	十五
二十八	二十九	三十	曹惠公伯雉元年
九	十	十一	十二
二十九	三十	三十一	三十二

三十四	三十五	三十六	三十七	三十八
十三	十四	十五	十六	十七
齊莊公購元年	二	三	四	五
十八	十九	二十	二十一	二十二
二十八	二十九	三十	三十一	三十二
六	七	八	九	楚若敖元年
六	七	八	九	十
十九	二十	二十一	二十二	二十三
二	三	四	五	六
十六	十七	十八	十九	二十
二	三	四	五	六
十三	十四	十五	十六	十七
三十三	三十四	三十五	三十六	燕頃侯元年

				甲寅					
三十	九	四十		四十	一	四十	二	四十	三
十八		十九		二十		二十	一	二十	二
六		七		八		九		十	
二十	三	二十	四	二十	五	二十	六	二十	七　晉穆
三十	三	三十	四	三十	五	三十	六	三十	七
二		三		四		五		六	
十一		十二		十三		十四		十五	
二十	四	二十	五	二十	六	二十	七	二十	八
七		八		九		十		十一	
二十	一	二十	二	二十	三	二十	四	二十	五
七		八		九		十		十一	
十八		十九		二十		二十	一	二十	二
二		三		四		五		六	

	四十四	四十五	四十六
	二十三	二十四	二十五
	十一	十二	十三
侯卒弟殤叔自立太子仇出奔	晉殤叔元年	二	三
	三十八	三十九	四十
	七	八	九
	十六	十七	十八
	二十九	三十	三十一
	十二	十三	十四
	二十六	二十七	二十八
	十二	十三	十四
	二十三	二十四	二十五
	七	八	九

周幽王元年	二 三川震	三 王取褒姒	四
二十六	二十七	二十八	二十九
十四	十五	十六	十七
四 仇攻殺殤叔立為文侯	晉文侯仇元年	二	三
四十一	四十二	四十三	四十四
十	十一	十二	十三
十九	二十	二十一	二十二
三十二	三十三	三十四	三十五
十五	陳夷公說元年	二	三
二十九	三十	三十一	三十二
十五	十六	十七	十八
二十六	二十七	二十八	二十九
十	十一	十二	十三

甲子	五	三十	十八	四	秦襄公元年	十四	二十 三	三十 六	陳平公燮元年	三十 三	十九	三十	十四	
	六	三十 一	十九	五	二	十五	二十 四	三十 七	二	三十 四	二十	三十 一	十五	
	七	三十 二	二十	六	三	十六	二十 五	三十 八	三	三十 五	二十 一	三十 二	十六	
	八	三十 三	二 一	七	四	十七	二十 六	三十 九	四	三十 六	二十 二	三十 三	十七	
	九	三十 四	二十 二	八	五	十八	二十 七	四十	五	三十 七	二十 三	三十 四	十八	

十	十一 幽王爲犬戎所殺	平王元年東徙雒邑
三十五	三十六	三十七
二十三	二十四	二十五
九	十	十一
六	七 始列爲諸侯	八 初立西畤祠白帝
十九	二十	二十一
二十八	二十九	三十
四十一	四十二	四十三
六	七	八
三十八	三十九	四十
二十四	二十五	二十六
三十五	三十六 以幽王故爲犬戎所殺	鄭武公元年
十九	二十	二十一

		甲戌		
二	三	四	五	六
三十 / 八	魯惠公弗湟元年	二	三	四
二十 / 六	二十 / 七	二十 / 八	二十 / 九	三十
十二	十三	十四	十五	十六
九	十	十一	十二 / 伐戎至岐而死	秦文公元年
二十 / 二	二十 / 三	二十 / 四	二十 / 五	二十 / 六
三十 / 一	三十 / 二	三十 / 三	三十 / 四	宋武公司空元年
四十 / 四	四十 / 五	四十 / 六	四十 / 七	四十 / 八
九	十	十一	十二	十三
四十 / 一	四十 / 二	四十 / 三	四十 / 四	四十 / 五
二十 / 七	二十 / 八	二十 / 九	三十	三十 / 一
二	三	四	五	六
二十 / 二	二十 / 三	二十 / 四	燕哀侯元年	二

七	八	九	十	十一
五	六	七	八	九
三十一	三十二	三十三	三十四	三十五
十七	十八	十九	二十	二十一
二	三	四	五	六
二十七	楚霄敖元年	二	三	四
二	三	四	五	六
四十九	五十	五十一	五十二	五十三
十四	十五	十六	十七	十八
四十六	四十七	四十八	蔡共侯興元年	二
三十二	三十三	三十四	三十五	三十六
七	八	九	十娶申侯女武姜	十一
燕鄭侯元年	二	三	四	五

十一

		甲申		
十二	十三	十四	十五	十六
十	十一	十二	十三	十四
三十 六	三十 七	三十 八	三十 九	四十
二十 二	二十 三	二十 四	二十 五	二十 六
七	八	九	十 作鄘時	十一
五	六	楚蚡冒元年	二	三
七	八	九	十	十一
五十 四	五十 五	衛莊公楊元年	二	三
十九	二十	二十 一	二十 二	二十 三
蔡戴侯元年	二	三	四	五
曹穆公元年	二	三	曹桓公終生元年	二
十二	十三	十四 生莊公寤生	十五	十六
六	七	八	九	十

十七	十八	十九	二十
十五	十六	十七	十八
四十一	四十二	四十三	四十四
二十七	二十八	二十九	三十
十二	十三	十四	十五
四	五	六	七
十二	十三	十四	十五
四	五	六	七
陳文公圉元年生桓公鮑厲公他他毋蔡女	二	三	四
六	七	八	九
三	四	五	六
十七生太叔段	十八	十九	二十
十一	十二	十三	十四

		甲午		
二十一	二十二	二十三	二十四	二十五
十九	二十	二十一	二十二	二十三
四十五	四十六	四十七	四十八	四十九
三十一	三十二	三十三	三十四	三十五
十六	十七	十八	十九 作祠陳寶	二十
八	九	十	十一	十二
十六	十七	十八 生魯桓公母	宋宣公力元年	二
八	九	十	十一	十二
五	六	七	八	九
十	蔡宣侯措父元年	二	三	四
七	八	九	十	十一
二十一	二十三	二十三	二十四	二十五
十五	十六	十七	十八	十九

二十六	二十七	二十八
二十四	二十五	二十六
五十	五十一	五十二
晉昭侯元年封季弟成師于曲沃曲沃大於國君子譏曰晉人亂自曲沃始矣	二	三
二十一	二十二	二十三
十三	十四	十五
三	四	五
十三	十四	十五
十文公卒	陳桓公元年	二
五	六	七
十二	十三	十四
二十六	二十七	毋欲立段公不聽鄭
二十	二十一	二十二

	二十九	三十	三十一
	二十七	二十八	二十九
	五十三	五十四	五十五
	四	五	六
	二十四	二十五	二十六
	十六	十七	武王立
	六	七	八
	十六	十七 愛妾生州吁州吁好兵	十八
	三	四	五
	八	九	十
	十五	十六	十七
莊公寤生元年祭仲生	二	三	四
	二十三	二十四	二十五

				甲辰			
三十	二	三十	三	三十	四	三十	五
三十		三十	一	三十	二	三十	三
五十	六	五十	七	五十	八	五十	九
潘父弒昭侯納成師不克昭侯子立是爲孝侯		二		三		四	
二十	七	二十	八	二十	九	三十	
二		三		四		五	
九		十		十一		十二	
十九		二十		二十	一	二十	二
六		七		八		九	
十一		十二		十三		十四	
十八		十九		二十		二十	一
五		六		七		八	
二十	六	二十	七	二十	八	二十	九

三十	六	三十	七	三十	八
三十	四	三十	五	三十	六
六十		六十	一	六十	二
五		六		七	
三十	一	三十	二	三十	三
六		七		八	
十三		十四		十五	
二十	三	夫人	無子桓公立衛桓公完元年	二	弟州吁驕完黜之出奔
十		十一		十二	
十五		十六		十七	
二十	二	二十	三	二十	四
九		十		十一	
三十		三十	一	三十	二

三十九	四十	四十一	四十二
三十七	三十八	三十九	四十
六十三	六十四	齊釐公祿父元年	二 同母夷仲生公
八	九 曲沃桓叔成師卒子代立爲莊伯	十	十一
三十四	三十五	三十六	三十七
九	十	十一	十二
十六	十七	十八	十九 公卒命立弟和
三	四	五	六
十三	十四	十五	十六
十八	十九	二十	二十一
二十五	二十六	二十七	二十八
十二	十三	十四	十五
三十三	三十四	三十五	三十六

			甲寅					
	四十	三	四十	四	四十	五	四十	六
	四十	一	四十	二	四十	三	四十	四
孫母知也	三		四		五		六	
	十二		十三		十四		十五	
	三十	八	三十	九	四十		四十	一
	十三		十四		十五		十六	
為穆公	宋穆公和元年		二		三		四	
	七		八		九		十	
	十七		十八		十九		二十	
	二十	二	二十	三	二十	四	二十	五
	二十	九	三十		三十	一	三十	二
	十六		十七		十八		十九	
	燕穆侯元年		二		三		四	

四十七	四十八
四十五	四十六
七	八
十六 曲沃莊伯殺孝侯晉人立孝侯子郤爲鄂侯	晉鄂侯郤元年曲沃彊於晉
四十二	四十三
十七	十八
五	六
十一	十二
二十一	二十二
二十六	二十七
三十三	三十四
二十	二十一
五	六

四十九	五十	五十一
魯隱公息姑元年母聲子	二	三 二月日蝕
九	十	十一
二	三	四
四十四	四十五	四十六
十九	二十	二十一
七	八	九 公屬孔父立殤公馮奔鄭
十三	十四	十五
二十三	二十四	二十五
二十八	二十九	三十
三十五	三十六	三十七
二十二 段作亂奔	二十三 公悔思母不見穿地相見	二十四 侵周取禾
七	八	九

		甲子
桓王元年	二 使虢公伐晉之曲沃	三
四	五 公觀魚于棠君子譏之	六 鄭人來渝平
十二	十三	十四
五	六 鄂侯卒曲沃莊伯復攻晉立鄂侯子光爲哀侯	晉哀侯光元年
四十七	四十八	四十九
二十二	二十三	二十四
宋殤公與夷元年	二 鄭伐我我伐鄭	三
十六 州吁弒公自立	衛宣公元年晉共立之討州吁	二
二十六 衛石碏來告故執州吁	二十七	二十八
三十一	三十二	三十三
三十八	三十九	四十
二十五	二十六	二十七 始朝王王不禮
十	十一	十二

四	五	六
七	八 易許田君子譏之	九 三月大雨震電
十五	十六	十七
二 莊伯卒子稱立爲武公	三	四
九十	秦寧公元年	二
二十 五	二十 六	二十 七
四	五	六
三	四	五
二十 九	三十	三十 一
三十 四	三十 五	蔡桓侯封人元年
四十 一	四十 二	四十 三
二十 八	二十 九 與魯璧易許田	三十
十三	十四	十五

七	八	九
十	十一 大夫翬請殺桓公求爲相公不聽卽殺公	魯桓公允元年母宋
十八	十九	二十
五	六	七
三	四	五
二十 八	二十 九	三十
七 諸侯敗我我師與衛人伐鄭	八	九
六	七	八
三十 二	三十 三	三十 四
二	三	四
四十 四	四十 五	四十 六
三十 一	三十 二	三十 三 以璧
十六	十七	十八

十一	十	
三 翬迎女齊侯送	二 宋賂以鼎入於太廟君子譏之	武公生女手文為魯夫人
二十二	二十一	
晉小子元年	八	
七	六	
三十二	三十一	
二	華督見孔父妻好悅之華督殺孔父及殺殤公宋公馮元年華督為相	
十	九	
三十六	三十五	
六	五	
四十八	四十七	
三十五	三十四	如魯易許田
二	燕宣侯元年	

		甲戌	
	十二	十三 伐鄭	十四
	四	五	六
女君子譏之	二十三	二十四	二十五 山戎伐我
	二	三	曲沃武公殺小子因伐曲沃立晉哀侯弟緡爲
	八	九	十
	三十三	三十四	三十五 侵隋隋爲善政得止
	三	四	五
	十一	十二	十三
	三十七	三十八	弟他殺太子免代立國亂再赴陳厲公他元年
	七	八	九
	四十九	五十	五十一
	三十六	三十七 伐周傷王	三十八 太子忽救齊齊將妻之
	三	四	五

	十五	十六	十七
	七	八	九
	二十 六	二十 七	二十 八
晉侯晉侯湣元年	二	三	四
	十一	十二	秦出公元年
	三十 六	三十 七 伐隋弗拔但盟罷兵	三十 八
	六	七	八
	十四	十五	十六
	二 生敬仲完	三 周史卜完後世王齊	四
	十	十一	十二
	五十 二	五十 三	五十 四
	三十 九	四十	四十 一
	六	七	八

十八	十九	二十	二十一　一
十	十一	十二	十三
二十　九	三十	三十一　一	三十二　二　毋知
五	六	七	八
一	三	四	五
三十　九	四十	四十一　一	四十二　二
九	十　執蔡仲	十一	十二
十七	十八　太子伋弟壽爭死	十九	衛惠公朔元年
五	六	七　公淫蔡蔡殺公	陳莊公林元年桓公
十三	十四	十五	十六
五十　五	曹莊公射姑元年	二	三
四十　二	四十　三	鄭厲公突元年	二
九	十	十一	十二

		甲申
	二十二	二十三
	十四	十五 天王求車非禮
釐公令秩服如太子	三十三	齊襄公諸兒元年貶毋知秩服毋知怨
	九	十
	六 三父殺出公立其兄武公	秦武公元年伐彭至華山
	四十三	四十四
	十三	十四
	二	三 朔奔齊立黔牟
子	二	三
	十七	十八
	四	五
	三 諸侯伐我報宋故	四 祭仲立忽公出居櫟
	十三	燕桓公元年

莊王元年生子頹	二 有兄弟	三
十六 公會晉謀伐鄭	十七 日食不書日官失之	十八 公與夫人如齊齊侯通焉使彭生殺公於車上
二	三	四 殺魯桓公誅彭生
十一	十二	十三
二	三	四
四十 五	四十 六	四十 七
十五	十六	十七
衛黔牟元年	二	三
四	五	六
十九	二十	蔡哀侯獻舞元年
六	七	八
鄭昭公元年忽母鄧女祭仲取之	二 渠彌殺昭公	鄭子亹元年齊殺子亹昭公弟
二	三	四

四 周公欲殺王而立子克王謂周公克奔燕	五	六
魯莊公同元年	二	三
五	六	七
十四	十五	十六
五	六	七
四十八	四十九	五十
十八	十九	宋湣公捷元年
四	五	六
七	陳宣公杵臼元年杵臼莊公弟	二
二	三	四
九	十	十一
鄭子嬰元年子亹之弟	二	三
五	六	七

七	八
四	五 與齊伐衛納惠公
八 伐紀去其都邑	九
十七	十八
八	九
五十一 王伐隨告夫人心動王卒軍中	楚文王貲元年始都郢
二	三
七	八
三	四
五	六
十二	十三
四	五
燕莊公元年	二

	甲午	
九	十	十一
六	七 星隕如雨與雨偕	八 子糾來奔與管仲俱避毋知亂
十	十一	十二 毋知弒君自立
十九	二十	二十 一
十	十一	十二
二 伐申過鄧鄧人曰楚可取鄧侯不許	三	四
四	五	六
九	十 齊立惠公黔牟奔周	衛惠公朔復入十四年
五	六	七
七	八	九
十四	十五	十六
六	七	八
三	四	五

十二	十三	十四
九 魯欲與糾入後小白齊距魯使生致管仲	十 齊伐我為糾故	十一 臧文仲弔宋水
齊桓公小白元年春齊殺毋知	二	三
二十二	二十三	二十四
十三	十四	十五
五 息夫人陳女過蔡蔡不禮惡之楚	六 伐蔡獲哀侯以歸	七
七	八	九 宋大水公自罪魯使臧文仲來弔
十五	十六	十七
八	九	十
十	十一 楚虜我侯	十二
十七	十八	十九
九	十	十一
六	七	八

十五	釐王元年	二	三
十二	十三 曹沫劫桓公反所亡地	十四	十五
四	五 與魯人會柯	六	七 始霸會諸侯於鄄
二十五	二十六	二十七	二十八 曲沃
十六	十七	十八	十九
八	九	十	十一
十 萬殺君仇牧有義	宋桓公御說元年莊公子	二	
十八	十九	二十	二十一
十一	十二	十三	十四
十三	十四	十五	十六
二十	二十一	二十二	二十三
十二	十三	十四	鄭厲公元年厲公亡
九	十	十一	十二

甲辰		
五	四	
十七	十六	
九	八	
二十　九武公	晉武公稱并晉已立二十八年不更元因其元年	武公滅晉侯緡以寶獻周周命武公為晉君并其地
秦德公元年武公弟	二十一　葬雍初以人從死	
十三	十二　伐鄭滅之	
五	四	
二十　三	二十　二	
十六	十五	
十八	十七	
二十　五	二十　四	
三	二　諸侯伐我	後七歲復入
十四	十三	

	惠王元年取陳后	二 燕衛伐王王奔溫立子頹
	十八	十九
	十	十一
卒子詭諸立爲獻公	晉獻公詭諸元年	二
	二 初作伏祠社磔狗邑四門	秦宣公元年
	楚杜敖囏元年	二
	六	七 取衛女文公弟
	二十 四	二十 五
	十七	十八
	十九	二十
	二十 六	二十 七
	四	五
	十五	十六 伐王王奔溫立子頹

三	四 誅頹惠王入	五 太子毋早死惠后生叔帶	六
二十	二十一	二十二	二十三 公如齊觀社
十二	十三	十四 陳完自陳來奔田常始此也	十五
三	四	五 伐驪戎得姬	六
二	三	四 作密畤	五
三	四	五 弟惲殺堵敖自立	楚成王惲元年
八	九	十	十一
二十六	二十七	二十八	二十九
十九	二十	二十一 厲公子完奔齊	二十二
蔡穆侯肸元年	二	三	四
二十八	二十九	三十	三十一
六	七 救周亂入王	鄭文公踕元年	二
十七 鄭執我仲父	十八	十九	二十

			甲寅	
七	八	九	十 賜齊侯命	十一
二十 四	二十 五	二十 六	二十 七	二十 八
十六	十七	十八	十九	二十
七	八 盡殺故晉侯羣公子	九 始成絳都之	十	十一
六	七	八	九	十
二	三	四	五	六
十二	十三	十四	十五	十六
三十	三十 一	衛懿公赤元年	二	三
二十 三	二十 四	二十 五	二十 六	二十 七
五	六	七	八	九
曹釐公夷元年	二	三	四	五
三	四	五	六	七
二十 一	二十 二	二十 三	二十 四	二十 五

十二	十三	十四
二十九	三十	三十一
二十一	二十二	二十三 伐山戎為燕也
十二 太子申生居曲沃重耳居蒲城夷吾居屈驪姬故	十三	十四
十一	十二	秦成公元年
七	八	九
十七	十八	十九
四	五	六
二十八	二十九	三十
十	十一	十二
六	七	八
八	九	十
二十六	二十七	二十八

十五		十六	
三十	二 莊公弟叔牙鴆死子般季友奔陳立湣公		魯湣公開元年
二十	四	二十	五
十五		十六	伐魏取霍始封趙夙耿畢萬魏始此
二		三	
十		十一	
二十		二十	一
七		八	翟伐我公好鶴士不戰滅我國
三十	一	三十	二
十三		十四	
九			曹昭公元年
十一		十二	
二十	九	三十	

十七	十八	十九
二 慶父殺湣公季友自陳立申爲釐公殺慶父	魯釐公申元年哀姜喪自齊至	二
二十六	二十七 殺女弟魯莊公夫人淫故	二十八 爲衛
十七 申生將軍君子知其廢	十八	十九 荀息以幣假道
四	秦穆公任好元年	二
十二	十三	十四
二十二	二十三	二十四
國怨惠公亂滅其後更立黔牟弟衛戴公元年	衛文公燬元年戴公弟也	二 齊桓公率諸侯
三十三	三十四	三十五
十五	十六	十七
二	三	四
十三	十四	十五
三十一	三十二	三十三

	甲子	
	二十	二十 一
	三	四
築楚丘救衛伐狄	二十 九 與蔡姬共舟蕩公公怒歸蔡姬	三十 率諸侯伐蔡蔡潰遂伐楚責包茅貢
于虞以伐虢滅下陽	二十	二十 一 申生以驪姬說自殺重耳奔蒲夷吾奔屈
	三	四 迎婦於晉
	十五	十六 齊伐我至陘使屈完盟
	二十 五	二十 六
爲我城楚丘	三	四
	三十 六	三十 七
	十八 以女故齊伐我	十九
	五	六
	十六	十七
	燕襄公元年	二

二十 二	二十 三	二十 四
五	六	七
三十 一	三十 二 率諸侯伐鄭	三十 三
二十 二 滅虞虢重耳奔狄	二十 三 夷吾奔梁	二十 四
五	六	七
十七	十八 伐許許公肉袒謝楚從之	十九
二十 七	二十 八	二十 九
五	六	七
三十 八	三十 九	四十
二十	二十 一	二十 二
七	八	九
十八	十九	二十
三	四	五

二十五 襄王立畏大叔	襄王元年諸侯立王
八	九 齊率我伐晉亂至高梁還
三十四	三十五 夏會諸侯于葵丘天子使宰孔賜胙命無拜
二十五 伐翟以重耳故	二十六 公卒立奚齊里克殺之及卓子立夷吾
八	九 夷吾使郤芮賂求入夷吾
二十	二十一
三十 公疾太子兹父讓兄目夷賢公不聽	三十一 公薨未葬齊桓會葵丘
八	九
四十一	四十二
二十三	二十四
曹共公元年	二
二十一	二十二
六	七

二	三戎伐我太叔帶召之欲誅叔帶叔帶奔齊	四
十	十一	十二
三十六使隰朋立晉惠公	三十七	三十八使管
晉惠公夷吾元年誅里克倍秦約	二	三
十丕鄭子豹亡來	十一救王伐戎戎去	十二
二十二	二十三伐黃	二十四
宋襄公茲父元年目夷相	二	三
十	十一	十二
四十三	四十四	四十五
二十五	二十六	二十七
三	四	五
二十三	二十四有妾夢天與之蘭生穆公蘭	二十五
八	九	十

	甲戌			
	五		六	
	十三		十四	
仲平戎于周欲以上卿禮讓受下卿	三十	九 使仲孫請王言叔帶王怒	四十	
	四	饑請粟秦與我	五	秦饑請粟晉倍之
	十三	丕豹欲無與公不聽輸晉粟起雍至絳	十四	
	二十	五	二十	六 滅六英
	四		五	
	十三		十四	
	陳穆公款元年		二	
	二十	八	二十	九
	六		七	
	二十	六	二十	七
	十一		十二	

七	八	九
十五 五月日有蝕之不書史官失之	十六	十七
四十一	四十二 王以戎寇告齊齊徵諸侯戍周	四十三
六 秦虜惠公復立之	七 重耳聞管仲死去翟之齊	八
十五 以盜食善馬士得破晉	十六 為河東置官司	十七
二十七	二十八	二十九
六	七 隕五石六鷁退飛過我都	八
十五	十六	十七
三	四	五
蔡莊公甲午元年	二	三
八	九	十
二十八	二十九	三十
十三	十四	十五

十	十一	十二	十三
十八	十九	二十	二十一
孝公昭元年	二	三	四
九	十	十一	十二
十八	十九滅梁梁好城不居民罷相驚故	二十	二十一
三十	三十一	三十二	三十三執宋
九	十	十一	十二召楚盟
十八	十九	二十	二十一
六	七	八	九
四	五	六	七
十一	十二	十三	十四
三十一	三十二	三十三	三十四
十六	十七	十八	十九

		甲申
	十四 叔帶復歸於周	十五
	二十二	二十三
	五 歸王弟帶	六 伐宋以其不同盟
	十三 太子圉質秦亡歸	十四 圉立爲懷公
襄公復歸之	二十一	二十二 迎重耳於楚厚禮之妻之女重耳願歸
	三十四	三十五 重耳過厚禮之
	十三 泓之戰楚敗公	十四 公疾死泓戰
	二十二	二十三 重耳從齊過無禮
	十	十一
	八	九
	十五	十六 重耳過無禮僖負羈私善
	三十五 君如楚宋伐我	三十六 重耳過無禮叔詹諫
	二十	二十一

十六 王奔氾氾鄭地也	十七 晉納王
二十 四	二十 五
七	八
晉文公元年誅子圉魏武子為魏大夫趙衰為原大夫咎犯曰求霸莫如內王	二
二十 四 以兵送重耳晉	二十 五 欲內王軍河上
三十 六	三十 七
宋成公王臣元年	二
二十 四	二十 五
十二	十三
十	十一
十七	十八
三十 七	三十 八
二十 二	二十 三

十八	十九	二十 王狩河陽
二十 六	二十 七	二十 八 公如踐土會朝
九	十 孝公薨弟潘因衛子開方殺孝公子潘立	齊昭公潘元年 會晉敗楚朝周王
三 宋服	四 救宋報曹衛恥	五 侵曹伐衛取五鹿執曹伯諸侯敗楚而朝
二十 六	二十 七	二十 八 會晉伐楚朝周
三十 八	三十 九 使子玉伐宋	四十 晉敗子玉于城濮
三 倍楚親晉	四 楚伐我我告急于晉	五 晉救我楚兵去
衛成公鄭元年	二	三 晉伐我取五鹿公出奔立公子瑕會晉朝
十四	十五	十六 會晉伐楚朝周王
十二	十三	十四 晉伐我執公復歸之
二十九	二十	二十 一 晉伐我執公復歸之
三十 九	四十	四十 一
二十 四	二十 五	二十 六

	二十一	二十二	二十三
	二十九	三十	三十一
	二	三	四
河陽周命賜公土地	六	七 聽周歸衛成公與秦圍鄭	八
	二十九	三十 圍鄭有奇言卽去	三十一
	四十一	四十二	四十三
	六	七	八
復歸晉	四 晉以衛與宋	五 周入成公復衛	六
	陳共公朔元年	二	三
	十五	十六	十七
	二十二	二十三	二十四
	四十二	四十三 秦晉圍我以晉故	四十四
	二十七	二十八	二十九

	甲午	
二十四	二十五	二十六
三十二	三十三 僖公薨	魯文公興元年
五	六 狄侵我	七 伐衛衛伐我
九 文公薨	晉襄公驩元年 破秦於崤	二
三十二 將襲鄭蹇叔曰不可	三十三 襲鄭晉敗我崤	三十四 敗崤
四十四	四十五	四十六 王欲殺太子立
九	十	十一
七	八	九 晉伐我我伐晉
四	五	六
十八	十九	二十
二十五	二十六	二十七
四十五 文公薨	鄭穆公蘭元年 秦襲我弦高詐之	二
三十	三十一	三十二

	二十 七	二十 八
	二	三 公如晉
	八	九
	三 秦報我淆敗于汪	四 秦伐我取王官
亡將歸公復其官	三十 五 伐晉報崤敗我于汪	三十 六 以孟
職太子恐與傅潘崇殺王王欲食熊蹯死不聽自立爲王	楚穆王商臣元年以其太子宅賜崇爲相	二 晉伐我
	十二	十三
	十	十一
	七	八
	二十 一	二十 二
	二十 八	二十 九
	三	四
	三十 三	三十 四

	二十 九	三十
	四	五
	十	十一
我不出	五 伐秦圍邧新城	六 趙成子欒貞子霍伯白季皆卒
明等伐晉晉不敢出	三十 七 晉伐我圍邧新城	三十 八
	三 滅江	四 滅六蓼
	十四	十五
	十二 公如晉	十三
	九	十
	二十 三	二十 四
	三十	三十 一
	五	六
	三十 五	三十 六

三十一	三十二
六	七
十二	十三
七 公卒趙盾爲太子少欲更立君恐誅遂立太子爲靈公	晉靈公夷皋元年趙盾專政
三十九 繆公薨葬殉以人從死者百七十人君子譏之故不言卒	秦康公罃元年
五	六
十六	十七 公孫固殺成公
十四	十五
十一	十二
二十五	二十六
三十二	三十三
七	八
三十七	三十八

		甲辰
三十三 襄王崩	頃王元年	二
八 王使衛來求金以葬非禮	九	十
十四	十五	十六
二 秦伐我取武成報令狐之戰	三 率諸侯救鄭	四 伐秦拔少梁秦取我北徵
二	三	四 晉伐我取少梁我伐晉取北徵
七	八 伐陳以其服晉	九
宋昭公杵臼元年襄公之子	二	三
十六	十七	十八
十三	十四	十五
二十七	二十八	二十九
三十四	三十五	曹文公壽元年
九	十 楚伐我	十一
三十九	四十	燕桓公元年

三	四	五 頃王崩
十一 敗長狄于鹹而歸得長狄	十二	十三
十七	十八	十九
五	六 秦取我羈馬與秦戰河曲秦師遁	七 得隨會
五	六 伐晉取羈馬怒與我大戰河曲	六 晉詐得隨會
十	十一	十二
四 敗長翟長丘	五	六
十九	二十	二十 一
十六	十七	十八
三十	三十 一	三十 二
二	三	四
十二	十三	十四
二	三	四

六 公卿爭政故不赴	匡王元年	二
十四 彗星入北斗周史曰十年齊君晉君死	十五 六月辛丑日蝕齊伐我	十六
二十 昭公卒弟商人殺太子自立是爲懿公	齊懿公商人元年	二 不得民心
八 趙盾以車八百乘納捷菑平王室	九 我入蔡	十
八	九	十
楚莊王侶元年	二	三 滅庸
七	八	九 襄夫人使衛伯
二十二	二十三	二十四
陳靈公平國元年	二	三
三十三	三十四 晉伐我莊侯甍	蔡文公申元年
五	六 齊入我郛	七
十五	十六	十七
五	六	七

四	三	
十八 襄仲殺嫡立庶子為宣公	十七 齊伐我	
四 公刖邴歜父而奪閻職妻二人共殺公立	三 伐魯	
十二	十一 率諸侯平宋	
十二	十一	
五	四	
二	宋文公鮑元年昭公弟晉率諸侯平我	殺昭公弟鮑立
二十 六	二十 五	
五	四	
三	二	
九	八	
十九	十八	
九	八	

		甲寅
	五	六 匡王崩
	魯宣公倭元年魯立宣公不正公室卑	二
悼公子惠公	齊惠公元年取魯濟西之田	二 王子成父敗長翟
	十三 趙盾救陳宋伐鄭	十四 趙穿殺靈公趙盾使穿迎公子黑臀于周
	秦共公和元年	二
	六 伐宋以陳倍我服晉也	七
	三 楚鄭伐我以我倍楚故也	四 華元以羊羹故陷於鄭
	二十七	二十八
	六	七
	四	五
	十	十一
	二十 與楚侵陳遂侵宋晉趙盾以伐我倍晉故	二十一 與宋師戰獲華元
	十	十一

	定王元年	二
	三	四
	三	四
立之趙氏賜公族	晉成公黑臀元年伐鄭	二
	三	四
	八 伐陸渾至雒問鼎輕重	九 若敖氏為亂滅之伐鄭
	五 贖華元歸圍曹	六
	二十九	三十
	八	九
	六	七
	十二 宋圍我	十三
	二十二 華元亡歸	鄭靈公夷元年公子歸生以黿故殺靈公
	十二	十三

三	四	五
五	六	七
五	六	七
三 中行桓子荀林父救鄭伐陳	四 與衛侵陳	五
五	秦桓公元年	二
十	十一	十二
七	八	九
三十一 楚伐鄭與我平晉中行桓子距楚救鄭伐我	三十二 與晉侵陳	三十三
十	十一 晉衛侵我	十二
八	九	十
十四	十五	十六
鄭襄公堅元年靈公庶弟楚伐晉來救	二	三
十四	十五	十六

六	七	八
八 七月日蝕	九	十 四月日蝕
八	九	十 公卒崔杼有寵
六 與晉伐秦獲秦諜殺之絳市六日而蘇	七 使桓子伐楚以諸侯師伐陳救鄭成公薨	景公據元年與宋伐
三 晉伐我獲諜	四	五
十三 伐陳滅舒蓼	十四 伐鄭晉郤缺救鄭伐我	十五
十	十一	十二
三十四	三十五	衛穆公遫元年齊高
十三 楚伐我滅舒蓼	十四	十五 夏徵舒以其母
十一	十二	十三
十七	十八	十九
四	五 楚伐我晉來救敗楚師	六 晉宋楚伐我
燕宣公元年	二	三

		甲子
	九	十
	十一	十二
高國奔衛	齊景公無野元年	二
鄭	二	三 救鄭為楚所敗河上
	六	七
	十六 卒諸侯誅陳夏徵舒立陳靈公子午	十七 圍鄭鄭伯肉袒謝釋之
	十三	十四 伐陳
國來奔	二	三
辱殺靈公	陳成公午元年靈公太子	二
	十四	十五
	二十	二十 一
	七	八
	四	五 楚圍我我卑辭以解

十一	十二	十三
十三	十四	十五 初稅畝
三	四	五
四	五 伐鄭	六 救宋執解楊使節有秦伐我
八	九	十 伐晉
十八	十九 圍宋爲殺使者	二十 圍宋五月華元告子反以誠楚能
十五	十六 殺楚使者楚圍我	十七 華元告楚去
四	五	六
三	四	五
十六	十七	十八
二十一 二	二十 三文公薨	曹宣公廬元年
九	十 晉伐我	十一 佐楚伐宋執解楊
六	七	八

十四	十五	十六
十六	十七 日蝕	十八 宣公薨
六	七 晉使郤克來齊，婦人笑之，克怒歸去	八 晉伐敗我
七 隨會滅赤翟	八 使郤克使齊，婦人笑之，克怒歸	九 伐齊，質子彊，兵罷
十	十二	十三
二十 一	二十 二	二十 三 莊王薨
十八	十九	二十
七	八	九
六	七	八
十九	二十 文侯薨	蔡景侯固元年
二	三	四
十二	十三	十四
九	十	十一

十七	十八
魯成公黑肱元年春齊取我隆	二 與晉伐齊齊歸我汶陽鄆與楚盟
九	十 晉郤克敗公於鞌虜逢丑父
十	十一 與曹敗齊
十四	十五
楚共王審元年	二 秋申公巫臣竊徵舒母奔晉以爲邢大夫冬伐衛魯救齊
二十 一	二十 二
十	十一 穆公龔與諸侯敗齊反侵地楚伐我
九	十
二	三
五	六
十五	十六
十二	十三

	甲戌	
十九	二十	二十一 定王崩
三 會晉宋衛晉伐楚鄭	四 公如晉晉不敬公欲倍晉合於楚	五
十一 頃公如晉欲王晉晉不敢受	十二	十三
十二 始置六卿率諸侯伐鄭	十三 魯公來不敬	十四 梁山崩伯宗隱
十六	十七	十八
三	四 子反救鄭	五 伐鄭倍我故也
宋共公瑕元年	二	三
衛定公臧元年	二	三
十一	十二	十三
四 伐鄭	五	六
七	八	九
十七 晉率諸侯伐我	十八 晉欒書取我范襄公薨	鄭悼公費元年公如楚訟
十四	十五	燕昭公元年

	周簡王元年	二
	六	七
	十四	十五
其人而用其言	十五 使欒書救鄭遂侵蔡	十六 以巫臣始通於吳而謀楚
	十九	二十
鄭悼公來訟	六	七 伐鄭
	四	五
	四	五
	十四	十五
	七 晉侵我	八
	十	十一
	二 悼公薨楚伐我晉使欒書來救	鄭成公睔元年悼公弟也楚伐我
	二	三
	吳壽夢元年	二 巫臣來謀伐楚

三	四	五
八	九	十公如晉送葬諱之
十六	十七頃公薨	齊靈公環元年
十七復趙武田邑侵蔡	十八執鄭成公伐鄭秦伐我	十九
二十一	二十二伐晉	二十三
八	九救鄭冬與晉成	十
六	七	八
六	七	八
十六	十七	十八
九晉侯伐我	十	十一
十二	十三	十四
二	三	四晉率諸侯伐我
四	五	六
三	四	五

錢云壽曼春秋作州蒲蒲乃滿之譌曼滿聲相近古書酬或作醻是壽與州通

六	七	八
十一	十二	十三 會晉伐秦
二	三	四 伐秦
晉厲公壽曼元年	二	三 伐秦至涇敗之獲其將成差
二十 四 與晉侯夾河盟歸倍盟	二十 五	二十 六 晉率諸侯伐我
十一	十二	十三
九	十	十一 晉率我伐秦
九	十	十一
十九	二十	二十 一
十二	十三	十四
十五	十六	十七 晉率我伐秦
五	六	七 伐秦
七	八	九
六	七	八

甲申		
九	十	十一
十四	十五 始與吳通會鍾離	十六 宣伯告晉欲殺季文子文子以義脫
五	六	七
四	五 三郤讒伯宗殺之伯宗好直諫	六 敗楚鄢陵
二十七	秦景公元年	二
十四	十五 許畏鄭請徙葉	十六 救鄭不利子反醉軍敗殺子反歸
十二	十三 宋華元奔晉復還	宋平公成元年
十二 定公薨	衛獻公衎元年	二
二十二	二十三	二十四
十五	十六	十七
曹成公負芻元年	二 晉執我公以歸	三
八	九	十 倍晉盟楚晉伐我楚來救
十	十一	十二
九	十 與魯會鍾離	十一

十二	十三	十四 簡王崩
十七	十八 成公薨	魯襄公午元年 圍宋彭城
八	九	十 我不救鄭 晉伐我 我使太子光質於晉
七	八 欒書中行偃殺厲公立襄公孫為悼公	晉悼公元年 圍宋彭城
三	四	五
十七	十八 為魚石伐宋彭城	十九 侵宋救鄭
二	三 楚伐彭城封魚石	四 楚侵我取犬丘 晉誅魚石歸我彭城
三	四	五 圍宋彭城
二十 五	二十 六	二十 七
十八	十九	二十
四	五	六
十一	十二 與楚伐宋	十三 晉伐取我兵次洧上楚來救
十三 昭公薨	燕武公元年	二
十二	十三	十四

周靈王元年生有髭	二	三
二 會晉城虎牢	三	四 公如晉
十一	十二 伐莒	十三
二 率諸侯伐鄭城虎牢	三 魏絳辱楊干	四 魏絳說和戎狄
六	七	八
二十	二十一 使子重伐吳至衡山使何忌侵陳	二十二 伐陳
五	六	七
六	七	八
二十八	二十九 倍楚盟楚侵我	三十 楚伐我
二十一	二十二	二十三
七	八	九
十四 成公薨晉率諸侯伐我	鄭釐公惲元年	二
三	四	五
十五	十六 楚伐我	十七

		甲午	
	四	五	六
	五 季文子卒	六	七
	十四	十五	十六
狄朝晉	五	六	七
	九	十	十一
	二十 三 伐陳	二十 四	二十 五 圍陳
	八	九	十
	九	十	十一 楚圍我爲公亡歸
	成公薨陳哀公弱元年	二	三
	二十 四	二十 五	二十 六
	十	十一	十二
	三	四	五
	六	七	八 子駟使賊夜殺釐公詐以病卒赴諸侯
	十八	十	二十

七	八	九 王叔奔晉
八 公如晉	九 與晉伐鄭會河上問公年十一可冠於衛	十 楚鄭侵我西鄙
十七	十八 與晉伐鄭	十九 令太子光高厚
八	九 率齊魯宋衛曹伐鄭秦伐我	十 率諸侯伐鄭荀
十二	十三 伐晉楚爲我援	十四 晉伐我
二十 六 伐鄭	二十 七 伐鄭師于武城爲秦	二十 八 使子
十一	十二 晉率我伐	十三 鄭伐我衛來救
十二	十三 晉率我伐鄭師曹鞭公幸妾	十四 救宋
四	五	六
二十 七 鄭侵我	二十 八 晉率我伐鄭	二十 九
十三	十四	十五
鄭簡公喜元年釐公子	二 誅于駟晉率諸侯伐我與盟楚怒伐我	三 晉率諸侯伐我
九	十	十一
二十一	二十二	二十三

	十	
	十一	三桓分爲三軍各將軍
會諸侯鍾離	二十	
壽伐楚	十一	率諸侯伐鄭秦敗我櫟公曰吾用魏絳九合諸侯賜之樂
	十五	我使庶長鮑伐晉救鄭敗之櫟
囊救鄭	二十	九晉鄭伐我
	十四	楚伐我
	十五	救鄭敗晉師櫟
	七	
	三十	
	十六	
楚來救子孔作亂子產攻之	四	與楚伐宋晉率諸侯伐我秦來救
	十二	
	二十	四

十一	十二	十三
十二 公如晉	十三	十四 日蝕
二十一	二十二	二十三 衛獻公來奔
十二	十三	十四 率諸侯大夫伐秦敗棫林
十六	十七	十八 晉諸侯大夫伐我敗棫林
三十	三十一 吳伐我敗之共王薨	楚康王招元年共王太子出奔吳
十五	十六	十七
十六	十七	十八 孫文子攻公公奔齊立定公弟秋
八	九	十
三十一	三十二	三十三
十七	十八	十九
五	六	七
十三	十四	十五
二十五 壽夢卒	吳諸樊元年楚敗我	二 季子讓位楚伐我

錢云衛殤公狄世家作秋秋狄皆猋之譌人表作猋春秋作剽剽猋音相近

	甲辰	
十四	十五	十六
十五 日蝕齊伐我	十六 齊伐我地震齊復伐我北鄙	十七 齊伐我北鄙
二十 四 伐魯	二十 五 伐魯	二十 六 伐魯
十五 悼公薨	晉平公彪元年伐敗楚子湛坂	二
十九	二十	二十 一
二	三 晉伐我敗湛坂	四
十八	十九	二十 伐陳
衛殤公狄元年定公弟	二	三 伐曹
十一	十二	十三 宋伐我
三十 四	三十 五	三十 六
二十	二十 一	二十 二 伐衛
八	九	十
十六	十七	十八
三	四	五

十七	十八
十八 與晉伐齊	十九
二十七 晉圍臨淄晏嬰大破之	二十八 廢光立子牙為太子光與崔杼殺牙自立晉衛伐我
三 率齊宋衛鄭圍齊大破之	四 與衛伐齊
二十二	二十三
五 伐鄭	六
二十一 晉率我伐齊	二十二
四	五 晉率我伐齊
十四	十五
三十七	三十八
二十三 成公薨	曹武公勝元年
十一 晉率我圍齊楚伐我	十二 子產為卿
十九 武公薨	燕文公元年
六	七

十九	二十	二十一	二十二
二十 日蝕	二十一 公如晉冂再蝕	二十二 孔子生	二十三
齊莊公元年	二	三 晉欒逞來奔晏嬰曰不如歸之	四 欲遣欒逞入曲
五	六 魯襄公來殺羊舌虎	七 欒逞奔齊	八
二十四	二十五	二十六	二十七
七	八	九	十
二十三	二十四	二十五	二十六
六	七	八	九 齊伐我
十六	十七	十八	十九
三十九	四十	四十一	四十二
二	三	四	五
十三	十四	十五	十六
二	三	四	五
八	九	十	十一

	二十三	二十四
	二十四 侵齊日再蝕	二十五 齊伐我北鄙以報孝伯之師
沃伐晉取朝歌	五 畏晉通楚晏子謀	六 晉伐我報朝歌崔杼以莊公通其妻殺之
	九	十 伐齊至高唐報太行之役
	二十八	二十九 公如晉盟不結
	十一 與齊通率陳蔡伐鄭救齊	十二 吳伐我以報舟師之役射殺吳王
	二十七	二十八
	十	十一
	二十 楚率我伐鄭	二十一 鄭伐我
	四十三 楚率我伐鄭	四十四
	六	七
	十七 子產曰范宣子爲政我請伐陳	十八 伐陳入陳
	六	燕懿公元年
	十二	十三 諸樊伐楚迫巢門傷射以薨

	甲寅	
	二十五	二十六
	二十六	二十七 日蝕
立其弟為景公	齊景公杵臼元年如晉請歸衛獻公	二 慶封欲專誅崔氏杼自殺
	十一 誅衛殤公復入獻公	十二
	三十	三十一
	十三 率陳蔡伐鄭	十四
	二十九	三十
	十二	衛獻公衎後元年
	二十二 楚率我伐鄭	二十三
	四十五	四十六
	八	九
	十九 楚率陳蔡伐我	二十
	二	三
	吳餘祭元年	二

二十七	周景王元年
二十八 公如楚葬康王	二十九 吳季子來觀周樂盡知樂所爲
三 圣鮑高欒氏謀慶封發兵攻慶封慶封奔吳	四 吳季札來使與晏嬰歡
十三	十四 吳季札來曰晉政卒歸韓魏趙
三十二	三十三
十五 康王薨	楚熊郟敖元年
三十一	三十二
二	三
二十四	二十五
四十七	四十八
十	十一
二十一	二十二 吳季札謂子產曰政將歸子子以禮幸脫於厄矣
四 懿公薨	燕惠公元年齊高止來奔
三 齊慶封來奔	四 守門閽殺餘祭季札使諸侯

二	三	四
三十	三十一 襄公薨昭公年十九有童心	魯昭公稠元年
五	六	七
十五	十六	十七 秦后子來奔
三十四	三十五	三十六 秦后
二	三 王季父圍爲令尹	四 令尹圍殺郟敖
三十三	三十四	三十五
衛襄公惡元年	二	三
二十六	二十七	二十八
四十九 爲太子娶楚女公通太子殺公自立	蔡靈侯班元年	二
十二	十三	十四
二十三 諸公子爭寵相殺子產子成止之	二十四	二十五
二	三	四
五	六	七

	五	六
	二 公如晉至河晉謝還之	三
	八 齊田無宇送女	九 晏嬰使晉見叔向曰齊政歸田氏叔向曰
	十八 齊田無宇來送女	十九
子弃晉車千乘	三十七	三十八
自立為靈王	楚靈王圍元年共王子肘玉	二
	三十六	三十七
	四	五
	二十九	三十
	三	四
	十五	十六
	二十六	二十七 夏如晉冬如楚
	五	六 公欲殺公卿立幸臣公卿誅幸
	八	九

		甲子
	七	八
	四 稱病不會楚	五
晉公室卑	十	十一
	二十	二十 一 秦后子歸秦
	三十 九	四十 公卒后子自晉歸
	三 夏合諸侯宋地盟伐吳朱方誅慶封冬報我取五城	四 率諸侯伐吳
	三十 八	三十 九
	六 稱病不會楚	七
	三十 一	三十 二
	五	六
	十七 稱病不會楚	十八
	二十 八 子產曰三國不會	二十 九
臣公恐出奔齊	七	八
	十 楚誅慶封	十一 楚率諸侯伐我

九	十	十一
六	七 季武子卒日蝕	八 公如楚楚召之賀章華臺
十二 公如晉請伐燕入其君	十三 入燕君	十四
二十 二 齊景公來請伐燕入其君	二十 三 入燕君	二十 四
秦襄公元年	二	三
五 伐吳次乾谿	六 執芋尹亡人入章華	七 就章華臺內亡人實之滅陳
四十	四十 一	四十 二
八	九 夫人姜氏無子	衛靈公元年
三十 三	三十 四	三十 五 弟招作亂襄公自殺
七	八	九
十九	二十	二十 一
三十	三十 一	三十 二
九 齊伐我	燕悼公元年惠公歸至卒	二
十二 楚伐我乾谿	十三	十四

十二	十三	十四
九	十 四月日蝕	十一
十五	十六	十七
二十 五	二十 六 春有星出婺女十月公薨	晉昭公夷元年
四	五	六
八 弟弃疾將兵定陳	九	十 醉殺蔡侯使弃
四十 三	四十 四 平公薨	元公佐元年
二	三	四
陳惠公吳元年哀公孫也楚來定我	二	三
十	十一	十二 靈侯如楚楚殺
二十 二	二十 三	二十 四
三十 三	三十 四	三十 五
三	四	五
十五	十六	十七

	十五	十六
	十二 朝晉至河晉謝之歸	十三
	十八 公如晉	十九
	二	三
	七	八
疾閭之弃疾居之爲蔡侯	十一 王伐舒以恐吳次乾谿民罷於役怨王	十二 弃疾作亂自立靈王自殺復陳蔡
	二	三
	五 公如晉朝嗣君	六
	四	五 楚平王復立我惠公
之使弃疾居之爲蔡侯	蔡侯廬元年景侯子	二 楚平王復立我景侯子廬
	二十 五	二十 六
	三十 六 公如晉	鄭定公寧元年
	六	七
	吳餘昧元年	二

	甲戌	
十七	十八 后太子卒	十九
十四	十五 日蝕	十六 公如晉晉留之
二十	二十一	二十二
四	五	六 公卒六卿彊公
九	十	十一
楚平王居元年共王子抱玉	二 王為太子取秦女好自取之	三
四	五	六
七	八	九
六	七	八
三	四	五
二十七	曹平公須元年	二
二	三	四 火欲禳之子產
燕共公元年	二	三
三	四	吳僚元年

-	二十	二十一	二十二
葬公恥之	十七 正月朔日蝕彗星見辰	十八	十九 地震
	二十三	二十四	二十五
室卑矣	晉頃公去疾元年	二	三
	十二	十三	十四
	四 與吳戰	五	六
	七	八 火	九
	十	十一 火	十二
	九	十 火	十一
	六	七	八
	三	四 平公薨	曹悼公午元年
田不如修德	五	六 火	七
	四	五 共公薨	燕平公元年
	二 與楚戰	三	四

二十三		二十四		二十五	
二十	齊景公與晏子狩入魯問禮	二十一	公如晉至河晉謝之歸日蝕	二十二	日蝕
二十六	獵魯界因入魯	二十七		二十八	
四		五		六	周室亂公平亂
十五		十六		十七	
七	誅伍奢尚太子建奔宋伍胥奔吳	八	蔡侯來奔	九	
十	公毋信詐殺公子楚太子建來奔見亂之鄭	十一		十二	
十三		十四		十五	
十二		十三		十四	
九	平侯薨靈侯孫東國殺平侯子而自立		蔡悼侯東國元年奔、楚	二	
二	楚太子建從宋來奔	三		四	
八		九		十	
二		三		四	
五	伍員來奔	六		七	

	周敬王元年	二
	二十三 地震	二十四 鸜鵒來巢
	二十九	三十
立敬王	七	八
	十八	十九
	十 吳伐敗我	十一 吳卑梁人爭桑伐取我鍾離
	十三	十四
	十六	十七
	十五 吳敗我兵取胡沈	十六
	三	蔡昭侯申元年悼侯弟
	五	六
	十一 楚建作亂殺之	十二
	五	六 公如晉請內王
	八 公子光敗楚	九

甲申	
三	四
二十五 公欲誅季氏三桓氏攻公公出居鄆	二十六 齊取我鄆以處公
三十一	三十二 彗星見晏子曰田氏有德於齊可畏
九	十 知櫟趙鞅內王於王城
二十	二十一
十二	十三 欲立子西子西不肯秦女子立爲昭王
十五	宋景公頭曼元年
十八	十九
十七	十八
二	三
七	八
十三	十四
七	八
十	十一

五	六	七
二十七	二十八公如晉求入晉弗聽處之乾侯	二十九公自
三十三	三十四	三十五
十一	十二六卿誅公族分其邑各使其子爲大夫	十三
二十二	二十三	二十四
楚昭王珍元年誅無忌以說衆	二	三
二	三	四
二十	二十一	二十二
十九	二十	二十一
四	五	六
九	曹襄公元年	二
十五	十六	鄭獻公蠆元年
九	十	十一
十二公子光使專諸殺僚自立	吳闔閭元年	二

	八	九
乾侯如惲齊侯曰主君公恥之復之乾侯	三十	三十一 日蝕
	三十 六	三十 七
	十四 頃公薨	晉定公午元年
	二十 五	二十 六
	四 吳三公子奔來封以扞吳	五 吳伐我六潛
	五	六
	二十 三	二十 四
	二十 二	二十 三
	七	八
	三	四
	二	三
	十二	十三
	三 三公子奔楚	四 伐楚六潛

十　晉使諸侯為我築城	十一	十二
三十二　公卒乾侯	魯定公宋元年昭公喪自乾侯至	二
三十八	三十九	四十
二　率諸侯為周築城	三	四
二十七	二十八	二十九
六	七　囊瓦伐吳敗我豫章蔡侯來朝	八
七	八	九
二十五	二十六	二十七
二十四	二十五	二十六
九	十　朝楚以裘故留	十一
五　平公弟通襲殺公自立	曹隱公元年	二
四	五	六
十四	十五	十六
五	六　楚伐我迎擊敗之取楚之居巢	七

十三		十四	與晉率諸侯侵楚
三		四	
四十	一	四十	二
五		六	周與我率諸侯侵楚
三十		三十	一 楚包胥請救
九	蔡昭侯畱三歲得裘故歸	十	吳蔡伐我入郢昭王亡伍子胥鞭平王墓
十		十一	
二十	八	二十	九 與蔡爭長
二十	七	二十	八
十二	與子常裘得歸如晉請伐楚	十三	與衛爭長衛侵我吳與我伐楚郢
三		四	
七	成公薨	八	
十七		十八	
八		九	與蔡伐楚入郢

十五	十六 王子朝之徒作亂故王奔晉	十七 劉子迎王
五 陽虎執季桓子與盟釋之 日蝕	六	七 齊伐我
四十三	四十四	四十五 侵衛
七	八	九 入周敬王
三十二	三十三	三十四
十一 秦救至吳去昭王復入	十二 吳伐我番楚恐徙都鄀	十三
十二	十三	十四
三十	三十一	三十二 齊侵
陳懷公柳元年	二	三
十四	十五	十六
曹靖公路元年	二	三
九	十 魯侵我	十一
十九	燕簡公元年	二
十	十一 伐楚取番	十二

晉入王	十八	十九
	八 陽虎欲伐三桓三桓攻陽虎虎奔陽關	九 伐陽虎虎奔齊
伐魯	四十六 魯伐我我伐魯	四十七 囚陽虎虎奔晉
	十 伐衛	十一 陽虎來奔
	三十五	三十六 襄公薨
	十四 子西為民泣民亦泣蔡昭侯恐	十五
	十五	十六 陽虎來奔
我	三十三 晉魯侵伐我	三十四
	四 公如吳吳留之因死吳	陳湣公越元年
	十七	十八
	四 靖公薨	曹伯陽元年
	十二	十三 獻公薨
	三	四
	十三 陳懷公來留之死於吳	十四

二十	二十一
十 公會齊侯於夾谷孔子相齊歸我地	十一
四十八	四十九
十二	十三
秦惠公元年彗星見	二 生躁公懷公簡公
十六	十七
十七	十八
三十五	三十六
二	三
十九	二十
二	三 國人有夢衆君子立社宮謀亡曹振鐸止之請待公孫彊許之
鄭聲公勝元年鄭益弱	二
五	六
十五	十六

	甲辰	
二十二	二十三	二十四
十二 齊來歸女樂季桓子受之孔子行	十三	十四
五十 遺魯女樂	五十一	五十二
十四	十五 趙鞅伐范中行	十六
三	四	五
十八	十九	二十
十九	二十	二十一
三十七 伐魯	三十八 孔子來祿之如魯	三十九 太子
四	五	六 孔子來
二十一	二十二	二十三
四 衛伐我	五	六 公孫强好射獻鵰君
三	四	五 子產卒
七	八	九
十七	十八	十九 伐越越敗我傷

二十六	二十五	
魯哀公將元年	十五 定公薨日蝕	
五十 四 伐晉	五十 三	
十八 趙鞅圍范中行朝歌齊伐我	十七	
七	六	
二十 二 率諸侯圍蔡	二十 一 滅胡以吳敗我倍之	
二十 三	二十 二 鄭伐我	
四十 一 伐晉	四十	蒯聵出奔
八 吳伐我	七	一
二十 五 楚伐我以吳怨故	二十 四	
八	七	鴈君使爲司城夢者之子亡去
七	六	
十一	十	
二 伐越	吳王夫差元年	闔閭以指死

二十	七
二	
五十	五 輸范中行氏粟
十九	趙鞅圍范中行鄭來救我敗之
八	
二十	三
二十	四
四十	二 靈公薨蒯瞶子輒立晉納太子蒯瞶于戚
九	
二十	六 畏楚私召吳人乞遷于州來州來近吳
九	
八	敗范中行氏與趙鞅戰於鐵敗我師
十二	
三	

二十	八
三	地震
五十	六
二十	
九	
二十	四
二十	五 孔子過宋桓魋惡之
衛出公輒元年	
十	
二十	七
十	宋伐我
九	
燕獻公元年	
四	

二十九	三十	三十一
四	五	六
五十七 田乞救范氏	五十八 景公薨立嬖姬子爲太子	齊晏孺子元年 田乞
二十一 趙鞅拔邯鄲柏人有之	二十二 趙鞅敗范中行中行奔齊伐衛	二十三
十 惠公薨	秦悼公元年	二
二十五	二十六	二十七 救陳
二十六	二十七	二十八 伐曹
二	三 晉伐我救范氏故	四
十一	十二	十三 吳伐我楚來救
二十八 大夫共誅昭侯	蔡成侯朔元年	二
十一	十二	十三 宋伐我
十	十一	十二
二	三	四
五	六	七 伐陳

		甲寅
	三十二	三十三
	七 公會吳王于繒吳徵百牢季康子使子貢謝之	八 吳為鄒伐我至城下盟而去齊取我三邑
詐立陽生殺孺子	齊悼公陽生元年	二 伐魯取三邑
	二十四 侵衛	二十五
	三	四
王死城父	楚惠王章元年	二 子西召建子勝於吳為白公
	二十九 侵鄭衛魯	三十 曹倍我我滅之
	五 晉侵我	六
	十四	十五
	三	四
	十四 宋圍我鄭救我	十五 鄭滅曹虜伯陽
	十三	十四
	五	六
	八 魯會我繒	九 伐魯

三十四	三十五
九	十與吳伐齊
三	四吳魯伐我齊鮑子殺悼公齊人立其子任爲簡公
二十六	二十七趙使鞅伐齊
五	六
三伐陳陳與吳故	四伐鄭
三十一鄭圍我敗之于雍丘	三十二伐鄭
七	八孔子自陳來
十六倍楚與吳成	十七
五	六
十五圍宋宋敗我師雍丘伐我	十六
七	八
十	十一與魯伐齊救陳誅伍員

三十六	三十七	三十八
十一 齊伐我冉有言故迎孔子孔子歸	十二 與吳會橐皋用田賦	十三 與吳會黃池
齊簡公元年魯與吳敗我	二	三
二十八	二十九	三十 與吳會黃池爭長
七	八	九
五	六 白公勝數請子西伐鄭以父怨故	七 伐陳
三十三	三十四	三十五 鄭敗我師
九 孔子歸魯	十 公如魯與吳會橐皋	十一
十八	十九	二十
七	八	九
十七	十八 宋伐我	十九
九	十	十一 敗宋師
十二 與魯敗齊	十三 與魯會橐皋	十四 與晉會黃池

三十九	四十
十四 西狩獲麟衛出公來奔	十五 子服景伯使齊子貢爲介齊歸我侵地
四 田常殺簡公立其弟驁爲平公常相之專國權	齊平公驁元年景公子也齊自是稱田氏
三十一	三十二
十	十一
八	九
三十六	三十七 熒惑守心子韋曰善
十二 父蒯聵入輒出亾	衛莊公蒯聵元年
二十一	二十二
十	十一
二十	二十一
十二	十三
十五	十六

四十	一
十六	孔子卒
二	
三十	三
十二	
十	白公勝殺令尹子西攻惠王葉公攻白公白公自殺惠王復國
三十	八
二	
二十	三 楚滅陳殺湣公
十二	
二十	二
十四	
十七	

四十	二
十七	
三	
三十	四
十三	
十一	
三十	九
三	莊公辱戎州人戎州人與趙簡子攻莊公出奔
二十	四
十三	
二十	三
十五	
十八	敗楚

錢云專當爲專左傳作石圃

四十三 敬王崩
十八 三十七卒
四 三十五卒
三十五 二十七卒
十四 卒子厲公立
十二 五十七卒
四十 六十四卒
衛君起元年石封逐起出輒復入
十四 十九卒
二十四 三十八卒
十六 二十八卒
十九 二十二卒

十二諸侯年表第二

史記十四

此段乃反覆推求不知其所以能幷天下之故東方

六國表第三

太史公讀秦記至犬戎敗幽王周東徙洛邑秦襄公始封爲諸侯作西時用事上帝僭端見矣禮曰天子祭天地諸侯祭其域內名山大川今秦雜戎翟之俗先暴戾後仁義位在藩臣而臚於郊祀君子懼焉及文公踰隴攘夷狄尊陳寶營岐雍之閒而穆公修政東竟至河則與齊桓晉文中國侯伯侔矣是後陪臣執政大夫世祿六卿擅晉權征伐會盟威重於諸侯及田常殺簡公而相齊國諸侯晏然弗討海內爭於戰攻矣三國終之卒分晉田和亦滅齊而有之六國之盛自此始務在彊兵幷敵謀詐用而從衡短長之說起矯稱蠭出誓盟不信雖置質剖符猶不能約束也秦始小國僻遠諸夏賓之比於戎翟至獻公之後常雄諸侯論秦之德義不如魯衛之暴戾者量秦之兵不如三晉之彊也然卒

物所始生以下辭義至爲譎變語雖論秦意乃指漢而漢之興自蜀漢句徑將漢事揭出爲賓是爲文字險絕處

語益迴護意益詭激悲痛有此而前論秦處本意乃益明

幷天下非必險固便形勢利也蓋若天所助焉或曰東方物所始生西方物之成孰夫作事者必於東南收功實者常於西北故禹興於西羌湯起於亳（徐廣云京兆杜縣有亳亭錢云秦紀寧王三年與亳戰亳王奔戎皇甫謐云周桓王時有亳王號湯非殷也京兆之亳乃戎王號湯者之邑然史公固以關中之亳爲湯之亳矣）周之王也以豐鎬伐殷秦之帝用雍州興漢之興自蜀漢秦既得意燒天下詩書諸侯史記尤甚爲其有所刺譏也詩書所以復見者多藏人家而史記獨藏周室以故滅惜哉惜哉獨有秦記又不載日月其文略不具然戰國之權變亦有可頗采者何必上古秦取天下多暴然世異變成功大傳曰法後王何也以其近己而俗變相類議卑而易行也學者牽於所聞見秦在帝位日淺不察其終始因舉而笑之不敢道此與以耳食無異悲夫余於是因秦記踵春秋之後起周元王表六國時事訖二世凡二百七十年著諸所聞興壞之

箋云史公以六國表繼十二諸侯其時惟陳曹先亡耳晉衛附于魏鄭附于韓魯蔡附于楚宋附于齊各述其後事以續前表文簡而法密矣

端後有君子以覽觀焉

周	元王元年	二	三	四
秦厲共公	公元年	二 蜀人來賂	三	四
魏獻子	衛出公輒後元年	晉定公卒	晉出公錯元年	
韓宣子				
趙簡子	四十二	四十三	四十四	四十五
楚惠王	章十三年 吳伐我	十四 越圍吳吳怒	十五	十六 越滅吳
燕獻公	十七年	十八	十九	二十
齊平公	驁五年	六	七 越人始來	八

五	六	七	八	定王元年
五 楚人來賂	六 義渠來賂緜諸乞援	彗星見	八	九
四十六	四十七	四十八 衛莊公飲大夫不解履公怒卽攻公公奔宋	四十九	五十
十七 蔡景侯卒	十八 蔡聲侯元年	十九 王子英奔秦	二十	二十一
二十一	二十二	二十三	二十四	二十五
九 晉知伯瑤來伐我	十	十一	十二	十三

	二	三	四	五
	十 庶長將兵拔魏城彗星見	十一	十二	十三
				知伯伐鄭駟桓子如齊乞救
	五十一	五十二	五十三	五十四 知伯謂簡子欲廢太子襄子襄子怨知伯
	二十二 魯哀公卒	二十三 魯悼公元年三桓勝魯如小侯	二十四	二十五
	二十六	二十七	二十八	燕孝公元年
	十四	十五	十六	十七 救鄭晉師去中行文子謂田常乃今知以亡

六	十四 晉人楚人來賂		鄭聲公卒	五十五	二十六	二	十八
七	十五		鄭哀公元年	五十六	二十七	三	十九
八	十六 塹阿旁伐大荔補龐戲城			五十七	二十八	四	二十
九	十七			五十八	二十九	五	二十一
十	十八			五十九	三十	六	二十二
十一	十九			六十	三十一	七	二十三
十二	二十 公將師與緜諸戰			襄子元年未除服登夏屋誘代王以金斗	三十二 蔡聲侯卒	八	二十四

	十三	十四	十五	十六
	二十一	二十二	二十三	二十四
	晉哀公忌元年	衛悼公黚元年		魏桓子敗知伯于晉陽
				韓康子敗知伯晉陽
殺代王封伯魯子周爲代成君	二	三	四與知伯分范中行地	五襄子敗知伯晉陽與魏韓三分其地
	三十三蔡元侯元年	三十四	三十五	三十六
	九	十	十一	十二
	二十五	齊宣公就匝元年	二	三

十七	十八	十九	二十	二十一
二十五 晉大夫知開率其邑人來奔	二十六 左庶長城南鄭	二十七	二十八 越人來迎女	二十九 晉大夫知伯寬率其邑人來奔
		衛敬公元年		
六	七	八	九	十
三十七	三十八	三十九 蔡侯齊元年	四十	四十二
十三			燕成公元年	二
四	五 宋景公卒	六 宋昭公元年	七	八

二十二	三十			十一	四十二 楚滅蔡	三	九
二十三	三十一			十二	四十三	四	十
二十四	三十二			十三	四十四 滅杞杞夏之後	五	十一
二十五	三十三 伐義渠虜其王			十四	四十五	大	十二
二十六	三十四 日蝕晝晦星見			十五	四十六	七	十三
二十七	秦躁公元年			十六	四十七	八	十四

二十八	二 南鄭反			十七	四十八	九	十五
考王元年	三			十八	四十九	十	十六
二	四			十九	五十	十一	十七
三	五			二十	五十一	十二	十八
四	六	晉幽公柳元年服韓魏		二十一	五十二	十三	十九
五	七			二十二	五十三	十四	二十
六	八 六月雨雪日月蝕			二十三	五十四	十五	二十一

七	九			二十四	五十五	十六	二十二
八	十			二十五	五十六	燕湣公元年	二十三
九	十一			二十六	五十七	二	二十四
十	十二	衛昭公元年		二十七	楚簡王仲元年滅莒	三	二十五
十一	十三 義渠伐秦侵至渭陽			二十八	二	四	二十六
十二	十四			二十九	三 魯悼公卒	五	二十七
十三	秦懷公元年生靈公			三十	四 魯元公元年	六	二十八

十四	十五	威烈王元年	二	三
二	三	四 庶長鼂殺懷公太子蚤死大臣立太子之子爲靈公	秦靈公元年生獻公	二
		衛悼公亹元年	魏文侯斯元年	二
			韓武子元年	二 鄭幽公元年韓殺之
三十一	三十二	三十三 襄子卒	趙桓子元年	趙獻侯元年
五	六	七	八	九
七	八	九	十	十一
二十九	三十	三十一	三十二	三十三

四	五	六	七	八
三 作上下畤	四	五	六	七 與魏戰少梁
三	四	五 魏誅晉幽公立其弟止	六 晉烈公止元年魏城少梁	七
三 鄭立幽公子為繻公元年	四	五	六	七
二	三	四	五	六
十	十一	十二	十三	十四
十二	十三	十四	十五	十六
三十四	三十五	三十六	三十七	三十八

九	十	十一	十二
八 城塹河瀕初以君主妻河	九	十 補龐城籍始靈公卒立其季父悼子是爲簡公	秦簡公元年
八 復城少梁	九	十	十一 衛慎公元年
八	九	十	十一
七	八	九	十 中山武公初立
十五	十六	十七	十八
十七	十八	十九	二十
三十九	四十	四十一	四十二

十三	十四	十五	十六	十七	
二 與晉戰敗鄭下	三	四	五 日蝕	六 初令吏帶劍	
十二	十三 公子擊圍繁龐出其民人	十四	十五	十六 伐秦築臨晉元里	
十二	十三	十四	十五	十六	
十一	十二	十三 城平邑	十四	十五	
十九	二十	二十一	二十二	二十三	
二十一	二十二	二十三	二十四	二十五	
四十三 伐晉敗黃城圍陽狐	四十四 伐魯莒及安陽	四十五 伐魯取都	四十六	四十七	

十八	十九	二十	二十一
七 塹洛城重 泉初租禾	八	九	十
十七 擊宋中山 伐秦至鄭 還築洛陰 郃陽	十八 文侯受經 子夏過段 干木之閭 常式	十九	二十 卜相李克 翟璜爭
韓景侯虔 元年伐鄭 取雍丘鄭 城京	二 鄭敗韓于 負黍	三	四
趙列侯籍 元年魏使 太子伐中 山	二	三	四
二十四 簡王卒	楚聲王當 元年魯穆 公元年	二	三
二十六	二十七	二十八	二十九
四十八 取魯郕	四十九 與鄭會于 西城伐衛 取毋丘	五十	五十一 田會以廩 丘反

二十二	二十三 九鼎震	二十四	安王元年
十一	十二	十三	十四 伐魏至陽狐
二十一	二十二 初爲侯	二十三	二十四 秦伐我至陽狐
五	六 初爲侯	七	八
五	六 初爲侯	七 烈侯好音欲賜歌者田徐越侍以仁義乃止	八
四	五 魏韓趙始列爲諸侯	六 盜殺聲王	楚悼王類元年
三十	三十一	燕釐公元年	二
齊康公貸元年	二 宋悼公元年	三	四

二	三 王子定奔晉	四	五	六
十五	秦惠公元年	二	三 日蝕	四
二十五 太子罃生	二十六 虢山崩壅河	二十七	二十八	二十九
九 鄭圍陽翟	韓烈侯元年	二 鄭殺其相駟子陽	三 鄭人殺君三月盜殺韓相俠累	四 鄭伯子陽之徒殺其君繻公
九	趙武公元年	二	三	四
二 三晉伐我至桑丘	三 歸榆關于鄭	四 敗鄭師圍鄭鄭人殺子陽、	五	六
三	四	五	六	七
五	六	七	八	九

七	五 伐緜諸	三十	五 鄭康公元年	五	七	八	十 宋休公元年
八	六	三十一	六 救魯鄭負黍反	六	八	九	十一 伐魯取最
九	七	三十二 伐鄭城酸棗	七	七	九 伐韓取負黍	十	十二
十	八	三十三 晉孝公傾元年	八	八	十	十一	十三
十一	九 伐韓宜陽取六邑	三十四	九 秦伐宜陽取六邑	九	十一	十二	十四

十二	十 與晉戰武城縣陝	三十五 伐齊取襄陽	十	十	十二	十三	十五 晉敗我平陸
十三	十一 太子生	三十六 秦侵陰晉	十一	十一	十三	十四	十六 與晉衛會濁澤
十四	十二	三十七	十二	十二	十四	十五	十七
十五	十三 蜀取我南鄭	三十八	十三	十三	十五	十六	十八
十六	秦出公元年	魏武侯元年襲邯鄲敗焉	韓文侯元年	趙敬侯元年武公子朝作亂奔魏	十六	十七	田常曾孫田和始列爲諸侯遷康公海上食一城

十七	十八	十九	二十	二十一
二 庶長改迎靈公太子立爲獻公誅出公	秦獻公元年	二 城櫟陽	三 日蝕晝晦	四 孝公生
二 城安邑王垣	三	四	五	六
二 伐鄭取陽城伐宋到彭城執宋君	三	四	五	六
二	三	四 魏敗我兎臺	五	六
十七	十八	十九	二十	二十一
十八	十九	二十	二十一	二十二
二十 伐魯破之田和卒	二十一 田和子桓公午立	二十二	二十三	二十四

二十二	二十三	二十四	二十五
五	六 初縣蒲藍田善明氏	七	八
七 伐齊至桑丘	八	九 翟敗我澮 伐齊至靈丘	十 晉靜公俱酒元年
七 伐齊至桑丘 鄭敗晉	八	九 伐齊至靈丘	十
七 伐齊至桑丘	八 襲衛不克	九 伐齊至靈丘	十
楚肅王臧元年	二	三	四 蜀伐我茲方
二十三	二十四	二十五	二十六
二十五 伐燕取桑丘	二十六 康公卒田氏遂并齊而有之太公望之後絕祀	齊威王因齊元年自田常至威王威王始以齊強天下	二

錢云鱄陵世家作博陵

二十六	烈王元年	二	三	四
九	十 日蝕	十一 縣櫟陽	十二	十三
十一 魏韓趙滅晉絕無後	十二	十三	十四	十五 衛聲公元年敗趙北藺
十一 韓哀侯元年分晉國	二 滅鄭康公以二十年滅無後	三	四	五
十一 分晉國	十二	趙成侯元年	二	三 伐衛取都鄙七十三魏敗我藺
五 魯共公元年	六	七	八	九
二十七	二十八	二十九	三十 敗齊林狐	燕桓公元年
三 三晉滅其君	四	五	六 魯伐入陽關晉伐到鱄陵	七 宋辟公元年

駰云涿澤魏齊世家并作濁澤古文濁涿通五帝紀涿鹿或作濁鹿

五	六	七	顯王元年	二
十四	十五	十六 民大疫日蝕	十七 櫟陽雨金 四月至八月	十八
十六 伐楚取魯陽	惠王元年	二 敗韓馬陵	三 齊伐我觀	四
六 韓嚴殺其君	莊侯元年	二 魏敗我馬陵	三	四
四	五 伐齊于甄 魏敗我懷	六 敗魏涿澤 圍惠王	七 侵齊至長城	八
十 魏取我魯陽	十一	楚宣王良夫元年	二	三
二	三	四	五	六
八	九 趙伐我甄	十 宋剔成元年	十一 伐魏取觀 趙侵我長城	十二

三	四	五 賀秦	六	七
十九 敗韓魏洛陰	二十	二十一 章蟜與晉戰石門天子賀斬首六萬	二十二	二十三 與魏戰少梁虜其太子
五 與韓會宅陽城武都	六 伐宋取儀臺	七	八	九 與秦戰少梁虜我太子
五	六	七	八	九 魏敗我于澮大雨三月
九	十	十一	十二	十三 魏敗我于澮
四	五	六	七	八
七	八	九	十	十一
十三	十四	十五	十六	十七

八	九致胙于秦	十	十一	十二
秦孝公元年彗星見西方	二天子致胙	三	四	五
十取趙皮牢衛成侯元年	十一	十二星晝墯有聲	十三	十四與趙會鄗
十	十一	十二	韓昭侯元年秦敗我西山	二宋取我黃池魏取我朱
十四	十五	十六	十七	十八趙孟如齊
九	十	十一	十二	十三君尹黑迎女秦
燕文公元年	二	三	四	五
十八	十九	二十	二十一鄒忌以鼓琴見威王	二十二封鄒忌爲成侯

十三	十四	十五	十六	十七
六	七 與魏王會杜平	八 與魏戰元里斬首七千取少梁	九	十 衛公孫鞅爲大良造伐安邑降之
十五 魯衛宋鄭侯來	十六	十七 與秦戰元里秦取我少梁	十八 邯鄲降齊敗我桂陵	十九 諸侯圍我襄陵築長城塞固陽
三	四	五	六 伐東周取陵觀廪丘	七
十九 與燕會河與齊宋會平陸	二十	二十一 魏圍我邯鄲	二十二 魏拔邯鄲	二十三
十四	十五	十六	十七	十八 魯康公元年
六	七	八	九	十
二十三 與趙會平陸	二十四 與魏會田于郊	二十五	二十六 敗魏桂陽	二十七

十八	十九	二十	二十一
十一 城商塞衛鞅圍固陽降之	十二 初聚小邑為三十一縣令為田開阡陌	十三 初為縣有秩史	四十 初為賦
二十 歸趙邯鄲	二十一 與秦遇彤	二十二	二十三
八 申不害相	九	十 韓姬弒其君悼公	十一 昭侯如秦
二十四 魏歸邯鄲與魏盟漳水上	二十五	趙肅侯元年	二
十九	二十	二十一	二十二
十一	十二	十三	十四
二十八	二十九	三十	三十一

二十二	十五	二十四	十二	三 公子范襲邯鄲不勝死	二十三	十五	三十二
二十三	十六	二十五	十三	四	二十四	十六	三十三 殺其大夫牟辛
二十四	十七	二十六	十四	五	二十五	十七	三十四
二十五 諸侯會	十八	二十七 丹封名會丹魏大臣	十五	六	二十六	十八	三十五 田忌襲齊不勝
二十六 致伯秦	十九 城武城從東方牡丘來歸天子致伯	二十八	十六	七	二十七 魯景公偃元年	十九	三十六

二十七	二十諸侯畢賀會諸侯于澤朝天子	二十九中山君爲相	十七	八	二十八	二十	齊宣王辟彊元年
二十八	二十一馬生人	三十齊虜我太子申殺將軍龐涓	十八	九	二十九	二十一	二敗魏馬陵田忌田嬰田盼將孫子爲師
二十九	二十二封大良造商鞅	三十一秦商君伐我虜我公子卬	十九	十	三十	二十二	三與趙會伐魏
三十	二十三與晉戰岸門	三十二公子赫爲太子	二十	十一	楚威王熊商元年	二十三	四

三十一	二十四 秦大荔圍合陽孝公薨商君反死彤地	三十三 衛鞅伐歸我我恐弗內	二十一	十二	二	二十四	五
三十二	秦惠文王元年楚韓趙蜀人來	三十四	二十二 申不害卒	十三	三	二十五	六
三十三 賀秦	二 天子賀行錢宋太丘杜亾	三十五 孟子來王問利國對曰君不可言利	二十三	十四	四	二十六	七 與魏會平阿南
三十四	三 王冠拔韓宜陽	三十六	二十四 秦拔我宜陽	十五	五	二十七	八 與魏會於甄

三十五	四 天子致文武胙魏夫人來	魏襄王元年與諸侯會徐州以相王	二十五 旱作高門屈宜臼曰昭侯不出此門	十六	六	二十八 蘇秦說燕	九 與魏會徐州諸侯相王
三十六	五 陰晉人犀首爲大良造	二 秦敗我雕陰	二十六 高門成昭侯卒不出此門	十七	七 圍齊於徐州	二十九	十 楚圍我徐州
三十七	六 魏以陰晉爲和命曰寧秦	三 伐趙衛平侯元年	韓宣惠王元年	十八 齊魏伐我我決河水浸之	八	燕易王元年	十一 與魏伐趙
三十八	七 義渠內亂庶長操將兵定之	四	二	十九	九	二	十二

三十九	四十	四十一
八　魏入少梁河西地于秦	九　渡河取汾陰皮氏圍焦降之與魏會應	十　張儀相公子桑圍蒲陽降之魏納上郡
五　與秦河西地少梁秦圍我焦曲沃	六　與秦會應秦取汾陰皮氏	七　入上郡于秦
三	四	五
二十	二十一	二十二
十	十一　魏敗我陘山	楚懷王槐元年
三	四	五
十三	十四	十五　宋君偃元年

四十二	十一 義渠君爲臣歸魏焦曲沃	八 秦歸我焦曲沃	六	二十三	二	六	十六
四十三	十二 初臘會龍門	九	七	二十四	三	七	十七
四十四	十三 四月戊午君爲王	十	八 魏敗我韓舉	趙武靈王元年魏敗我趙護	四	八	十八
四十五	相張儀將兵取陜初更元年	十一 衛嗣君元年	九	二 城鄗	五	九	十九
四十六	十 相張儀與齊楚會齧桑	十二	十 君爲王	三	六 魏敗襄陵	十 君爲王	齊湣王地元年

四十七	四十八	慎靚王元年	二	三
三 張儀免相相魏	四	五 王北遊戎地至河上	六	七 五國共擊秦不勝而還
十三 秦取曲沃平周女化爲丈夫	十四	十五	十六	魏哀王元年擊秦不勝
十一	十二	十三	十四 秦來擊我取鄢	十五 擊秦不勝
四 與韓會區鼠	五 取韓女爲夫人	六	七	八 擊秦不勝
七	八	九	十 城廣陵	十一 擊秦不勝
十一	十二	燕王噲元年	二	三 擊秦不勝
二	三 封田嬰於薛	四 迎婦于秦	五	六 宋自立爲王

四	五	六	周赧王元年
八 與韓趙戰斬首八萬張儀復相	九 擊蜀滅之取趙中都西陽安邑	十	十一 侵義渠得二十五城
二 齊敗我觀澤	三	四	五 秦拔我曲沃歸其人走犀首岸門
十六 秦敗我脩魚得韓將軍申差	十七	十八	十九
九 與韓魏擊秦齊敗我觀澤	十 秦取我中都西陽安邑	十一 秦敗我將軍英	十二
十二	十三	十四	十五 魯平公元年
四	五 君讓其臣子之國顧為臣	六	七 君噲及太子相子之皆死
七 敗魏趙觀澤	八	九	十

	二	三	四	五
	十二 樗里子擊蔺陽虜趙將公子繇通封蜀	十三 庶長章擊楚斬首八萬	十四 蜀相殺蜀侯	秦武王元年誅蜀相壯張儀魏章皆死於魏
	六 秦來立公子政爲太子與秦王會臨晉	七 擊齊虜聲子於濮與秦擊燕	八 圍衛	九 與秦會臨晉
	二十	二十一 秦助我攻楚圍景座	韓襄王元年	二
	十三 秦拔我蔺虜將趙莊	十四	十五	十六 吳廣入女生子何立爲惠王后
	十六 張儀來相	十七 秦敗我將屈匄	十八	十九
	八	九 燕人共立公子平	燕昭王元年	二
	十一	十二	十三	十四

六	七	八	九
二 初置丞相樗里子甘茂為丞相	三	四 拔宜陽城斬首六萬涉河城武遂	秦昭王元年
十 張儀死	十一 與秦會應	十二 太子往朝秦	十三 秦擊皮氏未拔而解
三	四 與秦會臨晉秦擊我宜陽	五 秦拔我宜陽斬首六萬	六 秦復與我武遂
十七	十八	十九 初胡服	二十
二十	二十一	二十二	二十三
三	四	五	六
十五	十六	十七	十八

錢云桑君本紀作庶長壯壯桑音相近穰侯傳誅季君之亂亦指桑君也

十	十一	十二	十三
二 彗星見桑君爲亂誅	三	四 彗星見	五 魏王來朝
十四 秦武王后來歸	十五	十六 秦拔我蒲坂晉陽封陵	十七 與秦會臨晉復我蒲坂
七	八	九 秦取武遂	十 太子嬰與秦王會臨晉因至咸陽而歸
二十一	二十二	二十三	二十四
二十四 秦來迎婦	二十五 與秦王會黃棘秦復歸我上庸	二十六 太子質秦	二十七
七	八	九	十
十九	二十	二十一	二十二

十四	十五	十六
六 蜀反司馬錯往誅蜀守煇定蜀日蝕晝晦伐楚	七 樗里疾卒擊楚斬首三萬魏冉為相	八 楚王來因留之
十八 與秦擊楚	十九	二十 與齊王會於韓
十一 秦取我穰與秦擊楚	十二	十三 齊魏王來立咎為太子
二十五 趙攻中山惠后卒	二十六	二十七
二十八 秦韓魏齊敗我將軍唐昧於重丘	二十九 秦取我襄城殺景缺	三十 王入秦秦取我八城
十一	十二	十三
二十三 與秦擊楚使公子將大有功	二 秦使涇陽君來為質	三 涇陽君復歸秦薛文入相秦

十七	九	二十一 與齊韓共擊秦于函谷河渭絕一日	十四 與齊魏共擊秦	趙惠文王元年以公子勝爲相封平原君	楚頃襄王元年秦取我十六城	十四	二十六 與魏韓共擊秦孟嘗君歸相齊
十八	十 楚懷王亾之趙趙弗內	二十二	十五	二 楚懷王亡來弗內	二	十五	二十七
十九	十一 彗星見復與魏封陵	二十三	十六 與齊魏擊秦秦與我武遂和	三	三 懷王卒於秦來歸葬	十六	二十八
二十	十二 樓緩免穰侯魏冉爲丞相	魏昭王元年秦尉錯來擊我襄城	韓釐王咎元年	四 圍殺主父與齊燕共滅中山	四 魯文侯元年	十七	二十九 佐趙滅中山

二十一	十三 任鄙為漢中守	二 與秦戰解不利	二	五	五	十八	三十 田甲劫王相薛文走
二十二	十四 白起擊伊闕斬首二十四萬	三 佐韓擊秦秦敗我兵伊闕	三 秦敗我伊闕二十四萬虜將喜	六	六	十九	三十一
二十三	十五 魏冉免相	四	四	七	七 迎婦秦	二十	三十二
二十四	十六	五	五 秦拔我宛城	八	八	二十一	三十三
二十五	十七 魏入河東四百里	六 芒卯以詐見重	六 與秦武遂地方二百里	九	九	二十二	三十四

二十六	十八 客卿錯擊魏至軹取城大小六十一	七 秦擊我取城大小六十一	七	十	十	二十三	三十五
二十七	十九 十月為帝十二月復為王任鄙卒	八	八	十一 秦拔我杜陽	十一	二十四	三十六 為東帝二月復為王
二十八	二十	九 秦拔我新垣曲陽之城	九	十二	十二	二十五	三十七
二十九	二十一 魏納安邑及河內	十 宋王死我溫	十 秦敗我兵夏山	十三	十三	二十六	三十八 齊滅宋

1	三十	三十一	三十二	三十三
2	二十二 蒙武擊齊	二十三 尉斯離與韓魏燕趙共擊齊破之	二十四 與楚會穰	二十五
3	十一	十二 與秦擊齊濟西與秦王會西周	十三 秦拔我安城兵至大梁而還	十四 大水衛懷君元年
4	十一	十二 與秦擊齊濟西與秦王會西周	十三	十四 與秦會兩周閒
5	十四 與秦會中陽	十五 取齊昔陽	十六	十七 秦拔我兩城
6	十四 與秦會宛	十五 取齊淮北	十六 與秦王會穰	十七
7	二十七	二十八 與秦三晉擊齊燕獨入至臨淄取其寶器	二十九	三十
8	三十九 秦拔我列城九	四十 五國共擊湣王王走莒	齊襄王法章元年	二

三十四	二十六 魏冉復爲丞相	十五	十五	十八 秦拔我石城	十八	三十一	三
三十五	二十七 擊趙斬首二萬地動壞城	十六	十六	十九 秦敗我軍斬首三萬	十九 秦擊我與秦漢北及上庸地	三十二	四
三十六	二十八	十七	十七	二十 與秦會澠池藺相如從	二十 秦拔鄢西陵	三十三	五 殺燕騎劫
三十七	二十九 白起擊楚拔郢更東至竟陵以爲南郡	十八	十八	二十一	二十一 秦拔我郢燒夷陵王亡走陳	燕惠王元年	六

三十八	三十 白起封爲武安君	十九	十九	二十二	二十二 秦拔我巫黔中	二	七
三十九	三十一	魏安釐王元年秦拔我兩城封弟公子無忌爲信陵君	二十	二十三	二十三 秦復取所拔我江旁十五邑爲郡距秦	三	八
四十	三十二	二 秦拔我兩城軍大梁下韓來救與秦溫以和	二十一 暴鳶救魏爲秦所敗走開封	二十四	二十四	四	九
四十一	三十三	三 秦拔我四城斬首四萬	二十二	二十五	二十五	五	十

四十二	四十三	四十四	四十五
三十四 白起擊魏華陽軍芒卯走得三晉將斬首十五萬	三十五	三十六	三十七
四 與秦南陽以和	五 擊燕	六	七
二十三	韓桓惠王元年	二	三
二十六	二十七	二十八 藺相如攻齊至平邑	二十九 秦攻我閼與趙奢將擊秦大敗之賜號曰馬服
二十六	二十七 擊燕魯頃公元年	二十八	二十九
六	七	燕武成王元年	二
十一	十二	十三	十四 秦楚擊我剛壽

集解廩丘或作邢丘錢云邢字是秦本紀亦作邢丘

四十六	三十八	八	四	三十 秦擊我閼與城不拔	三十	三	十五
四十七	三十九	九 秦拔我懷城	五	三十一	三十一	四	十六
四十八	四十 太子質於魏者死歸葬芷陽	十	六	三十二	三十二	五	十七
四十九	四十一	十一 秦拔我廩丘	七	三十三	三十三	六	十八
五十	四十二 宣太后薨安國君爲太子	十二	八	趙孝成王元年秦拔我三城平原君相	三十四	七 齊田單拔中陽	十九

五十一	五十二	五十三	五十四	五十五
四十三	四十四 秦攻韓取南陽	四十五 秦攻韓取十城	四十六 王之南鄭	四十七 白起破趙長平殺卒四十五萬
十三	十四	十五	十六	十七
九 秦拔我陘城汾旁	十 秦擊我太行	十一	十二	十三
二	三	四	五 使廉頗距秦於長平	六 使趙括代廉頗將白起破括四十五萬
三十五	三十六	楚考烈王元年秦取我州黃歇爲相	二	三
八	九	十	十一	十二
齊王建元年	二	三	四	五

五十六	四十八	十八	十四	七	四	十三	六
五十七	四十九	十九	十五	八	五	十四	七
五十八	五十 王齕鄭安平圍邯鄲及齕還軍拔新中	二十 公子無忌救邯鄲秦兵解去	十六	九 秦圍我邯鄲楚魏救我	六 春申君救趙	燕孝王元年	八
五十九 赧王卒	五十一	二十一 韓魏楚救趙新中秦兵罷	十七 秦擊我陽城救趙新中	十	七 救趙新中	二	九
	五十二 取西周王	二十二	十八	十一	八 取魯魯君封於莒	三	十

	五十三	二十三	十九	十二	九	燕王喜元年	十一
	五十四	二十四	二十	十三	十 徙於鉅陽	二	十二
	五十五	二十五 衛元君元年	二十一	十四	十一	三	十三
	五十六	二十六	二十二	十五 平原君卒	十二 柱國景伯死	四 伐趙趙破我軍殺栗腹	十四
	秦孝文王元年	二十七	二十三	十六	十三	五	十五
	秦莊襄王楚元年蒙驁取成皋滎陽初置三川郡呂不韋相取東周	二十八	二十四 秦拔我成皋滎陽	十七	十四 楚滅魯頃公遷卞邑爲家人絕祀	六	十六

二 蒙驁擊趙榆次新城狼孟得三十七城日蝕	三 王齮擊上黨初置太原郡魏公子無忌率五國却我軍河外蒙驁解去	始皇帝元年 擊取晉陽作鄭國渠	二
二十九	三十 無忌率五國兵敗秦軍河外	三十一	三十二
二十五	二十六 秦拔我上黨	二十七	二十八
十八	十九	二十 秦拔我晉陽	二十一
十五 春申君徙封於吳	十六	十七	十八
七	八	九	十
十七	十八	十九	二十

三 蒙驁擊韓取十三城王齮死	四 七月蝗蔽天下百姓納粟千石拜爵一級	五 蒙驁取燕酸棗二十城初置東郡	六 五國共擊秦	七 彗星見北方西方夏太后薨蒙驁死
三十三	三十四 信陵君死	魏景湣王元年秦拔我二十城	二 秦拔我朝歌衛從濮陽徙野王	三 秦拔我汲
二十九 秦拔我十三城	三十	三十一	三十二	三十三
趙悼襄王偃元年	二 太子從質歸秦	三 趙相魏相會魯柯盟	四	五
十九	二十	二十一	二十二 王東徙壽春命曰郢	二十三
十一	十二 趙拔我武遂方城	十三 劇辛死於趙	十四	十五
二十一	二十二	二十三	二十四	二十五

八 嫪毐封長信侯	四	三十四	六	二十四	十六	二十六
九 彗星見竟天嫪毐爲亂遷其舍人于蜀彗星復見	五 秦拔我垣蒲陽衍	韓王安元年	七	二十五 李園殺春申君	十七	二十七
十 相國呂不韋免齊趙來置酒太后入咸陽大索	六	二	八 入秦置酒	楚幽王悍元年	十八	二十八 入秦置酒
十一 呂不韋之河南王翦擊鄴閼與取九城	七	三	九 秦拔我閼與鄴取九城	二	十九	二十九
十二 發四郡兵助魏擊楚呂不韋卒復嫪毐舍人遷蜀者	八 秦助我擊楚	四	趙王遷元年	三 秦魏擊我	二十	三十

十三 桓齮擊平陽殺趙扈輒斬首十萬因東擊趙王之河南彗星見	九	五	二 秦拔我平陽敗扈輒斬首十萬	四	二十一	三十一
十四 桓齮定平陽武城宜安韓使非來我殺非韓王請爲臣	十	六	三 秦拔我宜安	五	二十二	三十二
十五 大興兵一軍至鄴一軍至太原取狼孟	十一	七	四 秦拔我狼孟鄱吾軍鄴	六	二十三 太子丹質於秦亡來歸	三十三
十六 置麗邑發卒受韓南陽地	十二 獻城秦	八 秦來受地	五 地大動	七	二十四	三十四

十七 內史勝擊得韓王安盡取其地置潁川郡華陽太后薨	十八	十九 王翦拔趙虜王遷之邯鄲帝太后薨	二十 燕太子荊軻刺王覺之王翦將擊燕
十三	十四 衛君角元年	十五	魏王假元年
九 秦虜王安	秦滅韓		
六	七	八 秦王翦虜王遷邯鄲公子嘉自立爲代王	代王嘉元年
八	九	十 幽王卒弟郝立爲哀王三月負芻殺哀王	楚王負芻元年負芻哀王庶兄
二十五	二十六	二十七	二十八 太子丹使荊軻刺秦王秦伐我
三十五	三十六	三十七	三十八

二十一 王賁擊楚	二十二 王賁擊魏得其王假盡取其地	二十三 王翦蒙武擊破楚軍殺其將項燕	二十四 王翦蒙武破楚虜其王負芻
二	三 秦虜王假		
		秦滅魏	
二	三	四	五
二 秦大破我取十城	三	四 秦破我將項燕	五 秦虜王負芻
二十九 秦拔我薊得太子丹徙王遼東	三十	三十一	三十二
三十九	四十	四十一	四十二

二十五 王賁擊燕虜王喜又擊得代王嘉五月天下大酺	二十六 王賁擊齊虜王建初幷天下立爲皇帝	二十七 更命河爲德水爲金人十二命民曰黔首同天下書分三十六郡	二十八 爲阿房宮之衡山治馳道帝之琅邪道南郡入爲大極廟賜戶三十爵一級	二十九 郡縣大索十日帝之琅邪道上黨入	三十	三十一 更命臘曰嘉平賜黔首里六石米二羊以嘉平大索二十日
六 秦將王賁虜王嘉 秦滅趙						
秦滅楚						
三十三 秦虜王喜拔遼東	秦滅燕					
四十三	四十四 秦虜王建	秦滅齊				

三十二
帝之碣石道上郡入

三十三
遣諸逋亾及賈人贅壻略取陸梁爲桂林南海象郡以適戍西北取戎爲四十四縣築長城河上蒙恬將三十萬

三十四
適治獄吏不直者築長城及南方越地覆獄故失

三十五
爲直道道九原通甘泉

三十六
徙民於北河榆中耐徙三處拜爵一級石晝下東郡有文言地分

三十七
十月帝之會稽琅邪還至沙丘崩子胡亥立爲二世皇帝殺蒙恬道九原入復行錢

二世元年
十月戊寅大赦罪人十一月爲兎園十二月就阿房宮其九月郡縣皆反楚兵至戲章邯擊卻之出衛君角爲庶人

二
將軍章邯長史司馬欣都尉董翳追楚兵至河誅丞相斯去疾將軍馮劫

三
趙高反二世自殺高立二世兄子嬰子嬰立刺殺高夷三族諸侯入秦嬰降爲項羽所殺尋誅羽天下屬漢

六國表第三

以下語語轉變神氣怪騗讀之但見頓揚耳是謂雄奇

秦楚之際月表第四

太史公讀秦楚之際曰初作難發於陳涉虐戾滅秦自項氏撥亂誅暴平定海內卒踐帝祚成於漢家五年之閒號令三嬗自生民以來未始有受命若斯之亟也昔虞夏之興積善累功數十年德洽百姓攝行政事考之于天然後在位湯武之王乃由契后稷修仁行義十餘世不期而會孟津八百諸侯猶以爲未可其後乃放弒秦起襄公章於文繆獻孝之後稍以蠶食六國百有餘載至始皇乃能幷冠帶之倫以德若彼用力如此蓋一統若斯之難也秦既稱帝患兵革不休以有諸侯也於是無尺土之封墮壞名城銷鋒鏑鉏豪桀維萬世之安然王跡之興起於閭巷合從討伐軼於三代鄉秦之禁適足以資賢者爲驅除難耳故憤發其所爲天下雄安在無土不王此乃傳之所謂大聖乎豈非天哉

豈非天哉。非人聖孰能當此受命而帝者乎。

	秦 二世元年	七月	八月	九月 楚兵至戲
楚		楚隱王陳涉起兵入秦	二 葛嬰爲涉徇九江立襄彊爲楚王	三 周文兵至戲敗走葛嬰聞涉王即殺彊
項				項梁號武信君
趙			武臣始至邯鄲自立爲趙王始	二
齊				齊王田儋始儋狄人諸田宗彊從弟榮弟橫
漢				沛公初起
燕				韓廣爲趙略地至薊自立爲燕王始
魏				魏王咎始咎在陳不得歸國
韓				

二年十月	十一月	十二月
四　誅葛嬰	五　周文死	六　陳涉死
二	三	四
三	四　李良殺武臣張耳陳餘走	五
二　儋之起殺狄令自王	三	四
二　擊胡陵方與破秦監軍	三　殺泗水守拔薛西周市東略地豐沛閒	四　雍齒叛沛公以豐降魏沛公還攻豐不能下
二	三	四
二	三　齊趙共立周市市不肯曰必立魏咎云	四　咎自陳歸立陳涉死

端月	二月	三月
楚王景駒始秦嘉立之	二 嘉爲上將軍	三
五 涉將召平矯拜項梁爲楚柱國急西擊秦	六 梁渡江陳嬰黥布皆屬	七
趙王歇始立張耳陳餘立之	二	三
五 讓景駒以擅自王不請我	六 景駒使公孫慶讓齊誅慶	七
五 沛公聞景駒王在留往從與擊秦軍碭西	六 攻下碭收得兵六千與故凡九千人	七 攻拔下邑遂擊豐豐不拔聞項梁兵衆往請擊豐
五	六	七
五 章邯已破涉圍咎臨濟	六	七

四月	五月	六月
四　梁擊殺景駒秦嘉遂入薛兵十餘萬衆	五	楚懷王始都盱台故懷王孫梁立之
八	九	十　梁求楚懷王孫得之民閒立爲楚王
四	五	六
八	九	十　儋救臨濟章邯殺田儋榮走東阿
八　沛公如薛見項梁梁益沛公卒五千擊豐拔之	九　雍齒奔魏	十　沛公如薛共立楚懷王
八	九	十
八　臨濟急周市如齊楚請救	九	十　咎自殺臨濟降秦
		韓王成韓始

七月	八月	九月
二 陳嬰爲柱國	三	四 徙都彭城
十一 天大雨三月不見星	十二 救東阿破秦軍乘勝至定陶項梁有驕色	十三 章邯破殺項梁於定陶項羽恐還軍彭城
七	八	九
十一 齊立田假爲王秦急圍東阿	十二 楚救榮得解歸逐田假立儋子市爲齊王始	二 田假走楚楚趨齊救趙田榮以假故不肯
十一 沛公與項羽北救東阿破秦軍濮陽東屠城陽	十二 沛公與項羽西略地斬三川守李由於雍丘	十三 沛公聞項梁死還軍從懷王軍於碭
十一	十二	十三
十一 咎弟豹走東阿	十二	魏豹自立爲魏王都平陽始
二	三	四

後九月	三年十月	十一月
五 拜宋義為上將軍	六	七 拜籍上將軍
懷王封項羽於魯為次將屬宋義北救趙	二	三 羽矯殺宋義將其兵渡河救鉅鹿
十 秦軍圍歇鉅鹿陳餘出收兵	十一 章邯失邯鄲徙其民於河內	十二
三 謂是殺假乃出兵項羽怒田榮	四 齊將田都叛榮往助項羽救趙	五
十四 懷王封沛公為武安侯將碭郡兵西約先至咸陽王之	十五 攻破東郡尉及王離軍於武城南	十六
十四	十五 使將臧荼救趙	十六
二	三	四
五	六 從項羽略入關	七

十二月	八	四 大破秦軍鉅鹿下諸侯將皆屬項羽	十三 楚救至秦圍解	六 故齊王建孫田安下濟北從項羽救趙	十七 救趙至栗得皇訢武蒲軍與秦軍戰破之	十七	五 豹救趙	八 分魏爲殷國
端月	九	五 虜秦將王離	十四 張耳怒陳餘棄將印去	七 項羽田榮分齊爲二國	十八	十八	六	九
二月	十	六 攻破章邯章邯軍却	十五	八	十三 得彭越軍昌邑襲陳留用酈食其策軍得積粟	十九	七	十

三月	四月	五月
十一	十二	二年正月
七	八 楚急攻章邯章邯恐使長史欣歸秦請丘趙高讓之	九 趙高欲誅欣欣恐亾走告章邯謀叛秦
十六	十七	十八
九	十	十一
二十 攻開封攻秦將楊熊熊走滎陽秦斬熊以徇	二十一 攻潁陽略韓地北絕河津	二十二
二十	二十一	二十二
八 分韓爲河南國	九	十
十一	十二	十三

六月	二	十 章邯與楚約降未定項羽許而擊之	十九 張耳從楚西入秦	十二	二十三 攻南陽守齮破之陽城郭東	二十三	十一	十四
七月	三	十一 項羽與章邯期殷虛章邯等已降與盟以邯為雍王	二十	十三	二十四 降下南陽封其守齮	二十四	十二	十五 申陽下河南降楚
八月 趙高殺二世	四	十二 以秦降都尉翳長史欣為上將將秦降軍	二十一 趙王歇留國陳餘亡居南皮	十四	二十五 攻武關破之	二十五	十三	十六

九月 子嬰為王	五	十三	二十二	十五	二十六 攻下嶢及藍田以留侯策不戰皆降	二十六	十四	十七
十月	六	十四 項羽將諸侯兵四十餘萬行略地西至於河南	二十三 張耳從楚西入秦	十六	二十七 漢元年秦王子嬰降沛公入破咸陽平秦還軍霸上待諸侯約	二十七	十五 從項羽略地遂入關	十八
十一月	七	十五 羽詐坑殺秦降卒二十萬人於新安	二十四	十七	二十八 沛公出令三章秦民大悅	二十八	十六	十九

義帝元年	十二月
九 諸侯尊懷王爲義帝	
十七 項籍自立爲西楚霸王	八
分楚爲四 分爲衡山	
分爲臨江	
分爲九江	十六 至關中誅秦王子嬰屠燒咸陽分天下立諸侯
二十六 更名爲常山	
分爲代	
十九 名爲臨菑	二十五 分趙爲代國
分爲濟北	
分爲膠東	十八 項羽怨榮殺之分齊爲三國
正月 分關中爲漢	
分關中爲雍	二十九 與項羽有郄見之戲下講解羽倍約分關中爲四國
分關中爲塞	
分關中爲翟	
三十 燕	二十九 臧荼從入分燕爲二國
分爲遼東	
十八 更爲西魏	十七 分魏爲殷國
分爲殷	
二十一 韓	二十 分韓爲河南國
分爲河南	

二 徙都江南郴	三
西楚霸王項籍始為天下主命立十八王	二 都彭城
	二 都江都
王吳芮始故番君	二 都邾
王共敖始故楚柱國	二 都江陵
王英布始故楚將	二 都六
王張耳始故楚將	二 都襄國
二十七 王趙歇始故趙王	二十八 都代
王田都始故齊將	二 都臨菑
王田安始故齊將	二 都博陽
二十 王田市始故齊王	二十一 都即墨
二月 漢王始故沛公	二月 都南鄭
王章邯始故秦將	二 都廢丘
王司馬欣始故秦將	二 都櫟陽
王董翳始故秦將	二 都高奴
王臧荼始故燕將	二 都薊
三十一 王韓廣始故燕王	三十二 都無終
十九 王魏豹始故魏王	二十 都平陽
王司馬卬始故趙將	二 都朝歌
二十二 王韓成始故韓將	二十三 都陽翟
王申陽始故楚將	二 都洛陽

六	五	四
五	四	三 諸侯罷戲下兵皆之國
五	四	三
五	四	三
五	四	三
五	四	三
三十一	三十	二十九
五 齊王田榮始	四 田榮擊都都降楚	三
五	四	三
二十四 田榮擊	二十三	二十二
六月	五月	四月
五	四	三
五	四	三
五	四	三
五	四	三
三十五	三十四	三十三
二十三	二十二	二十一
五	四	三
二十六	二十五	二十四
五	四	三

	七	八
	六	七
	六	七
	六	七
	六	七
	六	七
	二十三	三十三
故齊相	二	三
	六田榮擊殺安	七屬齊
殺市	屬齊	
	七月	八月
	六	七邯守廢丘漢圍之
	六	七欣降漢國除
	六	七翳降漢國除
	六	七
	三十六	三十七臧荼擊殺廣無終滅之
	二十四	二十五
	六	七
	二十七項羽誅成	二十八韓王鄭昌始項王立之
	六	七

九	十 項羽滅義帝	
八	九	十
八	九	十
八	九	十
八	九	十
八	九 耳降漢	
三十四	三十五 歇復王趙	三十六 代王歇還王趙
四	五	六
九月	十月 王至陝	十一月
八	九	十 漢拔我隴西
屬漢為河南上郡		
屬漢為上郡		
八	九	十
屬燕		
二十六	二十七	二十八
八	九	十
二	三	韓王信始漢立之
八	九	屬漢為河南郡

十一	十二
十一	十二
十一	十二
十一	十二
歇以陳餘爲代王號成安君	二
三十七	三十八
七	八 項籍擊榮走平原平原民殺之
十二月	正月
十一	十二 漢拔我北地
十一	十二
二十九	三十
十一	十二
二	三

二年一月	二
二年一月	二
十三	十四
二年一月	二
三	四
二十九	四十
項籍立故齊王田假爲齊王	二 田榮弟橫反城陽擊假假走楚楚殺假
二月	三月 王擊殷
二年一月	二
二年一月	二
二十一	三十二 降漢爲廢王
十三	十四 降漢印廢
四	五

三項羽以兵三萬破漢兵五十六萬	四
三	四
十五	十六
三	四
五	六
四十一	四十二
三齊王田廣始廣榮子橫立之	二
四月王伐楚至彭城懷定	五月王走滎陽
三	四
三	四
三十三從漢伐楚	三十四豹歸叛漢
為河內郡屬漢	
六從漢伐楚	七

五	六	七
五	六	七
十七	十八	十九
五	六	七
七	八	九
四十三	四十四	四十五
三	四	五
六月王入關立太子復如滎陽	七月	八月
五漢殺邯廢丘	屬漢為隴西北地中地郡	
五	六	七
三十五	三十六	三十七
八	九	十

八	九	十
八	九	十
二十	二十一	二十二
八	九	十
十	十一	十二漢將韓信斬陳餘
四十六	四十七	四十八漢滅歇立張耳
六	七	八
九月	後九月	三年十月
八	九	十
三十八漢將韓信虜豹	屬漢為河東上黨郡	
十一	十二	二年一月

十一	十二	三年一月	二	三
十一	十二	三年一月	二	三
二十三	二十四	二十五	二十六	二十七
十一	十二布身降漢	地屬項籍		
十三	屬漢爲太原郡			
屬漢爲郡				
九	十	十一	十二	十三
十一月	十二月	正月	二月	三月
十一	十二	三年一月	二	三
二	三	四	五	六

四	五	六	七
四	五	六	七
二十八	二十九	三十	三十一　王敖薨
十四	十五	十六	十七
四月　楚圍王滎陽	五月	六月	王出滎陽
四	五	六	七
七	八	九	十

八	九	十
八	九	十
臨江王驩始敖子	二	三
十八	十九	二十
八月周苛樅公殺魏豹	九月	四年十月
八	九	十
十一	十二	三年一月

十一漢將韓信破殺龍且	十二	四年一月
十一	十二	四年一月
四	五	六
趙王張耳始漢立之	二	三
二十一漢將韓信擊殺廣	屬漢爲郡	
十一月	十二月	正月
十一	十二	四年一月
二	三	四

二	三漢御史周苛入楚	四
二	三	四
七	八	九
四	五	六
齊王韓信始漢立之	二	三
二月立信齊王	三月周苛入楚	四月王出滎陽豹死
二	三	四
五	六	七

五	六	七	八
五	六	七	八
十	十一	十二	十三
		淮南王英布始立之	二
七	八	九	十
四	五	六	七
五月	六月	七月立布爲淮南王	八月
五	六	七	八
八	九	十	十一

九	十	十一	十二誅籍
九	十	十一	十二
十四	十五	十六	十七漢虜驩
三	四	五	六
十一	十二	二年一月	二
八	九	十	十一
九月 太公呂后歸自楚	五年十月	十一月	十二月
九	十	十一	十二
十二	四年一月	二	三

齊王韓信徙楚王	二
十三徙王長沙	屬淮南國
屬漢爲南郡	
七淮南國	八
三趙國	四
十二徙王楚屬漢南四郡	
正月殺項籍天下平諸侯臣屬漢	二月甲午王更號即皇帝位於定陶
五年一月燕國	二
復置梁國	一月梁王彭越始
四韓王信徙王代都馬邑	五徙王代都馬邑
分臨江爲長沙國	衡山王吳芮爲長沙王

三	四	五	六	七
九	十	十一	十二	二年一月
五	六	七	八	九耳薨謚景王
三月	四月	五月	六月帝入關	七月
三	四	五	六	七
二	三	四	五	六
六	七	八	九	十
二	三	四	五	六薨謚文王

八	九王得故項羽將鍾離昧斬之以聞
二	三
趙王張敖立耳子	二
八月帝自將誅燕	九月
八	九反漢虜荼
七	八
十一	十二
長沙成王臣始芮子	二

十

三

後九月

燕王盧綰始漢太尉

九

五年一月

三

姚郎中謂此篇筆勢雄遠有包舉天下之概當矣至謂孟堅序議論尤密則未盡然班序仍本此文立說其論諸侯削弱太過中外殫微至啓王莽之篡義亦發自史公史云尊卑明而萬事各得其所者亦語似褒揚而意主婉諷偏宕之詞也此篇歸宿在末句形勢雖彊要之以仁義爲本二語班氏但就此推闡之

此段言始封太過茅順甫云畫次海內形勢如掌五代職方論可與並雄某案此文雄奇之勢獨有千古歐公不及遠甚

漢興以來諸侯王年表第五

太史公曰殷以前尚矣周封五等公侯伯子男然封伯禽康叔於魯衛地各四百里親親之義襃有德也太公於齊兼五侯地尊勤勞也武王成康所封數百而同姓五十五地上不過百里下三十里以輔衛王室管蔡康（康當依方侍郎校改爲唐）叔曹鄭或過或損厲幽之後王室缺侯伯彊國興焉天子微弗能正非德不純形勢弱也漢興序二等高祖末年非劉氏而王者若無功上所不置而侯者天下共誅之高祖子弟同姓爲王者九國唯獨長沙異姓而功臣侯者百有餘人自鴈門太原以東至遼陽爲燕代國常山以南大行左轉度河濟阿甄以東薄海爲齊趙國自陳以西南至九疑東帶江淮穀泗薄會稽爲梁楚吳淮南長沙國（漢書吳上有荊）

某案史表荊本都吳則荊吳一地故數吳不數荊也同姓九國有淮揚都陳此文言自陳以西已兼舉淮揚矣又淮揚廢置不常旋除爲郡後

此段言削弱太甚

無分削事故略之皆外接於胡越而內地北距北當依方侍郎校改作比漢書云諸侯比境周市三垂是其證
也山以東盡諸侯地大者或五六郡連城數十置百官宮觀僭於天子
漢獨有三河東郡潁川南陽自江陵以西至蜀北自雲中至隴西與內
史凡十五郡錢云十五郡謂河東河南河內東郡潁川南陽南郡漢中巴郡蜀郡隴西北地上郡雲中並內史也五原郡元朔二
年始置故不數而公主列侯頗食邑其中何者天下初定骨肉同姓少故廣彊
庶孽以鎮撫四海用承衛天子也漢定百年之閒親屬益疏諸侯或驕
奢忕邪臣計謀爲淫亂索隱忕音誓大者叛逆小者不軌于法毛本于作干以危
其命殞身亾國天子觀於上古然後加惠使諸侯得推恩分子弟國邑
故齊分爲七城陽濟北濟南菑川膠西膠東也趙分爲六河閒廣川中山常山清河梁分爲五濟陰濟川
濟東山陽淮南分三廬江衡山及天子支庶子爲王王子支庶爲侯百有餘焉吳
楚時前後諸侯或以適削地是以燕代無北邊郡吳淮南長沙無南邊

此文以末二語爲主此非眞頌美也探其削弱諸侯之意而爲之詞耳

郡齊趙梁楚支郡名山陂海咸納於漢諸侯稍微大國不過十餘城小侯不過數十里上足以奉貢職下足以供養祭祀以蕃輔京師而漢郡八九十形錯諸侯閒犬牙相臨秉其阸塞地利彊本幹弱枝葉之勢也尊卑明而萬事各得其所矣臣遷謹記高祖以來至太初諸侯譜其下益損之時令後世得覽形勢雖彊要之以仁義爲本

高祖元年	二
楚	都彭城
齊	都臨菑
荊	都吳
淮南	都壽春
燕	都薊
趙	都邯鄲
梁	都淮陽
淮陽	都陳
代	十一月初韓王信元年都馬邑
長沙	

三	四	五
		齊王信徙為楚王元年反廢
	初王信元年故相國	二徙楚
	十月乙丑初王武王英布元年	二
		九月壬子初王盧綰元年
	初王張耳元年薨	王敖元年敖耳子
		初王彭越元年
二	三	四降匈奴國除為郡
		二月乙未初王文王吳芮元年薨

六	七	八
正月丙午初王交元年高祖弟也	二	三
正月甲子初王悼惠王肥元年高祖子	二	三
正月丙午初王劉賈元年	二	三
三	四	五
二	三	四
二	三	四廢
二	三	四
初王喜元年	二	三
成王臣元年	二	三

九	十	十一
四來朝	五來朝	六
四來朝	五來朝	六
四	五來朝	六為英布所殺
六來朝	七來朝反誅	十二月庚午厲王
五	六來朝	七
初王隱王如意元年如意高祖子	二	三
五來朝	六來朝反誅	二月丙午初王恢
		三月丙寅初王友
四匈奴攻代代王弃其國亾歸漢	復置代都中都	正月丙子初王元
四	五來朝	六

	十二
	七
	七
國除爲郡	更爲吳國。十月辛丑，初王濞元年。濞，高祖兄仲子，故沛侯。
長元年。長，高祖子。	二
	三月甲午，初王靈王建元年。建，高祖子。
	四　死
元年。恢，高祖子。	二
元年。友，高祖子，徙趙。	二
年	三
	七

孝惠元年	二	三
八	九來朝	十
八	九來朝	十
二	三	四
三	四	五
二	三	四
淮陽王徙於趙名友元年是爲幽王	二	三
三	四	五
爲郡		
三	四	五
八	哀王同元年	二

四	五	六
十一來朝	十二	十三
十一來朝	十二	十三薨
五	六來朝	七
六來朝	七	八
五	六來朝	七
四來朝	五	六
六	七	八
六	七	八
三	四	五

七	高后元年
十四來朝	十五
初置魯國	四月元王張偃元年偃高后外孫故趙王敖子
哀王襄元年	二
八來朝	九
九來朝	十
八來朝	九
七來朝	八
初置常山國	四月辛卯哀王不疑元年薨
九來朝	十
初置呂國	四月辛卯呂王台元年薨
復置淮陽國	四月辛卯初王懷王強元年強惠帝子
九	十
六	七

二	三
十六	十七
二	三
三	四來朝
十	十一
十一	十二
十	十一
九	十
七月癸巳初王義元年皇子哀王弟義孝惠子故襄城侯立爲帝	二
十一	十二
十月癸亥王呂嘉元年嘉肅王子	二
二	三
十	十二
恭王右元年	二來朝

史記十七　漢興以來諸侯王年表　六

四	五
十八	十九
四	五
五	六
十二	十三
十三	十四來朝
十二	十三
十一	十二
五月丙辰初王朝元年朝惠帝子故軹侯	二
十三	十四
三	四
四	五無嗣
十三	十四
三	四

六
二十
六
七

初置琅邪國

十四
十五
十四
十三

三
十五
故

嘉廢七月丙辰呂產元年產肅王弟故洨侯
初王武元年孝惠帝子故壺關侯
十五
五

七
二十一
七
八

王澤元年故營陵侯

十五
十六
十五絕
十四楚呂產徙梁元年

四
十六趙徙王呂產元年

二呂產徙王梁七月丁巳
三
十六
六

八	
二十二	
八	
九	
二	
十六	
十七	
十月辛丑初王呂通元年肅王子故東平侯九月	
初王呂祿元年呂后兄子胡陵侯誅國除	
五非子誅國除爲郡	
二有罪誅爲郡	
三	王太元年惠帝子
三武誅國除	
十七	
七	

史記十七

漢興以來諸侯王年表

八

二	孝文前元年	
夷王郢元年	二十三	
	九廢為侯	
文王則元年	十薨	
二月乙卯景王章元年章	初置成陽郡	
二月乙卯王興居元年興	初置濟北	
國除為郡	三徙燕	
十八	十七	
十九	十八	
二是為敬王薨	十月庚戌琅邪王澤徙燕元年	誅國除
二	十月庚戌趙王遂元年幽王子	
二月乙卯初王文王辟彊	分為河間都樂成	
二月乙卯初王參元年參	初置太原都晉陽	
二月乙卯初王懷王勝元	復置梁國	
二月乙卯初王武元年	十八為文帝	
	八	

	三	四
	二	三
	二	三
悼惠王子故朱虛侯	二	共王喜元年
居悼惠王子故東牟侯	二	爲郡
	十九來朝	二十
	二十來朝	二十一
	康王嘉元年	二
	三	四
元年辟彊趙幽王子	二	三
文帝子	二	三更爲代王
年勝文帝子	二	三
	復置淮陽國	代王武徙淮陽三年
武文帝子	二徙淮陽	三太原王參更號爲代王三年實居
	靖王著元年	二

	五	六
	四薨	王戊元年
	四	五
	二	三
	二十一	二十二
	二十二	二十三王無道遷蜀死雍
	三	四
	五	六
	四	五
	四	五
	四	五
太原是爲孝王	四	五
	三	四

七	八	九	十	十一
二	三	四	五	六
六	七來朝	八	九	十
四	五	六來朝	七	八徙淮南爲郡臨齊
二十三	二十四	二十五	二十六	二十七
爲郡				
五	六來朝	七	八	九
七來朝	八	九	十	十一
六	七來朝	八	九	十
六來朝	七	八	九	十來朝薨無後
六來朝	七	八來朝	九	十來朝徙梁爲郡
六來朝	七	八	九	十來朝
五	六	七	八來朝	九

十二	十三	十四
七	八來朝	九
十一來朝	十二	十三
二十八	二十九	三十
城陽王喜徙淮南元年	二	三
十	十一	十二來朝
十二來朝	十三	十四
十一來朝	十二	十三薨
十一淮陽王武徙梁元年是爲孝王	十二	十三
十一	十二	十三
十	十一	十二

十

錢云膠西都宛宛上當有
高字

十五	十六
十	十一
初置衡山	四月丙寅王勃元年淮南厲王子故安陽侯
十四薨無後	四月丙寅孝王將閭元年齊悼惠王子故陽虛侯
復置城陽國	淮南王喜徙城陽十三年
復置濟北國	四月丙寅初王志元年齊悼惠王子故安都侯
分為濟南國	四月丙寅初王辟光元年齊悼惠王子故扐侯
分為菑川都劇	四月丙寅初王賢元年齊悼惠王子故武成侯
分為膠西都宛	四月丙寅初王卬元年齊悼惠王子故平昌侯
分為膠東都即墨	四月丙寅初王雄渠元年齊悼惠王子故白石侯
三十一	三十一
四徙城陽	四月丙寅王安元年淮南厲王子故阜陵侯
十三來朝	十四
十五	十六
哀王福元年薨無後國除為郡	
初置廬江國	四月丙寅王賜元年淮南厲王子故陽周侯
十來朝	十五
十四	十五
十三	十四

後元年	二	三	四
十二	十三	十四	十五
二	三	四	五
二	三	四來朝	五
十四	十五	十六	十七
二	三	四來朝	五來朝
二	三	四來朝	五
二	三	四	五
二	三	四	五
二	三	四	五
二十三	三十四	三十五	三十六
二	三	四	五
十五	十六	十七	十八來朝
十七	十八	十九	二十來朝
二	三	四	五
十六	十七	十八來朝	十九
十六	十七薨	恭王登元年	二
十五	十六	十七	十八

五	六	七
十六來朝	十七	十七
六	七	八
六	七	八
十八來朝	十九	二十
六	七	八
六	七	八
六來朝	七	八
六	七	八
六來朝	七	八
三十七	三十八	三十九
六	七來朝	八
十九	二十	二十一
二十一	二十二	二十三
六	七	八
二十	二十一來朝	二十二
三	四	五
十九	二十來朝	二十一來朝薨無後圖除

錢云都江都當作都江陵

孝景前元年	二
十九	二十來朝
	分楚復置魯國
九	十
九	十
二十一	二十二
九	十來朝
九	十
九	十
九	十
九	十
四十	四十一
九	十
二十二	二十三
二十四	二十五來朝
復置河間國	三月甲寅初王獻王德元年景帝子
初置廣川都信都	三月甲寅王彭祖元年景帝子
	初置中山都盧奴
九	十
二十三	二十四來朝
初置臨江都江都	三月甲寅初王閼元年景帝子
初置汝南國	三月甲寅初王元元年景帝子
初置淮陽國	三月甲寅初王非元年景帝子徙魯
六	七
復置長沙國	三月甲寅定王發元年景帝子

三
二十一反誅
六月乙亥淮陽王徙魯元年是爲共王
十一
十一
二十三
十一徙菑川
十一反誅
十一賢反誅濟北王志徙菑川十一年是爲懿王
十一反誅六月乙亥端王元年景帝子
十一反誅
四十二反誅
十一
二十四
二十六反誅
二來朝
二來朝
六月乙亥靖王勝元年景帝子
十一
二十五來朝
二
二
二
八
二

四四月乙巳立太子
文王禮元年王子故平陸侯
二來朝
十二徙濟北盧江王賜徙衡山王元年
懿王壽元年
二十四
十二
爲郡
十二
二
四月乙巳初王元年是爲武孝帝
初置江都六月乙亥淮南王非爲江都王元年是爲易王
十二
二十五
爲郡
三
二
十二徙衡山國除爲郡
二十六
三薨無後國除爲郡
三徙江都
爲郡
九
三

五
二
三
二
二 來朝
二十五
十三 薨 是爲貞王
十三
三
二
二
十三 來朝
二十六 薨
廣川王彭祖徙趙·四年 是爲肅敬王
四
四 徙趙 國除 爲信都郡
三
二十七
十
四

六
三 來朝薨
四
三
三
二十六
武王胡元年
十四
四
三
三
十四
王定國元年
五
五
四
二十八
復置臨江國
十一
五 來朝

七十一月乙丑太子廢	中元年
安王道元年	二來朝
五	六來朝
四	五
四	五
二十七	二十八
二	三
十五	十六來朝
五	六來朝
四四月丁巳爲太子	五復置膠東國
四	五
十五	十六
二	三
六	七
六	七
	復置廣川國
五來朝	六
二十九來朝	三十
十一月乙丑初王閔王榮元年景帝太子廢爲王	二
十二	十三
六來朝	七

錢云清河都濟陽當作都
清陽漢志清河郡清陽縣
注云王都是其證也

二
三
七
六
六
二十九　來朝
四
十七　來朝
七
四月乙巳初王康王寄元年景帝子
六
十七
四
八　來朝
八　來朝
四月乙巳惠王越元年景帝子
七
初置清河都濟陽
三十一　來朝
三
十四
八

三
四
八
七　來朝
七
三十
五
十八
八
二
七
十八
五　來朝
九
九
二
八
五月丁巳哀王乘元年景帝子
三十二
四坐寢廟壖垣爲宮自殺國
十五
九

	四	五
	五	六來朝
	九	十
	八	九
	八	九
	三十一	三十二
	六	七
	十九	二十
	九	十
	三	四來朝
	八	九
	十九來朝	二十
	六	七
	十	十一
	十	十一
	三	四
	九來朝	十
	二	三
	復置常山國	三月丁巳初王憲王舜元年孝景子
	三十三	三十四
		分爲濟川國
除爲南郡		分爲濟東國
		分爲山陽國
		分爲濟陰國
	十六	十七
	十來朝	十一來朝

十五

六
七
十一
十
十
三十三薨
八

二十一
十一
五
十
二十一
八
十二
十二
五
十一
四
二
三十五來朝薨
五月丙戌初王明元年梁孝王子
五月丙戌初王彭離元年梁孝王子
五月丙戌初王定元年梁孝王子
五月丙戌初王不識元年梁孝王子
十八
十二

後元年
八
十二
十一
十一
頃王延元年
九

二十二來朝
十二
六
十一
二十二
九來朝
十三來朝
十三來朝
六
十二
五
三
恭王買元年孝王子
二
二
二
二薨無後國除
十九
十三

二	三	孝武建元元年
九	十	十一
十三	十四	十五
十二	十三	十四
十二　來朝	十三	十四
二	三	四
十　來朝	十一	十二
二十三	二十四	二十五
十二	十四	十五
七	八　來朝	九
十二	十三	十四
二十三	二十四	二十五
十　來朝	十一	十二
十四	十五	十六
十四	十五	十六
七	八	九
十三	十四	十五
六	七	八
四	五	六
二	三	四
三	四	五
三	四	五
三	四	五
二十	二十一	二十二
十四	十五	十六

二	三	四
十二來朝	十三	十四
十六來朝	十七	十八
十五	十六	十七
十五	十六	十七
五	六	七
十三	十四	十五
二十六	二十七	二十八
十六	十七	十八
十	十一	十二
十五	十六	十七來朝
二十六來朝	二十七	二十八
十三	十四	十五
十七	十八	十九
十七	十八	十九
十	十一	十二
十六	十七來朝	十八
九來朝	十	十一
七	八	九來朝
五	六	七薨
六	七明殺中傳廢還房陵	八爲郡
六	七	八
六	七	八
二十三	二十四來朝	二十五
十七	十八來朝	十九

史記十七

漢興以來諸侯王年表

五	六	元光元年
十五	十六	十七
十九	二十	二十一
十八	十九	二十
十八	十九	二十
八	九	十　來朝
十六	十七	十八
二十九	三十	三十一
十九	二十　來朝	二十一
十三	十四	十五　來朝
十八	十九	二十
二十九	三十	三十一
十六	十七	十八　來朝
二十	二十一　來朝	二十二
二十	二十一	二十二
繆王元年	二	三
十九	二十	二十一
二十　薨無後國除爲郡		
十	十一	十一
平王襄元年	二	三
九	十	十一
九　薨無後國除爲郡		
二十六	二十七	二十八
二十	二十一	二十二

二	三	四
十八來朝	十九來朝	二十
二十二	二十三	二十四
二十一	二十二	二十三
二十一	二十二卒	厲王次昌元年
十一	十二	十三
十九	二十	二十一
三十二	三十三	三十四
二十二	二十三	二十四
十六	十七	十八
二十一	二十二	二十三
三十二	三十三	三十四
十九	二十	二十一
二十三	二十四	二十五
二十三	二十四	二十五
四	五	六
二十二來朝	二十三來朝	二十四
十三	十四	十五
四	五	六
十二	十三	十四來朝
二十七	王義元年	二
二十三來朝	二十四來朝	二十五

五	六	元朔元年
二十一	二十二薨	襄王注元年
二十五	二十六薨	安王光元年
二十四	二十五	二十六
二	三	四
十四來朝	十五	十六
二十二	二十三	二十四來朝
三十五薨	靖王建元年	二
二十五	二十六	二十七
十九	二十	二十一
二十四	二十五	二十六
三十五	三十六	三十七
二十二	二十三	二十四坐禽獸行自殺國除為郡
二十六	二十七來朝	二十八
二十六來朝	恭王不害元年	二
七	八	九
二十五	二十六	二十七
十六	十七	十八
七	八	九
十五	十六	十七
三	四	五
二十六	二十七	康王庸元年

二	三	四
二	三	四來朝
二	三	四
二十七	二十八	二十九
五薨無後國除爲郡		
十七	十八	十九
二十五	二十六	二十七
三	四	五
二十八來朝	二十九	三十
二十二	二十三	二十四
王建元年	二	三
三十八	三十九	四十
二十九	三十	三十一
三	四薨	剛王堪元年
十	十一	十二
二十八	二十九來朝	三十
十九	二十	二十一
十來朝	十一	十二
十八	十九	二十來朝
二六	七	八
二	三	四

五	六
五	六
五	六
三十	三十一
二十	二十一 來朝
二十八	二十九
六	七
三十一	三十二
二十五 來朝	二十六
四	五
四十一 安有罪削國二縣	四十二
三十二	三十三
二	三
十三	十四 來朝
三十一	三十二
二十二 來朝	二十三
十三	十四
二十一	二十二
九	十
五	六

元狩元年	二
七	八
七	八 來朝
三十二 反自殺國除	
二十二	二十三
三十	三十一
八	九
三十三	三十四
二十七	二十八
六	七 反自殺國除爲廣陵郡
四十三 反自殺爲六安郡	以故陳爲都七月丙子初王恭王慶元年膠
三十四 來朝	三十五
四	五
十五	十六
三十三	三十四
二十四	二十五
十五	十六
二十三	二十四
十一	十二 來朝
七	八 來朝

	三	四	五
	九	十來朝	十一
	九	十	十一
			復置齊國
	二十四	二十五	二十六來朝薨
	三十二來朝	三十三	三十四
	十	十一	十二來朝
	三十五	三十六	一十七
	哀王賓元年	二	三
			更爲廣陵國
東王子	二	三	四
			復置燕國
	三十六	二十七	三十八
	六	七	八
	十七	十八	十九
	三十五來朝	三十六	三十七
	二十六	二十七	二十八
	十七	十八	十九
	二十五	二十六來朝	二十七
	十三	十四	十五
	九	十	十一

六	元鼎元年
十二	十三
十二	十三
四月乙巳初王懷王閎元年武帝子	二
敬王義元年	二
二十五	三十六
十三	十四
三十八	三十九
四	五
四月乙未初王胥元年武帝子	二
五	六
四月乙巳初王剌王旦元年武帝子	二
三十九	四十
九來朝	十
二十	二十一來朝
三十八	三十九
二十九來朝	三十
二十	二十一
二十八	二十九剽攻殺人遷上庸國除爲太河郡
十六	十七
十二	十三

二	三	四
十四薨	節王純元年	二
十四來朝	十五	十六
	初置泗水都郯	思王商元年恆山
三	四	五
三	四	五
三十七	三十八	三十九
十五	十六	十七
四十	四十一	四十二
六	七	八
三	四	五
七	八	九
三	四	五
四十一	四十二	四十三
十一	十二薨	頃王授元年
二十二	二十三	二十四
四十	四十一來朝	四十二薨
	復置清河郡	二十代王義徙清河
三十一	三十二薨子爲王	更爲眞定國頃王平元
二十二	二十三	二十四
十八來朝	十九徙清河爲太原郡	
十四	十五來朝	十六

	五	六
	三	四
	十七	十八
憲王子	二	三
	六	七
	六	七
	四十	四十一來朝
	十八	十九
	四十三	四十四
	九	十
	六	七
	十	十一來朝
	六	七
	四十四	四十五
	二	三
	二十五來朝	二十六
	四十五哀王昌元年即年薨	康王昆侈元子
那是爲剛王	二十一	二十二
年常山憲王子	二	三
	二十五	二十六
	十七	十八

元封元年	二	三
五	六	七
十九	二十	二十一 來朝
四	五	六
八 薨無後國除爲郡		
八 來朝	九 薨	惠王武元年
四十二	四十三	四十四
二十	頃王遺元年	二
四十五	四十六	四十七 薨無後國除
十一	十二	十三
八	九	十
十二	十三	十四
八	九	十
四十六	四十七	四十八
四	五	六
二十七	二十八	二十九
二	三	四
二十三	二十四	二十五 來朝
四 來朝	五	六
二十七	二十八	二十九
十九	二十	二十一

四	五	六
八	九	十
二十二	二十三 朝泰山	二十四
七	八	九
二	三	四
四十五	四十六 朝泰山	四十七
三	四	五
十四	戴王通平元年	二
十一	十二	十三
十五	十六	十七
十一	十二	十三
四十九	五十	五十一
七	八	九
三十	三十一	三十二
五	六	七
二十六	二十七	二十八
七	八	九 來朝
三十	三十一	三十二
二十二	二十三	二十四

太初元年	二
十一	十二
二十五	二十六
十	薨子哀王安世元年卽戴王賀元年安世子
五	六
四十八	四十九
六	七
三	四
十四	十五
十八 來朝	十九
十四	十五
五十二	五十三
十	十一
二十三	三十四
八	九 來朝
二十九	三十
十	十一
三十三	三十四
二十五	二十六

三	四
十三	十四
二十七	二十八
二	
	荒王賀元年
七薨	
五十	五十一
八	九
五	六
十六	十七
二十	二十一
十六	十七
五十四	五十五
十二	十三
三十五	三十六
十	十一
三十一	三十二
十二	十三
三十五	三十六來朝
二十七	二十八來朝

異哉所聞方侍郎云異於古者河山帶礪之意也某案此言異於春秋尚書千歲之封也封爵之誓乃高帝所爲具見漢書高惠高后文功臣表序此文所云欲固根本而枝葉陵夷衰微者皆言漢事根本謂封國之功臣爲後世祖者枝葉指謂其子孫也

方云上篤仁義下奉上法亦非是此皆就爲臣者爲文意主諷上詞專擧下

首封之失所以尊寵

禁網之密所以廢辱

高祖功臣侯年表第六

太史公曰古者人臣功有五品以德立宗廟定社稷曰勳以言曰勞用力曰功明其等曰伐積日曰閱封爵之誓曰使河如帶泰山若厲國以永寧爰及苗裔始未嘗不欲固其根本而枝葉稍陵夷衰微也余讀高祖侯功臣察其首封所以失之者曰異哉所聞書曰協和萬國遷于夏商或數千歲蓋周封八百幽厲之後見於春秋尚書有唐虞之侯伯歷三代千有餘載自全以蕃衛天子豈非篤於仁義奉上法哉漢興功臣受封者百有餘人天下初定故大城名都散亡戶口可得而數者十二三是以大侯不過萬家小者五六百戶後數世民咸歸鄉里戶益息蕭曹絳灌之屬或至四萬小侯自倍富厚如之子孫驕溢忘其先淫嬖至太初百年之閒見侯五餘皆坐法隕命亡國耗矣罔亦少密焉然皆身

耗矣三句徃復頓挫極抑揚之致

此段以廻護致其諷刺

無競競於當世之禁云居今之世志古之道所以自鏡也未必盡同帝王者各殊禮而異務要以成功爲統紀豈可緄乎某案說文掍同也緄借字觀所以得尊寵及所以廢辱亦當世得失之林也何必舊聞於是謹其終始表見其文頗有所不盡本末著其明疑者闕之後有君子欲推而列之得以覽焉

國名	平陽
侯功	以中涓從起沛至霸上侯以將軍入漢以左丞相出征齊魏以右丞相爲平陽侯萬六百戶
高祖十二	七 六年十二月甲申懿侯曹參元年
孝惠七	五 其二年爲相國 二 六年十月靖侯窋元年
高后八	八
孝文二十三	十九 後元四年簡侯奇元年 四
孝景十六	三 四年夷侯時元年 十三
建元至元封六年三十六太初元年盡後元二年十八	十 元光五年恭侯襄元年 十六 元鼎三年今侯宗元年
侯第	二

國名	信武	清陽
侯功	以中涓從起宛朐入漢以騎都尉定三秦擊項羽別定江陵侯五千三百戶以車騎將軍攻黥布陳豨	以中涓從起豐至霸上為騎郎將入漢以將軍擊項羽功侯三千一百戶
高祖	七 六年十二月甲申肅侯靳歙元年	七 六年十二月甲申定侯王吸元年
孝惠	七	七
高后	五 三 六年夷侯亭元年	八
孝文	十八 後元三年侯亭坐事國人過律奪侯國除	七 元年哀侯彊元年 十六 八年孝侯伉元年
孝景		四 十二 五年哀侯不害元年
建元至元封		七 元光二年侯不害薨無後國除
侯第	十一	十四

錢云馮翊之陽陵景帝陵也不以封諸侯漢志陽陵故弋陽景帝更名則高帝時尚無陽陵之名楚漢春秋作陰陵近之

汝陰	陽陵
以令史從降沛為太僕常奉車為滕公竟定天下入漢中全孝惠魯元侯六千九百戶常為太僕	以舍人從起橫陽至霸上為魏將入漢定三秦屬淮陰定齊為齊丞相侯二千六百戶
七 六年十二月甲申文侯夏侯嬰元年	七 六年十二月甲申景侯傅寬元年
七	五 二 六年頃侯靖元年
八	八
八 七 九年夷侯竈元年 八 十六年恭侯賜元年	十四 九 十五年恭侯則元年
十六	二 十三 前四年侯偃元年
七 元光二年侯頗元年 十九 元鼎二年頗坐尚公主與父御婢姦罪自殺國除	十八 元狩元年侯偃坐與淮南謀反國除
八	十

錢云廣嚴嚴字衍下云壯侯壯當爲莊班氏避諱作嚴後人誤增嚴于廣下非史公之誤

廣嚴	廣平
以中涓從起沛至霸上爲連敖入漢以騎將定燕趙得將軍侯二千二百戶	以舍人從起豐至霸上爲郎中入漢以將軍擊項羽鍾離眛功侯四千五百戶
七 六年十二月甲申壯侯呂歐元年	七 六年十二月甲申敬侯薛歐元年
七	七
八	八 元年靖侯山元年
一 九 二年戴侯勝元年	十八 平棘 五 後元三年侯澤元年
十三 十一年恭侯嘉元年至後元七年嘉薨無後國除	八 中二年平棘有罪絕 五 中五年復封節侯澤元年
	七 其十年爲丞相 五 元朔四年侯穰元年 三 元狩元年穰受淮南王財物稱臣在赦前詔問謾罪國除
二十八	十五

博陽	以舍人從起碭以刺客將入漢以都尉擊項羽滎陽絕甬道殺卒追功侯	七 六年十二月甲申壯侯陳濞元年	七	八	十八 五 後元二年侯始元年	四 前五年侯始有罪國除 塞 中五年復封始 二 後元元年始有罪國除		十九
曲逆	以故楚都尉漢王二年初從修武為都尉遷為護軍中尉出六奇計定天下侯五千戶	七 六年十二月甲申獻侯陳平元年	七 其五年為左丞相	八 其元年從為右丞相後專為丞相相孝文二年	二十三年恭侯買元年 九 五年簡侯悝元年	四 十二 五年侯何元年	十 元光五年侯何坐略人妻棄市國除	四十七

堂邑	以自定東陽爲將屬項梁爲楚柱國四歲項羽死屬漢定豫章折江都折自立爲王壯息侯千八百戶復相楚元年王十一年	七　六年十二月甲申安侯陳嬰元年	七	四　四　五年恭侯祿元年	二　二十二　三年夷侯午元年	十六	十一　元光六年季須元年　十三　元鼎元年侯須坐母長公主卒未除服奸兄弟爭財當死自殺國除	八十
周呂	以呂后兄初起以客從入漢爲侯還定三秦將兵先入碭漢王之解彭城往從之復發兵佐高祖定天下功侯	三　六年正月丙戌令武侯呂澤元年　四　九年子台封鄜侯元年	七　有罪					

錢云胡陵漢表作漢陽

錢云志古文識字旗志者旗幟也說文無幟字當作識

建成	留
以呂后兄初起以客從擊三秦漢王入漢而釋之還豐沛奉衛呂宣王太上皇天下已平封釋之爲建成侯	以廄將從起下邳以韓申徒下韓國言上張旗志秦王恐降解上與項羽之郄爲漢王請漢中地常計謀平天下侯萬戶
七 六年正月丙戌康侯釋之元年	七 六年正月丙戌文成侯張良元年
二 三年侯則元年 五 有罪	七
胡陵 七 元年正月丙寅封則弟大中大夫呂祿元年 七 八年祿爲趙王國除追尊康侯爲昭王祿以趙王謀爲不善大臣誅祿遂滅呂	二 六 三年不疑元年
	四 五年侯不疑坐與門大夫謀殺故楚內史當死贖爲城旦國除
	六十二

錢云同祿弟漢表以爲祿毋

射陽	酇
兵初起與諸侯共擊秦爲楚左令尹漢王與項羽有郄于鴻門項伯纏解難以破子羽纏嘗有功封爵射陽侯	以客初起從入漢爲丞相備守蜀及關中給軍食佐上定諸侯法令立宗廟侯八千戶
七 六年正月丙午侯項纏元年賜姓劉氏	七 六年正月丙午文終侯蕭何元年 元年爲丞相九年爲相國
二 三年侯纏卒嗣子睢有罪國除	二 五 三年哀侯祿元年 一 七 二年懿侯同元年同祿弟
	十九 筑陽 元年同有罪封何小子延元年 十 後四年煬侯遺元年 三 五年侯則元年
	一 有罪 七 武陽 前二年封煬侯弟幽侯嘉元年 八 中二年侯勝元年
	十三 元朔二年侯勝坐不敬絕 酇 元狩三年封何孫恭侯慶元年 三 元狩六年侯壽成元年 十一 元封四年壽成爲太常犧牲不如令國除
	一

曲周	絳
以將軍從起岐攻長社以南別定漢中及蜀定三秦擊項羽侯四千八百戶	以中涓從起沛至霸上爲侯定三秦食邑爲將軍入漢定隴西擊項羽守嶢關定泗水東海八千一百戶
七 六年正月丙午景侯酈商元年	七 六年正月丙午武侯周勃元年
八	七
八	八 其四年爲太尉相
二十三 元年侯寄元年	十一 元年爲右丞相三年免復爲丞相 六 十二年侯勝元年 條 六 後元二年封勃子亞夫元年
九 有罪絕 中二年封商他子靖侯堅元年	十三 其三爲太尉七爲丞相有罪國除 平曲 三 後元元年封勃子恭侯堅元年
九 元光四年康侯遂元年 五 十三 元朔三年侯宗元年 十 元鼎二年侯終根元年 八 後二年五月侯終根坐咒詛誅國除	十六 元朔五年侯建德元年 十二 元鼎五年侯建德坐酎金國除
六	四

舞陽	潁陰
以舍人起沛從至霸上爲侯入漢定三秦爲將軍擊項籍再益封從破燕執韓信侯五千戶	以中涓從起碭至霸上爲昌文君入漢定三秦食邑以車騎將軍屬淮陰定濟淮南及下邑殺項籍侯五千戶
七 六年正月丙午武侯樊噲元年 其七爲將軍相國三月	七 六年正月丙午爲侯灌嬰元年
六 七年侯伉元年呂須子	七
八 坐呂氏誅族	八
二十三 元年封樊噲子荒侯市人元年	四 其一爲太尉三爲丞相 十九 五年平侯何元年
六 七年侯它廣元年 六 中元五年侯它廣非荒侯市人子國除	九 七 中三年侯彊元年
八	六 有罪絕 九 元光二年封嬰孫賢爲臨汝侯賢元年 元朔五年侯賢行賕罪國除
五	九

汾陰	初起以職志擊破秦入漢出關以內史堅守敖倉以御史大夫定諸侯比清陽侯二千八百戶	七 六年正月丙午悼侯周昌元年	三 四年哀侯開方元年 四 建平 有罪絕	八	四 前五年侯意元年 十三 有罪絕	八 安陽 中二年封昌孫左車建元元年有罪國除		十六
梁鄒	兵初起以謁者從擊破秦入漢以將軍擊定諸侯功比博陽侯二千八百戶	七 六年正月丙午孝侯武儒元年	四 元年康侯最元年 二	八	二十三	十六	六 元光元年侯項嬰齊元年 三 元光元年侯山柎元年 十二 元朔三年侯山柎坐酎金國除	十二

錢云水經注淄水逕郕北春秋齊師圍郕漢高祖封董渫爲侯國郕郕古字通左氏作成

錢云前元年高帝自稱沛公之年也入關王漢始稱漢元年漢初王侯受封皆自稱元年亦用此例

成	蓼
兵初起以舍人從擊秦爲都尉入漢定三秦出關以將軍定諸侯功比厭次侯二千五百戶	以執盾前元年從起碭以左司馬入漢以將軍三以都尉擊項羽屬韓信功侯
七 六年正月丙午敬侯董渫元年	七 六年正月丙午侯孔聚元年
七 元年康侯赤元年	七
八	八
二十三	八 十五 九年侯臧元年
六 有罪絕 節氏 五 中五年復封康侯赤元年	十六
三 建元四年恭侯霸軍元年 五 元光三年侯朝元年 二十一 元狩二年侯朝爲濟南太守與成陽王女通不敬國除	十四 元朔三年侯臧坐爲太常南陵橋壞衣冠車不得度國除
二十五	三十

	費	陽夏
侯功	以舍人前元年起碭以左司馬入漢用都尉屬韓信擊項羽有功為將軍定會稽浙江湖陽侯	以特將將卒五百人前元年從起宛朐至霸上為侯以遊擊將軍別定代已破臧荼封豨為陽夏侯
高祖	七　六年正月丙午圉侯陳賀元年	五　六年正月丙午侯陳豨元年 十年八月豨以趙相國將兵守代漢使召豨豨反以其兵與王黃等略代自立為燕漢殺豨靈上
孝惠	七	
高后	八	
孝文	二十三　元年共侯常元年	
孝景	十八　二年侯偃元年	
	巢四　中元二年有罪絕 中元六年封賀子侯最元年 後元三年最薨無後國除	

錢云漢志城陽國有陽都縣小司馬以爲漢志闕者非也

國名	隆慮	陽都
侯功	以卒從起碭以連敖入漢以長鈹都尉擊項羽有功侯	以趙將從起鄴至霸上爲樓煩將入漢定三秦別降翟王屬悼武王殺龍且彭城爲大司馬破羽軍葉拜爲將軍忠臣侯七千八百戶
高祖	七 六月正月丁未哀侯周竈元年	七 六年正月戊申敬侯丁復元年
孝惠	七	七
高后	八	五 六年趮侯甯元年 三
孝文	十六 七 後元二年侯通元年	九 十年侯安成元年 十四
孝景	七 中元元年侯通有罪國除	一 二年侯安成有罪國除
建元至元封		
侯第	三十四	十七

新陽	東武
以漢五年用左令尹初從功比堂邑侯千戶	以戶衛起薛為悼武王破秦軍杠里楊熊軍曲遇入漢為越將軍定三秦以都尉堅守敖倉為將軍破籍軍功侯二千戶
七 六年正月壬子胡侯呂清元年	七 六年正月戊午貞侯郭蒙元年
三 四年頃侯世元年 四	七
八	五 六年侯他元年 三
六 七年懷侯義元年 二 九年惠侯它元年 十五	二十三
四 五年恭侯善元年 五 中三年侯譚元年 七	五 六年侯他棄市國除
二十八 元鼎五年侯譚坐酎金國除	
八十七	四十一

汁邡	以趙將前三年從定諸侯，侯二千五百戶，功比平定侯。齒故沛豪，有力，與上有郄，故晚從。	七 六年三月戊子，肅侯雍齒元年。	二 三年，荒侯巨元年。 五	八	二十三	二 三年，侯野元年。 中元六年，終侯桓元年。 十四	二十八 元鼎五年，終侯桓坐酎金，國除。	五十七
棘蒲	以將軍前元年將卒二千五百人起薛，別救東阿，至霸上，二歲十月入漢，擊齊歷下軍田既，功侯。	七 六年正月丙申，剛侯陳武元年。	七	八	十六 後元元年，侯武薨，嗣子奇反，不得置後，國除。			十三

錢云北海郡有都昌縣水經注以爲朱軫所封

錢云臣瓚曹相國世家注云武彊城在陽武水經注以爲莊不識所封

都昌	武彊
以舍人前元年從起沛以騎隊率先降翟王虜章邯功侯	以舍人從至霸上以騎將入漢還擊項羽屬丞相寧功侯用將軍擊黥布侯
七 六年三月庚子莊侯朱軫元年	七 六年三月庚子莊侯莊不識元年
七	七
八 元年剛侯率元年	六 七年簡侯嬰元年 二
七 八年夷侯詘元年 十六	十七 後元二年侯青翟元年 六
二 元年恭侯偃元年 五 三年侯辟彊元年	十六
中元元年辟彊薨無後國除	二十五 元鼎二年侯青翟坐爲丞相與長史朱買臣等逮御史大夫湯不直國除
二十三	三十三

錢云漢志遼西郡有海陽縣水經注以為搖毋餘所封

貰	海陽
以越戶將從破秦入漢定三秦以都尉擊項羽千六百戶功比臺侯	以越隊將從破秦入漢定三秦以都尉擊項羽侯千八百戶
二 六年三月庚子齊侯呂元年 五 八年恭侯方山元年	七 六年三月庚子齊信侯搖毋餘元年
七	二 五 二年哀侯昭襄元年
八	四 四 五年康侯建元年
二 元年煬侯赤元年 二十 十二年康侯遺元年	二十三
十六	三 四年哀侯省元年 十 中六年侯省薨無後國除
十八 六 元朔五年侯倩元年 元鼎元年侯倩坐殺人棄市國除	
三十六	三十七

南安	以河南將軍漢王三年降晉陽以亞將破臧荼侯九百戶	七 六年三月庚子莊侯宣虎元年
	七	

南安

以河南將軍漢王三年降晉陽以亞將破臧荼侯九百戶

七 六年三月庚子莊侯宣虎元年

七

八

八 九年恭侯戎元年 十一 後元四年侯千秋元年 四

七 中元元年千秋坐傷人免

六十三

肥如

以魏太僕三年初從以車騎都尉破龍且及彭城侯千戶

七 六年三月庚子敬侯蔡寅元年

七

八

二 二年莊侯成元年 十四 後元年侯奴元年 七

元年侯奴薨無後國除

六十六

錢云漢志曲成縣屬東萊卽此曲城也其後改封夜夜卽掖亦屬東萊小司馬以爲漢志闕者非也王子侯表有曲成侯萬歲表在涿郡此又一曲成小司馬誤合爲一

曲城	以曲城戶將卒三十七人初從起碭至霸上爲執圭爲二隊將屬悼武王入漢定三秦以都尉破項羽軍陳下功侯四千戶爲將軍擊燕代拔之	七 六年三月庚子圉侯蟲達元年	七	八	八 元年侯捷元年 五 有罪絕 後元五年復封恭侯捷元年	十三 有罪絕 垣 五 中五年復封恭侯捷元年	一 建元二年侯皋柔元年 二十五 元鼎三年侯皋柔坐爲汝南太守知民不用赤側錢爲賦國除	十八
河陽	以卒前元年起碭從以二隊將入漢擊項羽身得郎將處功侯以丞相定齊地	七 六年二月庚子莊侯陳涓元年	七	八	三 元年侯信元年 四 四年侯信坐不償人責過六月奪侯國除			二十九

淮陰	兵初起以卒從項梁梁死屬項羽爲郎中至咸陽亾從入漢爲連敖典客蕭何言爲大將軍別定魏齊爲王徙楚坐擅發兵廢爲淮陰侯	五　六年四月侯韓信元年　十一年信謀反關中呂后誅信夷三族國除				
芒	以門尉前元年初起碭至霸上爲武定君入漢還定三秦以都尉擊項羽侯	三　六年昭侯元年　九年昭侯有罪國除			張　十　二一　孝景三年昭以故芒侯將兵從太尉亞夫擊吳楚有功復封　後　元年三月張侯申元年	十七　元朔六年侯申坐尚南宮公主不敬國除

國名	故市	柳丘
侯功	以執盾初起入漢爲河上守遷爲假相擊項羽侯千戶功比平定侯	以連敖從起薛以二隊將入漢定三秦以都尉破項籍軍爲將軍侯千戶
高祖十二	三 六年四月癸未侯閻澤赤元年 四 九年夷侯毋害元年	七 六年六月丁亥齊侯戎賜元年
孝惠七	七	七
高后八		四 五年定侯安國元年 四
孝文二十三	十九 後四年戴侯續元年 四	二十三
孝景十六	四 孝景五年侯穀嗣 十二	三 十 四年敬侯嘉成元年 後元年侯角嗣有罪國除
建元至元封六年三十六	二十八 元鼎五年侯穀坐酎金國除	
侯第	五十五	九十三

魏其	祁
以舍人從沛，以郎中入漢，為周信侯，定三秦，遷為郎中騎將，破籍東城，侯，千戶。	以執盾漢王三年初起從晉陽，以連敖擊項籍，漢王敗走，賀方將軍擊楚，追騎以故不得進。漢王顧謂賀祁子留彭城，軍執圭東擊羽，急絕其近壁，侯，千四百戶。
七 六年六月丁亥，莊侯周定元年。	七 六年六月丁亥，穀侯繒賀元年。
七	七
四 四 五年，侯開元年。	八
二十三	十一 十二 十二年，頃侯湖元年。
二 前三年，侯開反，國除。	五 十一 六年，侯它元年。
	八 元光二年，侯它坐從射擅罷，不敬，國除。
四十四	五十一

平	兵初起以舍人從擊秦以郎中入漢以將軍定諸侯守洛陽功侯比費侯賀千三百戶	六 六年六月丁亥悼侯沛嘉元年 一 十二年靖侯奴元年	七	八	十五 八 十六年侯執元年	十一 中元五年侯執有罪國除		三十二
魯	以舍人從起沛至咸陽爲郎中入漢以將軍從定諸侯侯四千八百戶功比舞陽侯死事無代侯	七 六年中毋侯疵元年	七	四 五年毋侯疵薨無後國除				七

錢云任侯侯字衍

故城	任侯
兵初起以謁者從入漢以將軍擊諸侯以右丞相備守淮陽功比厭次侯一千戶	以騎都尉漢五年從起東垣擊燕代屬雍齒有功侯為車騎將軍
七 六年中莊侯尹恢元年	七 六年侯張越元年
二 五 三年侯開方元年	七
二 三年開方奪侯為關內侯	二 三年侯越坐匿死罪免為庶人國除
二十六	

棘丘	阿陵
以執盾隊史前元年從起碭破秦以治粟內史入漢以上郡守擊定西魏地功侯	以連敖前元年從單父以塞疏入漢還定三秦屬悼武王以都尉擊籍功侯
七 六年侯襄元年	七 六年七月庚寅頃侯郭亭元年
七	七
四 四年侯襄奪侯爲士伍國除	八
	二 二十一 三年惠侯歐元年
	一 前二年侯勝客元年 八 有罪絕 南四 中元六年靖侯延居元年
	十一 元光六年侯則元年 十七 元鼎四年侯則坐酎金國除
	二十七

錢云漢志屬東國有昌武

錢云漢表作單究

昌武	高苑
初起以舍人從以郎中入漢定三秦以郎中將擊諸侯侯九百八十戶比魏其侯	初起以舍人從入漢定三秦以中尉破籍侯千六百戶比斥丘侯
七 六年七月庚寅靖信侯單甯元年	七 六年七月戊戌制侯丙倩元年
五 六年夷侯如意元年 二	七 元年簡侯得元年
八	八
二十二	十五 八 十六年孝侯武元年
十 中四年康侯賈成元年 六	十六
十 元光五年侯得元年	二 建元元年侯信元年 建元三年侯信坐出入屬車閒奪侯國除
四 元朔元年侯得坐傷人二旬內死棄市國除	
五十四	四十一

錢云貨殖傳有宣曲任氏小司馬據上林賦西馳宣曲以為在京輔

錢云水經注新田又謂之絳即絳陽也漢高帝封華毋害為侯國

宣曲	以卒從起留以騎將入漢定三秦破籍軍滎陽為郎騎破鍾離昧軍固陵侯六百七十戶	七 六年七月戊戌齊侯丁義元年	七	八	十 十三 十一年侯通元年	四 有罪除 中五年復封侯通元年 發婁 中六年侯通有罪國除			四十三
絳陽	以越將從起留入漢定三秦擊臧荼侯七百四十戶從攻馬邑及布	七 六年七月戊戌齊侯華無害元年	七	八	三 十六 四 四年恭侯勃齊元年 後元四年侯祿元年	三 前四年侯祿坐出界有罪國除			四十六

錢云茅索隱一作柔瑯邪郡有柔縣

東茅	以舍人從起碭至霸上以三隊入漢定三秦以都尉擊項羽破臧荼侯捕韓信爲將軍益邑千戶	七 六年八月敬侯劉釗元年	七	八	二十三 三年侯吉元年 十六年侯吉奪爵國除			四十八
斥丘	以舍人從起豐以左司馬入漢以亞將攻籍剋敵爲東郡都尉擊籍武城爲漢中尉擊布爲斥丘侯千戶	七 六年八月丙辰懿侯唐厲元年	七	八		八 九年恭侯鼂元年 二十二 後元六年侯賢元年	二十 十元鼎二年侯尊元年 五三 元鼎五年侯尊坐酎金國除	四十

臺	以舍人從起碭用隊率入漢以都尉擊籍籍死擊轉臨江屬將軍賈功侯以將軍擊燕	七 六年八月甲子定侯戴野元年	七	八	二十三 四年侯才元年	二 三年侯才反國		三十五
安國	除以客從起以廄將別定東郡南陽從至霸上入漢守豐上東因從戰不利奉孝惠魯元出淮水中及堅守豐于雍侯五千戶	七 六年八月甲子武侯王陵元年定侯安國	七 其六年為右丞相	七 一 八年哀侯忌元年	二十三 元年終侯游元年	十六	二十八 建元元年三月安侯辟方元年 元狩三年侯定元年 元鼎五年侯定坐酎金國除	十二

錢云漢志河閒國有樂成縣

國名	樂成	辟陽
侯功	以中涓騎從碭中爲騎將入漢定三秦侯以都尉擊籍屬灌嬰殺龍且更爲樂成侯千戶	以舍人初起侍呂后孝惠沛三歲十月呂后入楚食其從一歲侯
高祖十二	七 六年八月甲子節侯丁禮元年	七 六年八月甲子幽侯審食其元年
孝惠七	七	七
高后八	八	八
孝文二十三	四 五年夷侯馬從元年 十八 二 後七年武侯客元年	三 二十 四年侯平元年
孝景十六	十六	二 三年平坐反國除
建元至元封六年三十六	二十五 元鼎二年侯義元年 三 元鼎五年侯義坐言五利侯不道棄市國除	
侯第	四十二	五十九

鐃云蒯成漢表云在長沙

安平	以謁者漢王三年初從定諸侯有功秩舉蕭何功侯二千戶	七 六年八月甲子敬侯諤千秋元年	二 五 孝惠三年簡侯嘉元年	七 一 八年頃侯應元年	十三 十 十四年煬侯寄元年	十五 一 後三年侯但元年	十八 元狩元年坐與淮南王女陵通遺淮南書稱臣盡力棄市國除	六十一
蒯成	以舍人從起沛至霸上侯入漢定三秦食邑池陽擊項羽軍滎陽絕甬道從出度平陰遇淮陰侯軍襄國楚漢約分鴻溝以緤爲信戰不利不敢離上侯三千三百戶	七 六年八月甲子尊侯周緤元年 十二年十一月乙未定蒯成	七	八	五 緤薨子昌代有罪國除	鄲 一 中元年封緤子康侯應元年 八 中二年侯中居元年	二十六 元鼎三年居坐爲太常有罪國除	二十二

北平	以客從起陽武，至霸上，爲常山守，得陳餘，爲代相，徙趙相，侯。爲計相四歲，淮南相十四歲。千三百戶	七 六年八月丁丑，文侯張蒼元年	七	八	二十三 其四爲丞相，五歲罷	五 六年，康侯奉元年 八 後元年，侯預元年 三	四 建元五年，侯預坐臨諸侯喪後，不敬，國除	六十五
高胡	以卒從起杠里，入漢，以都尉擊籍，以都尉定燕，侯，千戶	七 六年中，侯陳夫乞元年	七	八	四 五年，殤侯程嗣。薨，無後，國除			八十二
厭次	以慎將前元年從起留，入漢，以都尉守廣武，功侯	七 六年中，侯頃元年	七	八	五 元年，侯賀元年 六年，侯賀謀反，國除			二十四

錢云清河郡有復陽水經注以爲陳胥所封

平皋	復陽
項它漢六年以碭郡長初從賜姓爲劉氏功比戴侯彭祖五百八十戶	以卒從起薛以將軍入漢以右司馬擊項籍侯千戶
六 七年六月癸亥煬侯劉它元年	六 七年十月甲子剛侯陳胥元年
四 五年恭侯遠元年 三	七
八	八
二十三	十 十一年恭侯嘉元年 十三
十六 元年節侯光元年	五 六年康侯拾元年 十一
二十八 建元元年侯勝元年 元鼎五年侯勝坐酎金國除	十二 元朔元年侯彊元年 七 元狩二年坐父拾非嘉子國除
百二十一	四十九

錢云濟南郡有朝陽水經注以爲華寄所封

陽河	以中謁者從入漢以郎中騎從定諸侯侯五百戶功比高胡侯	三 七年十月甲子齊哀侯元年 十年侯安國元年	七	八	二十三	十六 中元四年侯午元年中絕	二十七 坤山 三 二十 元鼎四年恭侯章元年 元封元年侯仁元年 征和二年十月仁與母坐祝詛大逆無道國除	八十三
朝陽	以舍人從起薛以連敖入漢以都尉擊項羽後攻韓王信侯千戶	七 七年三月丙寅齊侯華寄元年	七	八 元年文侯要元年	十三十 十四年侯當元年	十六	十三 元朔二年侯當坐教人上書枉法罪國除	六十九

棘陽	以卒從起胡陵入漢以郎將迎左丞相軍以擊諸侯侯千戶	六 六年七月丙辰莊侯杜得臣元年	七	八	五 六年質侯但元年 十八	十六	九 元光四年懷侯武元年 七 元朔五年侯武薨無後國除	八十一
涅陽	以騎士漢王二年從出關以郎將擊斬項羽侯千五百戶比杜衍侯	六 七年中莊侯呂勝元年	七	八	四 五年莊侯子成實非子不當爲侯國除			百四
平棘	以客從起亢父斬章邯所署蜀守用燕相侯千戶	六 七年中懿侯執元年	七	七 八年侯辟彊元年 一	五 六年侯辟彊有罪鬼薪國除			六十四

國名	羹頡	深澤
侯功	以高祖兄子從軍擊反韓王信爲郎中將信毋嘗有罪高祖微時太上怜之故封爲羹頡侯	以趙將漢王三年降屬淮陰侯定趙齊楚以擊平城侯七百戶
高祖	六 七年中侯劉信元年	五 八年十月癸丑齊侯趙將夜元年
孝惠	七	七
高后	元年信有罪削爵一級爲關內侯	一 奪絕 二 年復封封二年薨
孝文		四 十四年復封將夜元年 六 後元二年戴侯頭元年
孝景		二 二年侯循元年 七 罪絕 更五 中五年封頭子夷侯胡元年
建元至元封		十六 元朔五年夷侯胡薨無後國除
侯第		八十九

索隱許溫漢表作許盎錢云溫盎聲相近

國名	侯功	高祖	孝惠	高后	孝文	孝景	建元至元封	侯第
柏至	以駢憐從起昌邑以說衛入漢以中尉擊籍侯千戶	六 七年七月戊辰靖侯許溫元年	七	一 二年有罪絕 六 三年復封溫如故	十四 元年簡侯祿元年 九 十五年哀侯昌元年	十六	七 元光二年共侯如安元年 十三 元狩三年侯福元年 五 元鼎二年侯福有罪國除	八十五
中水	以中郎騎將漢王二年從起好畤以司馬擊龍且後共斬項羽侯千五百戶	六 七年正月己酉莊侯呂馬童元年	七	八	九 十年夷侯假元年 三 十一 十三年共侯青肩元年	十六	五一二十三 建元六年靖侯德元年 元光五年侯宜成元年 元鼎五年宜成坐酎金國除	一百

杜衍	赤泉
以郎中騎漢王三年從起下邳屬淮陰從灌嬰共斬項羽侯千七百戶	以郎中騎漢王二年從起杜屬淮陰後從灌嬰共斬項羽侯千九百戶
六 七年正月己酉莊侯王翳元年	六 七年正月己酉莊侯楊喜元年
七	七
五 三 六年共侯福元年	一 元年奪絕二年復封 七
四 五年侯市臣元年 七 十二 十二年侯翕元年	十一 十二 十二年定侯殷元年
十二 三 有罪絕後元元年復封翳子彊侯郢人元年	三 四年侯無害元年有罪絕 六 臨汝 五 中五年復封侯無害元年
九 元光四年侯定國元年 十二 元狩四年侯定國有罪國除	七 元光二年侯無害有罪國除
百二	百三

錢云漢志楚國有武原縣

國名	栒	武原	磨
侯功	以燕將軍漢王四年從曹咎軍爲燕相告燕王荼反侯以燕相國定盧奴千九百戶	漢七年以梁將軍初從擊韓信陳豨黥布功侯二千八百戶功比高陵	以趙衛將軍漢王三年從起盧奴擊項羽敖倉下爲將軍攻臧荼有功侯千戶
高祖十二	五 八年十月丙辰項侯溫疥元年	五 八年十二月丁未靖侯衛胠元年	五 八年七月癸酉簡侯程黑元年
孝惠七	七	三 四 四年共侯寄元年	七
高后八	八	八	二 六 三年孝侯竈元年
孝文二十三	五 六年文侯仁元年 十七 一 後元七年侯河元年	二十三	十六 七 後元元年侯竈元年
孝景十六	十 中元四年侯河有罪國除	三 四年侯不害元年 十三 後三年不害坐葬過律國除	七 中元元年竈有國罪除
建元至元封六年三十六	四		
太初已後			
侯第	九十一	九十三	九十二

史記十八 高祖功臣侯年表 二十一

橐	宋子	猗氏
高帝七年爲將軍從擊代陳豨有功侯六百戶	以漢三年以趙羽林將初從擊定諸侯功比磨侯五百四十戶	以舍人從起豐入漢以都尉擊項羽侯二千四百戶
五 八年十二月丁未祗侯陳錯元年	四 八年十二月丁卯惠侯許瘛元年 一 十二年共侯不疑元年	五 八年二月丙戌敬侯陳遬元年
二 三年懷侯嬰元年 五	七	六 七年靖侯交元年 一
八	八	八
六 七年恭侯應元年 十四 後五年侯安元年 三	九 十年侯九元年 十四	二十三
十六	八 中元二年侯九坐買塞外禁物國除	二 三年項侯差元年薨無後國除
十二 不得千秋父 七 元狩二年侯千秋元年 九 元鼎五年侯千秋坐酎金國除		
百二十四	九十九	十五

清	彊
以弩將初起，從入漢，以都尉擊項羽、代，侯，比彭侯，千戶。	以客吏初起，從入漢，以都尉擊項羽、代，侯，比彭侯，千戶。
五 八年三月丙戌，簡侯空中元年。	三 八年三月丙辰，簡侯留勝元年。 二 十一年，戴侯章元年。
七 元年，頃侯聖元年。	七
八	八
七 十六 八年，康侯鮒元年。	十二 十三年，侯服元年。 三 十五年，侯服有罪，國除。
十六	
二十 七 元狩三年，恭侯右元年。 一 元鼎四年，侯生元年。 元鼎五年，侯生坐酎金，國除。	
七十一	七十二

國名	彭	吳房	甯
侯功	以卒從起薛以弩將入漢以都尉擊項羽代侯千戶	以郎中騎將漢王元年從下邽擊夏陽以都尉斬項羽有功侯七百戶	以舍人從起碭入漢以都尉擊臧荼功侯千戶
高祖十二	五 八年三月丙戌簡侯秦同元年	五 八年三月辛巳莊侯楊武元年	五 八年四月辛卯莊侯魏選元年
孝惠七	七	七	七
高后八	八	八	八
孝文二十三	二 三年戴侯執元年 二十一	十二 十二年侯去疾元年 十一	十五 十六年恭侯連元年 八
孝景十六	二 三年侯武元年 十一 後元元年武有罪國除	十四 後元元年去疾有罪國除	元年侯指元年 三 四年侯指坐出國界有罪國除
建元至元封六年三十六			
太初已後			
侯第	七十	九十四	七十八

昌	共
以齊將漢王四年從淮陰侯起無鹽定齊擊籍及韓王信於代侯千戶	以齊將漢王四年從淮陰侯起臨菑擊籍及韓王信于平城有功侯千二百戶
五　八年六月戊申圉侯盧卿元年	五　八年六月壬子莊侯盧罷師元年
七	七
八	八
十四　十五年侯通元年 九	六　七年惠侯黨元年 八　十五年懷侯商元年 五　後四年侯商薨無後國除
二　二年侯通反國除	
百九	百十四

閼氏	安丘
以代太尉漢王三年降爲鴈門守以特將平代反寇侯千戶	以卒從起方與屬魏豹二歲五月以執鈹入漢以司馬擊籍以將軍定代侯三千
四 八年六月壬子節侯馮解散元年 一 十二年恭侯它元年	五 八年七月癸酉懿侯張說元年
薨絕後絕	七
	八
十四 二年封恭侯遺子腹遺文侯元年 八 十六年恭侯勝之元年	十二 十一 十三年恭侯奴元年
五 十一 前六年侯平元年	三 四年敬侯執元年 十三 三年康侯訢元年
二十八 元鼎五年侯平坐酎金國除	十八 元狩元年侯指元年 九 元鼎四年侯指坐入上林謀盜鹿國除
百一	七十六

錢云水經注以遼東之襄平爲紀通封國

合陽	高祖兄兵初起侍太公守豐天下已平以六年正月立仲爲代王高祖八年匈奴攻代王棄國亡廢爲合陽侯	五 八年九月丙午侯劉仲元年	二 仲子鼻爲吳王 以子吳王故尊仲謚爲代頃侯					
襄平	兵初起紀成以將軍從擊破秦入漢定三秦功定平侯戰好時死事子通襲成功侯	五 八年九月丙午侯紀通元年	七	八	二十三	九 中元三年康侯相夫元年 七	十二 元朔元年夷吾元年 十九 元封二年夷吾薨無後國除	六十六

錢云水經注汝水逕龍鄉故城漢高帝封陳署爲侯國

龍	以卒從漢王元年起霸上以謁者擊籍斬曹咎侯千戶	五 八年後九月己未敬侯陳署元年	七	六 七年侯堅元年 二	十六 後元元年侯堅奪侯國除			八十四
繁	以趙騎將從漢三年從擊諸侯功比吳房侯千五百戶	四 九年十月壬寅莊侯彊瞻元年	四 五年康侯昫獨元年 三	八	二十三	三 四年侯寄元年 中三年侯安國元年 六 七	十八 元狩元年安國爲人所殺國除	九十五
陸梁	詔以爲列侯自置吏受令長沙	二 九年三月丙辰侯須毋元年 一 十二年共侯桑元年	七	八	十八 後三年康侯慶忌元年 五	十六 元年侯冉元年	二十八 元鼎五年侯冉坐酎金國除	百三十七

錢云武陵郡有義陵縣吳程以長沙柱國封當是武陵之義陵吳程漢表作吳郢古文程與郢通孟子畢郢郢即程邑

高京	離	義陵
周苛起兵以內史入從擊破秦為御史大夫入漢圍取諸侯堅守滎陽功比辟陽苛以御史大夫死事子成為後襲侯	元年四月戊寅鄧弱元年	以長沙柱國侯千五百戶
四 九年四月丙寅侯周成元年	失此侯始所起及所絕	四 九年九月丙子侯吳程元年
七		三 四年侯種元年 四
八		六 七年侯種薨無後國除皆失諡
二十 後五年坐謀反繫死國除絕		
繩 中元年封成孫應元年 侯平嗣不得元年		
元狩四年平坐為太常不繕治園陵不敬國除		
十六		百三十四

宣平	東陽
兵初起張耳誅秦爲相合諸侯兵鉅鹿破秦定趙爲常山王陳餘反襲耳棄國與大臣歸漢漢定趙爲王卒子敖嗣其臣貫高不善廢爲侯	高祖六年爲中大夫以河閒守擊陳豨力戰功侯千三百戶
四 九年四月武侯張敖元年	二 十一年十二月癸巳武侯張相如元年
七	七
六 信平 薨子偃爲魯王國除	八
十五 元年以故魯王爲南宮侯 八 十六年哀侯歐元年	十五 十六年共侯殷元年 五三 後元五年戴侯安國元年
九七 中三年侯生元年	三十三 四年哀侯彊元年
廿六 罪雖絕陽 元光三年封偃孫侯廣元年 十三 元鼎二年侯昌元年 太初三年侯昌爲太常乏祠國除	建元元年侯彊薨無後國除
三	百十八

開封	沛	慎陽
以右司馬漢王五年初從以中尉擊燕定代侯比共侯二千戶	高祖兄合陽侯劉仲子侯	爲淮陰舍人告淮陰侯信反侯二千戶
一 十一年十二月丙辰閔侯陶舍元年 一 十二年夷侯青元年	二 十一年十二月癸巳侯劉濞元年 十二年十月辛丑侯濞爲吳王國除	二 十三年十二月甲寅侯欒說元年
七 景帝時爲丞相		七
八		八
二十三		八
九 中元三年節侯偃元年 七		二十三
十 元光五年侯睢元年		十二 四 中元六年靖侯願之元年
十八 元鼎五年侯睢坐酎金國除		二 建元元年侯買之元年 十二 元狩五年侯買之坐鑄白金棄市國除
百十五		百三十一

錢云水經注斯洨水逕和城北漢高帝封郎中公孫耳爲侯國

國名	禾成	堂陽
侯功	以卒漢二年初從以郎中擊代斬陳豨侯千九百戶	以中涓從起沛以郎入漢以將軍擊籍爲惠侯坐守滎陽降楚免後復來以郎擊籍爲上黨守擊豨侯八百戶
高祖	二 十一年正月己未孝侯高邑元年	二 十一年正月己未哀侯孫赤元年
孝惠	七	七
高后	八	八 元年侯德元年
孝文	四 五年懷侯漸元年 九 十四年侯漸薨無後國除	二十三
孝景		十三 中六年侯德有罪國除
建元		
侯第	百十七	七十七

祝阿	以客從起齧桑，以十隊將入漢，以將軍定魏太原，破井陘，屬淮陰，侯以缻度軍，擊籍及攻豨，八百戶	二　十一年正月己未孝侯公孫耳元年	七	八	四　五年侯成元年　十四　後三年侯成坐事國人過律國除			七十四
長修	以漢二年用御史初從出關，以內史擊諸侯，功比須昌侯，以廷尉死事，千五百戶	二　十一年正月丙辰平侯杜恬元年	二　三年懷侯中元年　五	八	四　五年侯喜元年　十九	八　罪絕　平陽五　中五年復封侯相夫元年	三十二　元封四年侯相夫坐為太常與樂令無可當鄭舞人擅繇不如令闌出函谷關國除	百八

江邑	以漢五年爲御史用奇計從御史大夫周昌爲趙相而伐陳豨功侯六百戶	二 十一年正月己未侯趙堯元年	七	元年侯堯有罪國除				
營陵	以三年爲郎中擊項羽以將軍擊陳豨得王黃爲侯與高祖疏屬劉氏世爲衞尉萬二千戶	二 十一年侯劉澤元年	五	七 六年侯澤爲琅邪王國除				八十八
土軍	高祖六年爲中地守以廷尉擊陳豨侯千二百戶就國後爲燕相	二 十一年二月丁亥武侯宣義元年	五 二 六年孝侯莫如元年	八	二十三	二十四 二年康侯平元年	五 建元六年侯生元年 八 元朔二年生坐與人妻姦罪國除	百二十二

廣阿	須昌
以客從起沛，爲御史，守豐二歲，擊籍，爲上黨守，陳豨反，堅守，侯，千八百戶。後遷御史大夫。	以謁者漢王元年初起漢中，雍軍塞陳，謁上，上計欲還，衍言從它道，道通，後爲河間守，陳豨反，誅都尉相如，功侯，千四百戶。
十一年二月丁亥，懿侯任敖元年。	十一年二月己酉，貞侯趙衍元年。
七	七
八	八
三 三年，夷侯敬元年。 二十 四年，敬侯但元年。	十五 十六年，戴侯福元年。 四 四 後元四年，侯不害元年。
十六	四 五年，侯不害有罪，國除。
四 建元五年，侯越元年。 二十一 元鼎二年，侯越坐爲太常廟酒酸，不敬，國除。	
八十九	百七

錢云汲蓋波之譌水經注浿水逕波縣故城北漢高帝封公上不害爲侯國

臨轅	汲	寧陵
初起從爲郎以都尉守蘄城以中尉侯五百戶	高祖六年爲太僕擊代豨有功侯千二百戶爲趙太傅	以舍人從陳留以郎入漢破曹咎成皋爲上解隨馬都尉擊陳豨功侯千戶
二 十一年二月乙酉堅侯戚鰓元年	二 十一年二月己巳終侯公上不害元年	二 十一年二月辛亥夷侯呂臣元年
四 五年夷侯觸龍元年 三	一 二年夷侯武元年 六	七
八	十三 十四年康侯通元年	八
二十三	十六	十 十一年戴侯射元年 十三
二十三 四年共侯忠元年	一 建元二年侯廣德元年 九 元光五年廣德坐妻精大逆罪頗連廣德棄市國除	三 四年惠侯始元年 一 五年侯始薨無後國除
三 建元四年侯賢元年 二十五 元鼎五年侯賢坐酎金國除		
百十六	百二十三	七十三

汾陽

以郎中騎千人前二年從起陽夏擊項羽以中尉破鍾離眛功侯

二　十一年二月辛亥侯靳彊元年

七

二　三年共侯解元年　六

二十三

四　五年康侯胡元年　十二　絕

江鄒　元鼎五年侯石元年　十九　太始四年五月丁卯侯石坐爲太常行太僕事治齋夫可年益縱年國除

九十六

戴

以卒從起沛以卒開沛城門爲太公僕以中令擊豨侯千二百戶

二　十一年三月癸酉秋敬侯彭祖元年

七

二　三年共侯悼元年　六

七　八年夷侯安國元年　十六

十六

十六　元朔五年侯安期元年　十二　元鼎五年侯蒙元年　三六　後元元年五月甲戌侯蒙坐祝詛無道國除

百二十六

錢云燕奏說魏襄王云北有河外卷衍酸棗則衍亦河南郡地

錢云漢志西河郡有平州而路博德西河平周人州與周通也春秋會于平州杜預云在泰山牟縣西元封三年封朝鮮降將陜爲平州侯表在梁父蓋卽春秋之平州也漢初封國當以梁父者爲是

衍	平州
以漢二年爲燕令以都尉下楚九城堅守燕侯九百戶	漢王四年以燕相從擊籍還擊荼以故二千石將爲列侯千戶
二 十一年七月乙巳簡侯翟盱元年	二 十一年八月甲辰共侯昭涉掉尾元年
七	七
三二二三 四年祗侯山元年 六年節侯嘉元年	八
二十三	一三四十五 二年戴侯福元年 五年懷侯它人元年 九年孝侯童元年
十六	十四二 後元二年侯昧元年
二十 建元三年侯不疑元年 元朔元年不疑坐挾詔書論罪國除	二十三 元狩五年侯昧坐行馳道中更呵馳去罪國除
百三十	百一十

中牟	以卒從起沛入漢以郎中擊布功侯二千三百戶始高祖微時有急給高祖一馬故得侯	一　十二年十月乙未共侯單父聖元年	七	八	七　八年敬侯繒元年 十六　十二年戴侯終根元年	十六	十　元光五年侯舜元年 十八　元鼎五年侯舜坐酎金國除	百二十五
邪	以故群盜長為臨江將已而為漢擊臨江王及諸侯破布功侯千戶	一　十二年十月戊戌莊侯黃極忠元年	七	八	十一 九　十二年慶侯榮盛元年 三　後元五年共侯明元年	十六	十六　元朔五年侯遂元年 八　元鼎元年遂坐賣宅縣官故貴國除	百三十

索隱屬彭城錢云漢志楚國有傅陽縣古偪陽國也此傳陽必博陽之誤彭城即楚國

博陽	陽義
以卒從起豐以隊卒入漢擊籍成皋有功爲將軍布反定吳郡侯千四百戶	以荊令尹漢王五年初從擊鍾離眛及陳公利幾破之徙爲漢大夫從至陳取韓信還爲中尉從擊布功侯二千戶
一 十二年十一月辛丑節侯周聚元年	一 十二年十月壬寅定侯靈常元年
七	七
八	六 七年共侯賀元年 二
八 九年侯遬元年 十五	六 七年哀侯勝元年 六 十二年侯勝薨無後國除
十一 中五年侯遬奪爵一級國除	
五十三	百十九

國名	下相	德
侯功	以客從起沛，周侯從擊破齊田解軍，以楚丞相堅守彭城，距布軍，功侯，二千戶	以代頃王子侯，頃王，吳王濞父也；廣，濞之弟也
高祖	一 十二年十月乙酉，莊侯冷耳元年	一 十二年十一月庚辰，哀侯劉廣元年
孝惠	七	七
高后	八	二 三年頃侯通元年 六
孝文	二 三年侯慎元年 二十一	二十三
孝景	二 三年三月侯慎反國除	五 六年侯齕元年 十一
建元至元封六年		二十七 元鼎四年侯何元年 一 元鼎五年侯何坐酎金國除
侯第	八十五	百二十七

高陵	以騎司馬漢王元年從起廢丘，以都尉破田橫、龍且，追籍至東城，以將軍擊布，九百戶	一 十二年十一月丁亥，圉侯王周元年	七	二 六 三年，惠侯并弓元年	十二 十一 十三年，侯行元年	二 二年，反，國除		九十二
期思	淮南王布中大夫，有郄，上書告布反，侯，二千石，布盡殺其宗族	一 十二年十二月癸卯，康侯賁赫元年	七	八	十三 十四年，赫薨，無後，國除			百三十一
穀陵	以卒從前二年起柘，擊籍，定代，為將軍，功侯	一 十二年正月乙丑，定侯馮谿元年	七	八	六 十七 七年，共侯熊元年	亖 五年，隱侯卬元年 十二 五年，獻侯解元年	亖 建元四年，侯偃元年	百五

錢云班志東海有戚縣水經注頓邱衛國縣西戚亭漢高帝封李必爲侯國酈說近之

	戚	壯
	以都尉漢二年初起櫟陽攻廢丘破之因擊項籍別屬丞韓信破齊軍攻臧荼遷爲將軍擊信侯仒千戶	以楚將漢王三年降起臨濟以郎中擊籍陳豨功侯六百戶
	一 十二年十二月癸卯圉侯李必元年	一 十二年正月乙丑敬侯許倩元年
	七	七
	八	八
	三 四年齊侯班元年 二十	二十三
	十六	一 二年共侯恢元年 十五
	二 建元三年侯信成元年 二十 元狩五年侯信成坐爲太常縱丞相侵神道壖不敬國除	一 建元二年殤侯則元年 九 元光五年侯廣宗元年 十五 元鼎元年侯廣宗坐酎金國除
	九十	百二十

三十二

錢云水經注衛津逕桃縣故城北漢高帝封劉襄爲侯國此信都之桃也濮渠近桃城南即戰國之酸棗桃虛也漢高帝封劉襄爲侯國此東郡之桃也

成陽	桃
以魏郎漢王二年從起陽武擊籍屬魏豹豹反屬相國彭越以太原尉定代侯六百戶	以客從漢王二年從起定陶以大謁者擊布侯千戶爲淮陰守項氏親也賜姓劉
一 十二年正月己酉定侯意元年	一 十二年二月丁巳安侯劉襄元年
七	七
八	一 奪絕二年復封襄 七
十 十一年侯信元年 十三	九 十年哀侯舍元年景帝時爲丞相
十六	十六
建元元年侯信罪鬼薪國除	十三 建元元年厲侯申元年 元朔二年侯自爲元年 十五 元鼎五年侯自爲坐酎金國除
百一十	百三十五

錢云水經注汾水過高梁邑故高梁之墟也漢高帝封酈介於斯邑

高梁	食其兵起以客從擊破秦以列侯入漢還定諸侯常使約和諸侯列卒兵聚侯功比平侯嘉以死事子疥襲食其功侯九百戶	一 十二年三月丙寅共侯酈疥元年	七	八	二十三	十六	八十 元光三年侯勃元年 元狩元年坐詐詔衡山王取金當死病死國除	六十六
紀信	以中涓從起豐以騎將入漢以將軍擊籍後攻盧綰侯七百戶	一 十二年六月壬辰匡侯陳倉元年	七	八 三年夷侯開元年	十七 六 後二年六月侯賜元年	二 二年賜反國除		十八

錢云雍之甘泉其名舊矣王竟封邑疑卽此

集解菌一作卤錢云代郡有卤城縣

甘泉	以車司馬漢王元年初從起高陵屬劉賈以都尉從軍侯	一 十二年六月壬辰侯王竟元年	六 七年戴侯眞粘元年	八	十十三 十一年侯嫖元年	九 十年侯嫖有罪國除			百六
鄢陵	以卒從起豐入漢以都尉擊籍荼侯七百戶	一 十二年中莊侯朱濞元年	七	三五 四年恭侯慶元年	六 七年恭侯慶薨無後國除				五十二
菌	以中涓前元年從起單父不入關以擊籍布燕王綰得南陽侯二千七百戶	一 十二年六月莊侯張平元年	七	四四 五年侯勝元年	三 四年侯勝有罪國除				四十八

煮棗	以越連敖從起豐，別以郎將入漢，擊諸侯，以都尉侯，九百戶	一 十二年六月壬辰端侯赤元年	七	二十三 二年赤子康侯武元年	八 中二年侯昌元年 二 中四年有罪國除			七十五
張	以中涓騎從起豐，以郎將入漢，從擊諸侯，七百戶	一 十二年六月壬辰節侯毛澤元年	七	八	十二 十一年夷慶元年 十一 十三年侯舜元年	十二 中六年侯舜有罪國除		七十九

高祖功臣侯年表第六

史記十八

輩用均云獨以長沙發端即賈生所云欲諸王忠附令如長沙意此說非是長沙子淺孝惠元年封長沙嗣成王子陽以高后元年封皆高后挾私意而封之所謂無功上所不置而侯者也史公深致譏刺之意爲之迴護其詞乃曰此無功而侯非欲破故約也此自其先世忠貞之遺澤耳

惠景閒侯者年表第七

太史公讀列封至便侯・曰・有以也夫・長沙王者・著令甲・稱其忠焉・昔高祖定天下・功臣非同姓疆土而王者八國・至孝惠時・惟獨長沙全禪五世・以無嗣絕・竟無過・爲藩守職・信矣・故其澤流枝庶・毋功而侯者數人・及孝惠訖孝景閒五十載・追修高祖時遺功臣・及從代來・吳楚之勞・諸侯子弟若肺腑（柹坿）・外國歸義・封者九十有餘・咸表始終・當世仁義成功之著者也・

國名	侯功	孝惠 七	高后 八	孝文 二十三	孝景 十六	建元至元封六年三十六	太初已後
便	長沙王子侯二千戶	七 元年九月頃王吳淺元年	八	二十二 後七年恭侯信元年	五 十一 前六年侯廣志元年	二十九 元鼎五年後千秋坐酎金國除	

軑	平都	
長沙相侯七百戶	以齊將高祖三年降定齊侯千戶	右孝惠時
六 二年四月庚子侯利倉元年	二 五年六月乙亥孝侯劉到元年	三
二 六 三年侯豨元年	八	
十五 十六年侯彭祖元年 八	二 三年侯成元年 二十一	
十六	十四 後元二年侯成有罪國除	
三十 元封元年侯秩為東海太守行過不請擅發卒兵為衛當斬會赦國除		

錢云水經注以琅邪之扶縣為呂平侯國蓋酈氏所見本無柳字

扶柳	郊
高后姊長姁子侯	呂后兄悼武王身佐高祖定天下呂氏佐高祖治天下天下大安封武王少子產為郊侯
七 元年四月庚寅侯呂平元年 八年侯平坐呂氏事誅國除	五 元年四月辛卯侯呂產元年 六年七月壬辰產為呂王國除
	高后八年九月產以呂王為漢相謀為不善大臣誅產遂滅諸呂

南宮	梧
以父越人為高祖騎將從軍以大中大夫侯	以軍匠從起郟入漢後為少府作長樂未央宮築長安城先就功侯五百戶
七 元年四月丙寅侯張買元年 高后八年侯買坐呂氏事誅國除	六 元年四月乙酉齊侯陽成延元年 二 七年敬侯去疾元年
	二十三
	九 中元三年靖侯偃元年 七
	八 元光三年侯戎奴元年 十四 元狩五年侯戎奴坐謀殺季父棄市國除

錢云漢志西河郡有平定縣

平定	以卒從高祖起留以家車吏入漢以梟騎都尉擊項籍得樓煩將功用齊丞相侯		八　元年四月乙酉敬侯齊受元年	一　二年齊侯市人元年 四十八　六年恭侯應元年	十六	七　元光二年康侯延居二年 十八　元鼎二年侯昌元年 二　元鼎四年侯昌有罪國除	
博成	以悼武王郎中兵初起從高祖起豐攻雍丘擊項籍力戰奉衛悼武王出滎陽功侯		三　元年四月乙酉敬侯馮無擇元年 四　四年侯代元年 高后八年侯代坐呂氏事誅國除				

沛	襄成
呂后兄康侯少子侯奉呂宣王寢園	孝惠子侯
七 一 元年四月乙酉侯呂種元年 爲不其侯 高后八年侯種坐呂氏事誅國除	一 元年四月辛卯侯義元年 高后二年侯義爲常山王國除

軹	孝惠子侯	三 元年四月辛卯侯朝元年 高后四年侯朝為常山王國除
壺關	孝惠子侯	四 元年四月辛卯侯武元年 高后五年侯武為淮陽王國除

餘云水經注溳水逕仲虺城北晉太康地記曰奚仲遷于邳仲虺居之史記楚元王子郢封上邳侯有下故此加上矣

沅陵	長沙嗣成王子侯		八 元年十一月壬申頃侯吳陽元年	十七 後二年頃侯福元年 六	十一 中元五年哀侯周元年 四 後二年侯周薨無後國除	
上邳	楚元王子侯		七 二年五月丙申侯劉郢客元年	一 孝文元年侯郢客為楚王國除		
朱虛	齊悼惠王子侯		七 二年五月丙申侯劉章元年	一 孝文二年侯章為城陽王國除		

昌平	孝惠子侯		三 四年二月癸未侯大元年 高后七年太為呂王國除				
贅其	呂后昆弟子用淮陽丞相侯		四 四年四月丙申侯勝元年 八年侯勝坐呂氏事誅國除				

錢云樂平漢宣帝封霍山爲侯國表在東郡

中邑	樂平
以執矛從高祖入漢以中尉破曹咎用呂相侯六百戶	以隊卒從高祖起沛屬皇訢以郎擊陳餘用衛尉侯六百戶
五 四年四月丙申貞侯朱通元年	二 四年四月丙申簡侯衛無澤元年 三 六年恭侯勝元年
十七 後元二年侯悼元年 六	二十三
十五 後元三年侯悼有罪國除	十五 後元三年侯侈元年 一
	五 建元六年侯侈坐以買田宅不法又請求吏罪國除

錢云漢志南陽郡有山都
水經注漢高后封王恬爲
侯國

山都

高祖五年爲郎中柱下令以衞將軍擊陳豨用梁相侯

五
四年四月丙申貞侯王恬開元年

三
四年惠侯中黃元年
二十

三
四年敬侯觸龍元年
十三

廿三
元狩六年侯當元年
八
元封元年侯當坐與奴闌入上林苑國除

松茲

兵初起以舍人從起沛以郎吏入漢還得雍王邯家屬功用常山丞相侯

五
四年四月丙申夷侯徐厲元年

六
七年康侯悼元年
十七

十二
中元六年侯偃元年
四

五
建元六年侯偃有罪國除

成陶	俞
以卒從高祖起單父為呂氏舍人度呂氏淮之功用河南守侯五百戶	以連敖從高祖破秦入漢以都尉定諸侯功比朝陽侯嬰死子它襲功用大中大夫侯
五 四年四月丙申夷侯周信元年	四 四年四月丙申侯呂它元年 八年侯它坐呂氏事誅國除
十一 十二年孝侯勃元年 三 十五年侯勃有罪國除	

滕	醴陵
以舍人郎中十二歲以都尉屯霸上用楚相侯	以卒從漢王二年初起櫟陽以卒吏擊項籍為河南都尉長沙相侯六百戶
四 四年四月丙申侯呂更始元年 八年侯更始坐呂氏事誅國除	五 四年四月丙申侯越元年
	三 四年侯越有罪國除

錢云水經注漯水逕宛西呂城東高后封呂怨爲呂城侯國疑即此也今本怨作忿或傳寫誤

呂成	呂后昆弟子侯		四 四年四月丙申侯呂忿元年 八年侯忿坐呂氏事誅國除				
東牟	齊悼惠王子侯		三 六年四月丁酉侯劉興居元年	一 二年侯興居爲濟北王國除			

錢云後漢張酺傳張敖子壽封細陽之池陽鄉蓋本析細陽爲樂昌也壽受音相似

錘	呂肅王子侯		二 六年四月丁酉侯呂通元年 高后八年侯通爲燕王坐呂氏事國除				
信都	以張敖魯元太后子侯		一 八年四月丁酉侯侈元年	孝文元年侯侈有罪國除			
樂昌	以張敖魯元太后子侯		一 八年四月丁酉侯受元年	孝文元年侯受有罪國除			

索隱漢書作琅邪鋑云索隱本云漢表在琅邪後人傳寫誤

祝茲	呂后昆弟子侯		八年四月丁酉侯呂榮元年坐呂氏事誅國除				
建陵	以大謁者侯宦者多奇計		八年四月丁酉侯張澤元年九月奪侯國除				
東平	以燕王呂通弟侯		八年五月丙辰侯呂莊元年坐呂氏事誅國除				

右高后時三十一

陽信	高祖十二年爲郎以典客奪趙王呂祿印關殿門拒呂產等入共尊立孝文侯二千戶			十四　元年三月辛丑侯劉揭元年 九　十五年侯中意元年	五　六年侯中意有罪國除		
軹	高祖十年爲郎從軍十七歲爲太中大夫迎孝文代用車騎將軍迎太后侯萬戶薄太后弟			十　元年四月乙巳侯薄昭元年 十三　十一年易成侯奴元年	十六	二　建元二年侯梁元年	

壯武	清郭
以家吏從高祖起山東以都尉從之滎陽食邑以代中尉勸代王入驂乘至代邸王卒爲帝功侯千四百戶	以齊哀王舅父侯
二十三 元年四月辛亥侯宋昌元年	五 元年四月辛未侯駟鈞元年 孝文前六年鈞有罪國除
十一 中元四年侯昌奪侯國除	

國名	周陽	樊
侯功	以淮南厲王舅父侯	以睢陽令高祖初起從阿以韓家子還定北地用常山相侯千二百戶
孝惠		
高后		
孝文	五 元年四月辛未侯趙兼元年 孝文前六年兼有罪國除	十四 元年六月丙寅侯蔡兼元年 九 十五年康侯客元年
孝景		九 中元三年恭侯平元 七
建元至元封六年		十二 元朔二年侯辟方元年 十四 元鼎四年侯辟方有罪國除
太初已後		

錢云地志濟南郡有菅縣字從草當是罷軍所封

錢云漢表作氏邱史記本或作瓜邱

管	斥丘
齊悼惠王子侯	齊悼惠王子侯
二 四年五月甲寅恭侯劉罷軍元年 十八 六年侯戊奴元年	十一 四年五月甲寅侯劉寧國元年 九 十五年侯偃元年
二 三年侯戊奴反國除	二 三年侯偃反國除

營	楊虛
齊悼惠王子侯	齊悼惠王子侯
十 四年五月甲寅平侯劉信都元年 十 十四年侯廣元年	十二 四年五月甲寅恭侯劉將廬元年 十六年侯將廬爲齊王有罪國除
二 三年侯廣反國除	

朸	安都
齊悼惠王子侯	齊悼惠王子侯
十一 四年五月甲寅侯劉辟光元年 十六年侯辟光爲濟南王國除	十一 四年五月甲寅侯劉志元年 十六年侯志爲濟北王國除

索隱案水經注以瑯邪之平昌爲劉卬所封

平昌	齊悼惠王子侯			十二 四年五月甲寅侯劉卬元年 十六年侯卬爲膠西王國除		
武城	齊悼惠王子侯			十二 四年五月甲寅侯劉賢元年 十六年侯賢爲菑川王國除		

白石	波陵
齊悼惠王子侯	以陽陵君侯
十二 四年五月甲寅侯劉雄渠元年 十六年侯雄渠爲膠東王國除	五 七年三月甲寅康侯魏駟元年 十二年康侯魏駟薨無後國除

南郎	阜陵
以信平君侯	以淮南厲王子侯
一七年三月甲寅侯起元年　孝文時坐復父故奪爵級關內侯	八　八年五月丙午侯劉安元年　十六年安爲淮南王國除

錢云漢志汝南郡有安陽縣水經以爲劉勃所封

錢云淮南傳作周陽表誤

安陽	以淮南厲王子侯			八年五月丙午侯勃元年十六年侯勃爲衡山王國除			
周陽	以淮南厲王子侯			八年五月丙午侯劉賜元年十六年侯賜爲廬江王國除			

錢云𥝩與黎同

東城	𥝩
以淮南厲王子侯	以齊相召平子侯千四百一十戶
七 八年五月丙午哀侯劉良元年 十五年侯良薨無後國除	二 十年四月癸丑頃侯召奴元年 三 後五年侯澤元年
	十六
	十六 元朔五年侯延元年 十九 元封六年侯延坐不出持馬斬國除

錢云漢志河間國有弓高縣水經注以爲韓頹當所封

缾	以北地都尉孫卬匈奴入北地力戰死事子侯			十 十四年三月丁巳侯孫鄲元年	二 前三年侯鄲謀反國除	
弓高	以匈奴相國降故韓王信孽子侯千二百三十七戶			八 十六年六月丙子莊侯韓頹當元年	十六 前元年侯則元年	十六 元朔五年侯則薨無後國除
襄成	以匈奴相國降侯故韓王信太子之子侯千四百三十二戶			七 十六年六月丙子哀侯韓嬰元年 一 後元七年侯澤之元年	十六	十五 元朔四年侯澤之坐詐病不從不敬國除

故安	章武
孝文元年舉淮陽守從高祖入漢功侯食邑五百戶用丞相侯二千七百一十二戶	以孝文后弟侯萬一千八百六十九戶
五 後元三年四月丁巳節侯申屠嘉元年	一 後元七年六月乙卯景侯竇廣國元年
二十四 前二年恭侯蔑元年	六十 前七年恭侯完元年
十九 五 元狩三年清安侯臾元年 元鼎元年臾坐爲九江太守有罪國除	八十 元光三年侯常坐元年 元狩元年侯常坐謀殺人未殺罪國除

南皮	以孝文后兄竇長君子侯，六千四百六十戶			一 後元七年六月乙卯，侯竇彭祖元年	十六	五 建元六年，夷侯良元年 五 元光五年，侯桑林元年 十八 元鼎五年，侯桑林坐酎金罪，國除	

右孝文時二十八

孝景十六

平陸	楚元王子侯，三千二百六十七戶				二 元年四月乙巳，侯劉禮元年 三年，侯禮爲楚王，國除		

休

楚元王子侯

二 元年四月乙巳侯富元年

三年侯富以兄子戎為楚王反富與家屬至長安北闕自歸不能相敎上印綬詔復王後以平陸侯為楚王更封富為紅侯

沈猶	紅
楚元王子侯，千三百八十戶	楚元王子侯，千七百五十戶
十六　元年四月乙巳，夷侯劉穢元年	四一九　三年四月乙巳，莊侯富元年 前十年，悼侯澄元年 中元元年，敬侯發元年
四　建元五年，侯受元年 十八　元狩三年，侯受坐故為宗正聽謁不具宗室，不敬，國除	十五一　元狩四年，侯章元年 元朔五年，侯章薨，無後，國除

宛朐	魏其
楚元王子侯	以大將軍屯滎陽扞吳楚七國反已破爲侯三千三百五十戶
二 元年四月乙巳侯劉執元年 三年侯執反國除	十四 三年六月乙巳侯竇嬰元年
	九 建元元年爲丞相二歲免 元光四年侯嬰坐爭灌夫事上書稱爲先帝詔矯制罪棄市國除

棘樂	俞
楚元王子侯戶千二百一十三	以將軍吳楚反時擊齊有功布故彭越舍人越反時布使齊還已梟越布祭哭之當亨出忠言高祖赦之黥布反布爲都尉戶千八百
十四 三年八月壬子敬侯劉調元年	六十一 六年四月丁卯侯欒布元年 中元五年侯布薨 元朔三年侯賁元年
一十二十六 建元二年恭侯應元年 元朔元年侯慶元年 元鼎五年侯慶坐酎金國除	十 元狩六年侯賁坐爲太常廟犧牲不如令國除

錢云漢志東海郡有建陵
縣水經注以爲衛綰所封

建陵	建平
以將軍擊吳楚功用中尉侯戶一千三百一十	以將軍擊吳楚功用江都相侯戶三千一百五十
十一 六年四月丁卯敬侯衛綰元	十一 六年四月丁卯哀侯程嘉元年
十 元光五年侯信元年 十八 元鼎五年侯信坐酎金國除	七 元光二年節侯橫元年 一 元光三年侯回元年 一 元光四年侯回薨無後國除

錢云漢志東海無江陽惟犍爲郡有江陽水經注以爲蘇嘉所封

平曲	以將軍擊吳楚功用隴西太守侯戶三千二百二十				五 六年四月己巳侯公孫昆邪元年 中元四年侯昆邪有罪國除太僕賀父	
江陽	以將軍擊吳楚功用趙相侯戶二千五百四十一				四 六年四月壬申康侯蘇嘉元年 七 中元二年懿侯盧元年	二十八 建元三年侯明元年 元朔六年侯雕元年 元鼎五年侯雕坐酎金國除

遽	以趙相建德王遂反建德不聽死事子侯戶千七百七十				六 中元二年四月己巳侯橫元年 後元三年侯橫有罪國除	二	
新市	以趙內史王慎王遂反慎不聽死事子侯戶一千十四				五 中元二年四月乙巳侯康元年 三 後元元年殤侯始昌元年	九 元光四年殤侯始昌爲人所殺國除	

商陵	以楚太傅趙夷吾王戊反不聽死事子侯一千四十五戶				八 中元二年四月乙巳侯周元年	二十九 元鼎四年侯周坐爲丞相知列侯酎金輕下廷尉自殺國除	
山陽	以楚相張尚王戊反尚不聽死事子侯戶千一百一十四				八 中元二年四月乙巳侯當居元年	十六 元朔五年侯當居坐爲太常程博士弟子故不以實罪國除	

安陵	垣	遒
以匈奴王降侯戶一千五百一十七	以匈奴王降侯	以匈奴王降侯戶五千五百六十九
七　中元三年十一月庚子侯子軍元年	三　中元二年十二月丁丑侯賜元年 六年賜死不得及嗣	中元三年十二月丁丑侯隆彊元年不得隆彊嗣
五　建元六年侯子軍薨無後國除		
		後元年四月甲辰侯則坐使巫齊少君祠祝詛上大逆無道國除

容成	以匈奴王降侯七百戶				七 中元三年十二月丁丑侯唯徐盧元年	十四 建元元年康侯綽元年 二十二 元朔三年侯光元年	十八 後二年三月壬辰侯光坐祠祝詛國除
易	以匈奴王降侯				六 中元二年十二月丁丑侯僕䵣元年 後元二年侯僕䵣薨無嗣		

范陽	翕
以匈奴王降侯戶千一百九十七	以匈奴王降侯
七 七 中元三年十二月丁丑端侯代元年	七 中元三年十二月丁丑侯邯鄲元年
七 元光二年懷侯德元年 二 元光四年侯德薨無後國除	九 元光四年侯邯鄲坐行來不請長信不敬國除

亞谷	隆慮
以匈奴東胡王降故燕王盧綰子侯千五百戶	以長公主嫖子侯戶四千一百二十六
二 中元五年四月丁巳簡侯它父元年 三 後元元年安侯種元年	五 中元五年五月丁丑侯蟜元年
十一 建元元年康侯偏元年 二十四 元光六年侯賀元年	二十四 元鼎元年侯蟜坐母長公主薨未除服姦禽獸行當死自殺國除
十五 征和二年七月辛巳賀坐太子事國除	

乘氏	桓邑
以梁孝王子侯	以梁孝王子侯
一　中五年五月丁卯侯買元年　中元六年侯買嗣為梁王國除	一　中五年五月丁卯侯明元年　中六年為濟川王國除

蓋	以孝景后兄侯戶二千八百九十				五 中元五年五月甲戌靖侯王信元年	二十八 元狩三年侯偃元年 元鼎五年侯偃坐酎金國除
塞	以御史大夫前將軍兵擊吳楚功侯戶千四十六				三 後元元年八月侯直不疑元年	三 二十 十二 建元四年侯相如元年 元朔四年侯堅元年 元鼎五年堅坐酎金國除

錢云水經注淶水過周陽邑南酈元以爲田勝封國也上郡有陽周無周陽

武安	周陽
以孝景后同母弟侯戶八千二百一十四	以孝景后同母弟侯戶六千二十六
一 後元三年三月侯田蚡元年	一 後元三年三月懿侯田勝元年
九 五 元光四年侯梧元年 三年侯梧坐衣襜褕入宮廷中不敬國除	十一 八 元光六年侯彭祖元年 元狩二年侯彭祖坐當歸與章侯宅不與罪國除

右孝景時　三十一

惠景閒侯者年表第七　史記十九